中国近现代史与马克思主义中国化研究

张巨成　著

中国社会科学出版社

图书在版编目（CIP）数据

中国近现代史与马克思主义中国化研究／张巨成著 . —北京：中国社会科学出版社，2016.8
ISBN 978 - 7 - 5161 - 8785 - 2

Ⅰ.①中… Ⅱ.①张… Ⅲ.①中国历史—研究—近现代 ②马克思主义—发展—研究—中国 Ⅳ. K250.7 ②D61

中国版本图书馆 CIP 数据核字（2016）第 192193 号

出 版 人	赵剑英
责任编辑	顾世宝
责任校对	张　慧
责任印制	戴　宽

出　　版	中国社会科学出版社
社　　址	北京鼓楼西大街甲 158 号
邮　　编	100720
网　　址	http：//www.csspw.cn
发 行 部	010 - 84083685
门 市 部	010 - 84029450
经　　销	新华书店及其他书店
印　　刷	北京明恒达印务有限公司
装　　订	廊坊市广阳区广增装订厂
版　　次	2016 年 8 月第 1 版
印　　次	2016 年 8 月第 1 次印刷
开　　本	710×1000　1/16
印　　张	18
插　　页	2
字　　数	305 千字
定　　价	78.00 元

凡购买中国社会科学出版社图书，如有质量问题请与本社营销中心联系调换
电话：010 - 84083683
版权所有　侵权必究

目 录

第一章 孙中山思想研究 ……………………………………（1）
  一 孙中山的文化观 …………………………………（1）
  二 民生主义的当代价值 ……………………………（7）

第二章 近现代云南的历史人物 ……………………………（15）
  一 李根源与云南陆军讲武堂 ………………………（15）
  二 唐继尧与阳明学 …………………………………（20）
  三 龙云与民盟 ………………………………………（25）
  四 艾思奇对马克思主义大众化的杰出贡献 ………（32）
  五 杨善洲精神的内涵是什么？ ……………………（38）

第三章 马克思主义中国化研究 ……………………………（42）
  一 人民民主专政理论的历史稽考和当代价值阐释 …（42）
  二 毛泽东对开创中国社会主义道路的理论贡献 …（60）
  三 毛泽东的反腐败思想 ……………………………（82）
  四 毛泽东的国防思想 ………………………………（93）
  五 毛泽东文化思想的党史文化价值 ………………（104）
  六 毛泽东思想的当代价值 …………………………（111）
  七 继续推进马克思主义中国化的几个问题 ………（115）

第四章 党的建设研究 ………………………………………（129）
  一 治心为上 思想建党 ……………………………（129）
  二 "党的建设的核心价值"解读 ……………………（134）

三　新的指导思想的确立 …………………………………………（138）

第五章　群众路线研究 ……………………………………………（141）
一　联系群众要直接 ………………………………………………（141）
二　知识分子也要密切联系群众 …………………………………（143）
三　坚持党的群众路线　加强和创新社会管理 …………………（146）
四　党的先进性和纯洁性建设与党的群众路线教育实践活动 …（152）

第六章　社会主义研究 ……………………………………………（157）
一　社会主义是什么？什么不是社会主义？ ……………………（157）
二　中国特色社会主义文化建设问题刍议 ………………………（162）

第七章　政治体制改革研究 ………………………………………（168）
一　什么是政治体制改革？ ………………………………………（168）
二　怎样推进政治体制改革？ ……………………………………（170）

第八章　文化研究 …………………………………………………（173）
一　中国民俗文化的特色与整合 …………………………………（173）
二　近代云南少数民族基督教文化 ………………………………（177）
三　大学的学统、道统和核心价值观 ……………………………（183）

第九章　生态文明建设研究 ………………………………………（188）
一　什么是生态文明？ ……………………………………………（188）
二　中国共产党和生态文明建设 …………………………………（190）
三　邓小平的生态文明建设思想 …………………………………（202）

第十章　中国边疆治理研究 ………………………………………（211）
一　当代中国边疆治理刍议 ………………………………………（211）
二　近代云南边疆历史与当代云南边疆治理 ……………………（215）
三　西部少数民族地区乡村治理
　　——以新疆维吾尔自治区昌吉回族自治州奇台县
　　大泉塔塔尔族乡黑沟村为例 …………………………………（220）

附录一　在《人民日报》上发表的文章 ……………………（241）
　　干"得罪人"的事一定丢选票吗？ ………………………（241）
　　在经受考验中推进民族复兴伟业
　　　　……………………………………………………………（242）
　　继续推进马克思主义中国化的基本着力点 ……………（244）
　　马克思主义大众化的典范 …………………………………（247）
　　谈谈年轻干部的"资本" ……………………………………（249）
　　多出思路　少找门路 ………………………………………（251）
　　说"配套" ……………………………………………………（252）
　　想象力比知识更重要 ………………………………………（253）
　　努力实现人与自然和谐发展
　　　　——关于生态文明建设的研究综述 …………………（255）
　　开放不仅仅是"打开大门" …………………………………（259）
　　联系群众："直接"才能"密切" ……………………………（260）
　　深化改革需要三种精神 ……………………………………（262）
　　着力解决"四风"问题
　　　　——坚持党的群众路线系列谈之三 …………………（263）

附录二　在《光明日报》上发表的文章 ……………………（265）
　　构建和谐社会的传统文化底蕴 ……………………………（265）
　　高校是建设社会主义核心价值体系的重要阵地 ………（267）
　　高校思想政治工作要注重人文关怀 ………………………（269）
　　接地气　强底气　养文气 …………………………………（271）
　　领导干部须强化红线意识 …………………………………（272）

参考文献 ……………………………………………………………（275）

后记 …………………………………………………………………（281）

第 一 章

孙中山思想研究

一 孙中山的文化观

（一）孙中山早年对中西文化的基本态度并不是"'西化'趋向较为突出"

孙中山是近代中国的伟大革命家。根据他所在的时间、空间，他的理论、思想、学说、行为不可能不受中国传统文化的影响，也不可能不对中国传统文化和西方文化作出评价和选择。

孙中山早年上过私塾，在香港学习期间读过史书和英文的"四书""五经"。他在《复翟理斯函》中，回顾了自己早年的思想变化："幼读儒书，十二岁毕经业。十三岁随母往夏威仁岛（Hawaiian Islands），始见轮舟之奇，沧海之阔，自是有慕西学之心，穷天地之想。是年母复回华，文遂留岛依兄，入英监督所掌之书院（Iolani College, Honolulu）肄业英文。三年后，再入美人所设之书院（Oahu College, Honolulu）肄业，此为岛中最高之书院。初拟在此满业，即往美国入大书院，肄习专门之学。后兄因其切慕耶稣之道，恐文进教为亲督责，着令回华，是十八岁时也。抵家后，亲亦无所督责，随其所慕。居乡数月，即往香港，再习英文，先入拔粹书室（Diucison [Diocesan] Home, Hongkong）。数月之后，转入香港书院（Queen's College H. K.）。又数月，因家事离院，再往夏岛（H. I.）。数月而回。自是停习英文，复治中国经史之学。二十一岁改习西医，先入广东省城美教士所设之博济医院（Canton Hospital）肄业。次年，转入香港新创之西医书院（College of Medicine for Chinese, Hongkong）。五年满业，考拔前茅，时二十六岁矣。此从师游学之大略也。"① 早年的孙中山主张积极学习西方的长处，但并不是"'西化'趋向较为突出"，而是主张弘扬中国传统文化的精华。早在1897年年初，他在与俄国人谈话时就说过："必须使我们的国家对欧洲文明采取开放态度。我不是说，我们要全盘照搬过来。"② 武昌起义爆发后(1911年11月)，他在欧洲演说时再次申明："将取欧美之民主以为模范，同时仍取数千年前旧有文化而融贯之。语言仍用官话，此乃统一中国之精神，无庸稍变。汉文每字一义，至为简洁，亦当保存；惟于科学研究须另有一种文字以为补助，则采用英文足矣。"③

民权主义是孙中山三民主义的核心，而它正是孙中山既学习西方文化精华，又借鉴中国文化精华的结晶。民权主义是以孟德斯鸠、卢梭等人的民权理论为蓝本的，但孙中山并不是全盘照搬西方的"三权分立"理论，而是结合中国国情，并借鉴中国古代历史上的考试制度和监察制度，从而创立了"五权分立"的学说。孙中山公开提出"五权分立"思想是在1906年。这年11月，他在《与该鲁学尼等的谈话》中明确表示："希望在中国实施的共和政治，是除立法、司法、行政三权外还有考选权和纠察权的五权分立的共和政治。"④ 他指出："考选制和纠察制本是我中国固有的两大优良制度，但考选制度被恶劣政府所滥用，纠察制度又被长期埋没而不为所用，这是极可痛惜的。我期望在我们的共和政治中复活这些优良制度，分立五权，创立各国至今所未有的政治学说，创建破天荒的政体，以使各机关能充分发挥它们的效能。"⑤ 他还批判了"三权分立"理论在欧美实践中的流弊："如今天的一般共和民主国家，却将国务当作政党所一手包办的事业，每当更迭国务长官，甚且下至勤杂敲钟之类的小吏也随着全部更换，这不仅不胜其烦，而且有很大的流弊。再者，单凭选举来任命国家公仆，从表面看来似乎公平，其实不然。因为单纯通过选举来录用人才而完全不用考试的办法，就往往会使那些有口才的人在选民中间运动，以占有其地位，而那些无口才但有学问思想的人却被闲置。美国国会

---

① 《孙中山全集》第1卷，中华书局1981年版，第47—48页。
② 同上书，第86页。
③ 同上书，第560页。
④ 同上书，第319页。
⑤ 同上书，第320页。

内有不少蠢货，就足以证明选举的弊病。"①

孙中山批判地学习西方的"三权分立"思想，"倡建五权之原则"，引起了一些留学生的非议。他们说："吾人从未闻各大学教授有此讲义。立法、司法、行政三权鼎立，倡自法儒孟德斯鸠，君主民主立宪国奉为金科玉律，任何人不敢持异议。今先生欲变世界共尊之宪法，增而为五，未免矜奇立异，为世界学者所不许。"② 孙中山批评了这种洋教条主义，强调学习西方必须"适于民情国史"。他指出："欧美、日本留学生如此，其故在不研究中国历史风俗民情，奉欧美为至上。他日引欧美以乱中国，其此辈贱中国书之人也。"③

此时的孙中山，一方面主张批判学习西方文化，一方面大力赞扬中国文化的精华，主张弘扬中国文化的精神，并不是什么"'西化'趋向较为突出"。这可以孙中山1910年二三月间《与刘成禺的谈话》为证。他在这篇谈话中盛赞中国历史上的监察权和考试权，甚至对此二者有所美化（有过誉之词）。关于监察权，他说："自唐虞赓歌颷拜以来，左史记言，右史记事，行人采风之官，百二十国宝书之藏，所以立纲纪、通民情也。自兹以降，汉重御史大夫之制，唐重分司御史之职，宋有御史中丞、殿中丞。明清两代御史，官品虽小而权重内外，上自君相，下及微职，儆惕惶恐，不敢犯法。御史自有特权，受廷杖、受谴责在所不计，何等风节，何等气概！譬如美国弹劾权，付之立法上议院议决，上议院三分之二裁可，此等案件开国以来不过数起，他则付诸司法巡回裁判官之处理贪官污吏而已。英国弹劾亦在贵族、平民两院，关于皇室则在御前议政院，亦付诸立法也。如我中国，本历史习惯弹劾鼎立为五权之监察院，代表人民国家之正气，此数千年制度可为世界进化之先觉。"④ 关于考试权，他说："中国历代考试制度不但合乎平民政治，且突过现代之民主政治。中国自世卿贵族门阀荐举制度推翻，唐宋历行考试，明清尤峻法执行，无论试诗赋、策论、八股文，人才辈出；虽所试科目不合时用，制度则昭若日月。朝为平民，一试得第，暮登台省；世家贵族所不能得，平民一举而得之。谓非民

---

① 《孙中山全集》第1卷，中华书局1981年版，第319—320页。
② 同上书，第444页。
③ 同上。
④ 同上书，第444—445页。

主国之人民极端平等政治，不可得也！美国考试均由学校教育付诸各省，中央不过设一教育局，管理整齐，故官吏非由考试，而由一党之推用；唯司法有终身保障。英国永久官吏制度，近乎中国之衙门书吏制度，非考试制度。唯唐宋以来，官吏均由考试出身。科场条例，任何权力不能干涉。一经派为主考学政，为君主所钦命，独立之权高于一切。官吏非由此出身，不能称正途。士子等莘莘向学，纳人才于兴奋，无奔竞，无缴〔徼〕幸。此酌古酌今，为吾国独有，而世界所无也。"① 他认为考试权、监察权是中国特有的产物，是"中国民族进化历史之特权"。他沉痛地说："祖宗养成之特权，子孙不能用，反醉心于欧美，吾甚耻之！"②

从这些言论中我们可以看出，早年的孙中山，不但没有全盘西化的趋向，而且恰恰是一个热爱祖国历史文化，并善于批判地继承中国传统文化的伟大革命家。

（二）晚年孙中山是否具有文化保守主义趋向？

孙中山早年对待中西文化的态度，是鲜明地反对走极端，既反对极端守旧排外，又反对极端崇拜外国。在他走上革命道路之后，他始终反对全盘西化，始终反对顽固保守（例如反对清政府的闭关自守）。

孙中山是与时俱进、善于把握时代脉搏的伟大革命家。他在学习、借鉴西方文化方面，在对中国传统文化的弘扬、借鉴方面，前后有变化和发展，但变化和发展的轨迹并不是从"西化趋向较为突出"到"具有文化保守主义趋向"。

孙中山晚年对中西文化的认识进一步深化、成熟，更具理性，但不能视之为"文化保守主义"。他认为学习外国必须保持国家民族独立，从中国的国情出发。1924年4月，他在演讲《三民主义》时指出："中国几千年以来社会上的民情风土习惯，和欧美的大不相同。中国的社会既然是和欧美的不同，所以管理社会的政治自然也是和欧美不同，不能完全仿效欧美，照样去做，像仿效欧美的机器一样。欧美的机器，我们只要是学到了，随时随地都可以使用。譬如电灯，无论在中国的什么房屋，都可以装设，都可以使用。至于欧美的风土人情和中国不同的地方是很多的，如果

---

① 《孙中山全集》第1卷，中华书局1981年版，第445页。
② 同上书，第444页。

不管自己的风土人情是怎么样，便像学外国的机器一样，把外国管理社会的政治硬搬进来，那便是大错……所以中国今日要实行民权，改革政治，便不能完全仿效欧美，便要重新想出一个方法。如果一味的盲从附和，对于国计民生是很有大害的。"①

孙中山晚年对中国的传统道德也多有肯定，主张恢复传统道德。如他说："我们今天要恢复民族的地位，便先要恢复民族的精神。""中国从前能够达到很强盛的地位，不是一个原因做成的。大凡一个国家所以能够强盛的缘故，起初的时候都是由于武力发展，继之以种种文化的发扬，便能成功。但是要维持民族和国家的长久地位，还有道德问题，有了很好的道德，国家才能长治久安。"② 他认为："从前中国民族的道德因为比外国民族的道德高尚得多，所以在宋朝，一次亡国到外来的蒙古人，后来蒙古人还是被中国人所同化；在明朝，二次亡国到外来的满洲人，后来满州人也是被中国人同化。因为我们民族的道德高尚，故国家虽亡，民族还能够存在；不但是自己的民族能够存在，并且有力量能够同化外来的民族。所以穷本极源，我们现在要恢复民族的地位，除了大家联合起来做成一个国族团体以外，就要把固有的旧道德先恢复起来。有了固有的道德，然后固有的民族地位才可以图恢复。"③

孙中山所讲的"固有的道德"，主要是指忠孝、仁爱、信义、和平。他对这些传统道德是十分赞赏的，并主张发扬光大这些传统道德。他说："古时所讲的忠，是忠于皇帝，现在没有皇帝便不讲忠字，以为什么事都可以做出来，那便是大错……我们在民国之内，照道理上说，还是要尽忠，不忠于君，要忠于国，要忠于民，要为四万万人去效忠。为四万万人效忠，比较为一人效忠，自然是高尚得多。故忠字的好道德还是要保存。讲到孝字，我们中国尤为特长，尤其比各国进步得多。《孝经》所讲孝字，几乎无所不包，无所不至。现在世界中最文明的国家讲到孝字，还没有像中国讲到这么完全。所以孝字更是不能不要的。国民在民国之内，要能够把忠孝二字讲到极点，国家便自然可以强盛。""仁爱也是中国的好道德。""中国所讲的信义，比外国要进步得多。""中国更有一种极好的

---

① 《孙中山选集》，人民出版社1981年版，第763—764页。
② 同上书，第679页。
③ 同上书，第680页。

道德,是爱和平。"① "中国人几千年酷爱和平,都是出于天性,论到个人便重谦让,论到政治便说'不嗜杀人者能一之',和外国人便有大大的不同。所以中国从前的忠孝仁爱信义种种的旧道德,固然是驾乎外国人,说到和平的道德,更是驾乎外国人。这种特别的好道德,便是我们民族的精神。我们以后对于这种精神不但是要保存,并且要发扬光大,然后我们民族的地位才可以恢复。"②

孙中山主张恢复中国固有的道德,并不是不作分析鉴别,也不是"文化保守主义",而是有所批判、有所取舍的。如前文所引,他对"忠"这个传统道德范畴,就是有分析批判,有发展创造的。又如他说:"一般醉心新文化的人,便排斥旧道德,以为有了新文化,便可以不要旧道德。不知道我们固有的东西,如果是好的,当然是要保存,不好的才可以放弃。"③

孙中山晚年仍不失伟大革命家的本色,他在共产国际和中国共产党的帮助下,正确总结了自己革命的历史经验和教训,发展了三民主义,确立了"联俄、联共、扶助农工"三大政策。对马克思主义思潮、苏俄社会主义文化,孙中山不是排斥,而是采取积极学习、吸收的态度。1924年10月,孙中山在《致蒋介石函》中明确指出:"我党今后之革命,非以俄为师,断无成就。"④ 这些也可以说明孙中山晚年没有"文化保守主义趋向"。

总而言之,孙中山对中西文化的基本态度,早年并不存在"西化趋向突出",晚年也不存在所谓"文化保守主义趋向"。

孙中山一生对中西文化的态度,可用1923年1月1日的《中国国民党宣言》中的话来概括:"内审中国之情势,外察世界之潮流,兼收众长,益以新创。"⑤

孙中山的文化观,是革命的文化观、理性的文化观、科学的文化观。或者说,孙中山的文化观,是革命性、理性、科学性的有机统一。革命性表明他的文化观并不保守,理性使他没有全盘西化趋向,科学性说明他的

---

① 《孙中山选集》,人民出版社1981年版,第683页。
② 同上书,第684页。
③ 同上书,第680页。
④ 同上书,第948页。
⑤ 《孙中山全集》第7卷,中华书局1985年版,第1页。

文化观符合历史、文化的发展规律。

我们今天弘扬、振兴中华文化，建设社会主义精神文明，践行社会主义核心价值观，抵抗西方的文化霸权主义，学习西方文化的精华，都有必要认真地借鉴孙中山的革命的、理性的、科学的文化观。

二 民生主义的当代价值

孙中山重视土地问题，与他出身于贫苦的农民家庭是有直接关系的。孙中山在流亡欧洲时，看到了西方资本主义社会的种种弊端，如社会财富高度集中在少数人手中，民众生活贫困、贫富两极分化、阶级矛盾尖锐，等等。这些现象引起了孙中山的思考。他说："予欲为一劳永逸之计，乃采取民生主义，以与民族、民权问题同时解决。此三民主义之主张所由完成也。"[①] 孙中山认为，将政治革命与社会革命同时并行，使之"毕其功于一役"，既能使中国实现富强，又能使中国避免出现西方国家贫富不均、两极分化等弊端。

1922年1月4日，孙中山在桂林广东同乡会欢迎会的演说中强调："民生主义，即贫富均等，不能以富者压制贫者是也。"[②]

1903年1月，兴中会越南分会成立时，在誓词中第一次出现"平均地权"四个字。1904年，孙中山在《致公堂重订新章要义纲领》中把"平均地权"作为政纲和口号提出。1905年8月同盟会正式成立时，大会讨论通过的同盟会章程中明确以孙中山提出的"驱除鞑虏，恢复中华，创立民国，平均地权"十六字纲领为同盟会宗旨。同年11月26日，同盟会机关刊物《民报》在日本东京正式出版发行。孙中山在《民报》发刊词中，对同盟会的十六字纲领作了进一步阐述，首次公开提出了民族、民权、民生三大主义，即三民主义。

"平均地权"是民生主义的基本主张。孙中山主张用"平均地权"的办法，防止中国出现贫富分化。孙中山认为，欧美资本主义国家"文明越发达，社会问题越着紧"，如英国"富者极少，贫者极多"，"善果被富人享尽，贫者反食恶果……故成此不平等的世界"。"社会问题，在欧美

[①] 《孙中山选集》，人民出版社1981年版，第196页。
[②] 《孙中山全集》第6卷，中华书局1985年版，第56页。

是积重难返。"而在中国"是将来总会发生的,至那时候收拾不来,又要弄成大革命了"。① 因此,在"实行民族革命、政治革命的时候,须同时想法子改良社会经济组织,防止后来的社会革命"②。如果中国到出现欧美那样的社会问题时,"才去讲民生主义,已经迟了"③。中国在赶超欧美的同时,要防止发生在西方已经发生的那些"祸害"。孙中山说:"欧美强矣,其民实困,观大同盟罢工与无政府党、社会党之日炽,社会革命其将不远。吾国纵能媲迹于欧美,犹不能免于第二次之革命,而况追逐于人已然之末轨者之终无成耶!夫欧美社会之祸,伏之数十年,及今而后发见之,又不能使之遽去。吾国治民生主义者,发达最先,睹其祸害于未萌,诚可举政治革命、社会革命毕其功于一役。还视欧美,彼且瞠乎后也。"④

孙中山认为,欧美各国之所以存在许多祸患,主要是"因为没有解决土地问题"。"解决的法子,社会学者所见不一,兄弟所信的,是定地价的法子。"⑤ 在中国怎样解决土地问题,孙中山提出了平均地权的主张。怎样平均地权?孙中山在辛亥革命前,认为平均地权的最佳方案是核定天下地价。他说:"文明之福祉,国民平等以享之。当改良社会经济组织,核定天下地价,其现有之地价,仍属原主所有,其革命后社会改良进步之增价,则归于国家,为国民所共享。肇造社会的国家,俾家给人足,四海之内无一夫不获其所。敢有垄断以制国民之生命者,与众弃之!"⑥ 辛亥革命后,即1912年5月,孙中山提出:"平均之法:一、即照价纳税,二、即土地国有。二者相为因果,双方并进,不患其不能平均矣。"⑦ 他认为:"若能将平均地权做到,社会革命已成七八分了。"⑧

1924年8月,孙中山在《民生主义》演讲中提出了"耕者有其田"的主张。孙中山指出:"将来民生主义真是达到目的,农民问题真是完全解决,是要'耕者有其田',那才算是我们对于农民问题的最终结果。"⑨

---

① 《孙中山全集》第1卷,中华书局1981年版,第326页。
② 同上。
③ 同上书,第327页。
④ 同上书,第288—289页。
⑤ 《孙中山选集》上卷,人民出版社1956年版,第78页。
⑥ 《孙中山全集》第1卷,中华书局1981年版,第297页。
⑦ 《孙中山全集》第2卷,中华书局1981年版,第355页。
⑧ 同上书,第95页。
⑨ 《孙中山选集》,人民出版社1981年版,第849—850页。

孙中山的"耕者在其田"的主张，在国民党统治的中国，从来就没有得到实现。中华人民共和国成立后，通过土地改革，在大陆实现了"耕者有其田"。

孙中山认识到，"贫富不均"是"社会革命"的原因。他说："社会革命的原因，便是由于社会上贫富太不均。"①"政治上不专制，社会上的贫富，还要平均，才能相安无事，否则还免不了革命。"②

孙中山认识到，生产资料的所有制决定了社会财富的分配，少数私人对土地和资本的垄断，是产生贫富不均的根源。孙中山明确指出："私人之垄断，渐变成资本之专制，致生出社会之阶级、贫富之不均耳。"③ 孙中山诘问："土地实为社会所有，人于其间又恶得而私之耶？""酿成经济组织之不平均者，莫大于土地之权为少数人所操纵。"④

早在1906年，孙中山已经认识到在工业化、近代（现代）化、城市化进程中土地价格飞涨、土地增值带来的巨大利益被少数人占有所带来的严重社会问题。孙中山说："欧美为甚不能解决社会问题？因为没有解决土地问题。大凡文明进步，地价日涨，譬如英国一百年前，人数已在一千余万，本地之粮供给有余；到了今日，人数不过加三倍，粮米已不够二月之用，民食专靠外国之粟。故英国要注重海军，保护海权，防粮运不继。因英国富人把耕地改作牧地，或变猎场，所获较丰，且征收容易，故农业渐废，并非土地不足。贫民无田可耕，都靠做工糊口，工业却全归资本家所握，工场偶然停歇，贫民立时饥饿。只就伦敦一城算计，每年冬间工人失业的常有六七十万人，全国更可知。英国大地主威斯敏士打公爵有封地在伦敦西偏，后来因扩张伦敦城，把那地统圈进去，他一家的地租占伦敦地租四分之一，富与国家相等。贫富不均竟到这地步，'平等'二字已成口头空话了！""比方现在香港、上海地价比内地高至数百倍，因为文明发达，交通便利，故此涨到这样。假如他日全国改良，那地价一定是跟着文明日日涨高的。到那时候，以前值一万银子的地，必涨至数十万、数百万。上海五十年前，黄浦滩边的地本无甚价值，近来竟加至每亩百数十万

---

① 《孙中山全集》第8卷，中华书局1986年版，第471页。
② 同上。
③ 《孙中山全集》第5卷，中华书局1985年版，第135页。
④ 《孙中山全集》第9卷，中华书局1986年版，第120页。

元，这就是最显明的证据了。就这样看来，将来富者日富，贫者日贫，十年之后，社会问题便一天紧似一天了。"① 1912年，孙中山进一步揭示了土地投机炒作的严重危害。他说："地权愈不平均，将举国成一赌世界，而国家愈不可问矣。赌不必博弈也，世界最大之赌赛，莫如买卖土地之投机业，如今日英属之加那大是。世界有一公例，凡工商发达之地，其租值日增，若香港、上海，前一亩值百十元者，今已涨至百十万有奇。及今不平均地权，则将来实业发达之后，大资本家必争先恐后，投资于土地投机业，一二十年间，举国一致，经济界必生大恐慌。虽其间价有涨落，地有广狭，资本家因而亏折，然土地有限，投机者无限，势必至有与平民以失业之痛苦之一日。"② 看看中国大陆最近十多年来地价、房价的疯涨，孙中山当年对土地投机炒作的批评，真是发人深思。治国者当鉴之。

《中国国民党第一次全国代表大会宣言》指出："国民党之民生主义，其最重要之原则不外二者：一曰平均地权，二曰节制资本。"节制资本的主要内容是："凡本国人及外国人之企业，或有独占的性质，或规模过大为私人之力所不能办者，如银行、铁道、航路等，由国家经营管理之，使私有资本制度不能操纵国民之生计，此则节制资本之要旨也。"

当年，孙中山已看到了资本主义的严重弊病，看到了资本主义的贫富两极分化，看到了资本主义的严重的掠夺和剥削。孙中山认识到，资本的私有制和私人垄断，造成了社会财富的不均，造成社会的贫富两极分化。孙中山指出："资本属于私人，则为社会之蠹；资本属于国家，则社会之贫富自均。此一定之理也。各国因经营实业之资本，属于私人，故日积月渐，造成今日之恐怖。吾国若及此实业未发达时，概由国家吸收外资以开发之，则此恐怖自然免矣。"③ 针对资本的私有制和私人垄断造成的贫富不均、两极分化，孙中山设想，"用一种思患预防的办法来阻止私人的大资本，防备将来社会贫富不均的大毛病"④。孙中山的办法就是"节制资本"。孙中山认为，中国因为贫穷，生产不足，单靠节制资本是不够的，

---

① 《孙中山全集》第1卷，中华书局1981年版，第328页。
② 《孙中山全集》第2卷，中华书局1982年版，第355页。
③ 陈旭麓、郝盛潮主编：《孙中山集外集》，上海人民出版社1990年版，第31页。
④ 《孙中山全集》第9卷，中华书局1986年版，第392页。

还要"发达国家资本"。孙中山还认为,要完全解决民生问题,不但要振兴实业、发展生产、发展经济,而且还要注意分配问题。他说:"我们的民生主义,目的是在打破资本制度。""我们所注重的分配方法,目标不是在赚钱,是要供给大家公众来使用。""资本主义是以赚钱为目的,民生主义是以养民为目的。有了这种以养民为目的的好主义,从前不好的资本制度便可以打破。"① 孙中山甚至还说:"民生主义就是共产主义,就是社会主义。"②

毛泽东在阐明新民主主义经济时说:"中国的经济,一定要走'节制资本'和'平均地权'的路,决不能是'少数人所得而私',决不能让少数资本家少数地主'操纵国民生计',决不能建设欧美式的资本主义社会,也决不能还是旧的半封建社会。谁要是敢于违反这个方向,他就一定达不到目的,他就自己要碰破头的。"③ 今天,建设中国特色社会主义经济,保障和改善民生,有必要借鉴孙中山平均地权、节制资本的思想。今天中国的贫富不均、两极分化、环境污染、暴力拆迁、高房价、血汗工厂、食品安全等问题,证明了孙中山的平均地权、节制资本的思想是非常有预见性的。

在当今的中国社会,两极分化越来越严重。1978年,我国的基尼系数是0.16,这个数值在当时几乎是全世界最低的。1981年为0.29。1988年为0.38。1994年已达到0.43,突破了国际警戒线0.40的标准,也超过了美、英等西方国家的基尼系数。1995年,进一步上升到0.45。2004年是0.465。2007年是0.48。近年仍在不断上升,目前,实际已超过了0.5。④ 中国城镇家庭最高20%收入户与最低20%收入户年人均收入差距,从1990年的4.2倍、1993年的6.9倍扩大为1998年的9.6倍。中国国家统计局2000年对中国4万个城镇居民家庭收入情况的调查显示:占总调查量20%的高收入者拥有42.5%的财富。同时,城乡之间的贫富差距也越来越大,由1978年的2.36比1扩大到2000年的2.79比1。若按可支配收入计算,城乡差距为3比1;若只考虑货币收入,差距就是4比1;

---

① 《孙中山选集》,人民出版社1981年版,第860—861页。
② 同上书,第833页。
③ 《毛泽东选集》第2卷,人民出版社1991年版,第678—679页。
④ 国家统计局公布的2012年的基尼系数为0.474。

若考虑城镇居民的各种福利补贴，差距就是 5—6 比 1。2011 年 9 月 7 日，"胡润百富榜"显示，目前中国大陆千万富豪的人数已达 96 万，其中包括 6 万个亿万富豪，以及资产达到十亿级别的富豪 4000 人，这相当于中国大陆每 1400 人中有 1 人是千万富豪。第二天，《福布斯》2011 中国富豪排行榜公布，中国个人或家族资产超过 10 亿美元的亿万富豪人数，达到了创纪录的 146 人，较 2010 年增加 18 人。在"胡润百富榜"中，排名前 10 位的巨富中，有 5 位涉及房地产；排名前 50 位的顶级富豪中，有 27 位涉及房地产；排名前 1000 位的富豪中，有 235 位涉及房地产。世界银行报告显示，美国是 5% 的人口掌握了 60% 的财富，而中国则是 1% 的家庭掌握了全国 41.4% 的财富。问题的严重性还在于，少数人的庞大财富是靠损害大多数人的利益非法积累起来的。这必然会引发大多数人对少数富人的怨恨甚至仇恨。据统计，我国现有央企 155 家，央企管理层年薪动辄数十万、数百万甚至上千万，而大多数员工月工资一两千元，收入悬殊。当前我国城乡居民收入差距达到 3.3 比 1，成为世界上城乡收入差距最大的国家之一；行业之间职工工资差距也很明显，最高的与最低的相差 15 倍左右；不同群体间的收入差距也在迅速拉大，上市国企高管与一线职工的收入差距在 18 倍左右，国有企业高管与社会平均工资相差 128 倍。中国的两极分化是世界上最严重的，中国的城乡差距是世界上最大的，中国的财富已高度集中在少数人手中。这些问题对于国家的安全、稳定、发展是非常不利的。1993—2006 年，社会群体性事件从 8708 件增加到 9 万件。2007—2009 年每年社会群体性事件都在 9 万件以上。2010 年全国信访总量 970 万件（人）次，群体性事件据官方统计为 20817 起。问题主要集中在征地和拆迁、资源开发和环境保护等方面。美联社 2011 年 9 月 7 日报道，中国富人的最大愿望是离开中国！"2011 胡润少壮派富豪榜"中，共有 56 位年龄在 40 岁以下的亿万富豪上榜，其中有一半人在欧美受过教育，并且五分之四的人表示，他们会考虑把孩子送到国外接受更好的教育。

邓小平指出："如果搞两极分化，情况就不同了，民族矛盾、区域间矛盾、阶级矛盾都会发展，相应地中央和地方的矛盾也会发展，就可能出乱子。"① 两极分化不是社会主义。两极分化就是阶级分化，必然会产生

---

① 《邓小平文选》第 3 卷，第 364 页。

新的资产阶级，必然会产生新的社会矛盾，与社会主义背道而驰。邓小平明确认识到两极分化的恶果，他早就警告说："社会主义的目的就是要全国人民共同富裕，不是两极分化。如果我们的政策导致两极分化，我们就失败了；如果产生了什么新的资产阶级，那我们就真是走了邪路了。"①

1993年9月16日邓小平在与弟弟邓垦谈话时说："十二亿人口怎样实现富裕，富裕起来以后财富怎样分配，这都是大问题。题目已经出来了，解决这个问题比解决发展起来的问题还困难。分配的问题大得很。我们讲要防止两极分化，实际上两极分化自然出现。要利用各种手段、各种方法、各种方案来解决这些问题。""少部分人获得那么多财富，大多数人没有，这样发展下去总有一天会出问题。分配不公，会导致两极分化，到一定时候问题就会出来。这个问题要解决。过去我们讲先发展起来。现在看，发展起来以后的问题不比不发展时少。"②

马克思主义执政党必须承担的一个重要职责就是维护社会的公正、平等和正义。今天的中国更需要公正与平等。公正与平等是社会主义的基本精神，也是社会主义的本质。公正与平等是现代社会的基本理念和基本价值准则。没有公正与平等的社会是非常危险的社会，没有公正与平等就没有社会主义。追求公正与平等是中国历史上早就存在的理念和思想，也是中国共产党意识形态中的重要理念和思想。③

平等平均思想是中国文化的基本精神之一。中国伟大的思想家孔子，就是平等、平均思想的倡导者。他说："丘也闻有国有家者，不患寡而患不均，不患贫而患不安。盖均无贫，和无寡，安无倾。"（《论语·季氏》）中国历史上平均、平等思想经久不衰，并深刻影响了中国人的伦理道德观念，其思想的源泉就在孔子这里。孔子之前的晏婴也主张"权有无，均贫富"（《晏子春秋·问上》）。《礼记·礼运》中提出的大同，也是主张公正、平等的思想。《吕氏春秋·贵公》说："圣王之治天下也，必先公。公则天下平矣，平得于公。""治国平天下"是儒家最高、最根本的政治理想。朱熹说："平天下，谓均平也。"在中国的广大群众中，平等、平

---

① 《邓小平文选》第3卷，第110—111页。
② 中共中央文献研究室编：《邓小平年谱（1975—1997）》（下），中央文献出版社2004年版，第1364页。
③ 张巨成：《构建和谐社会的传统文化底蕴》，《光明日报》2006年12月21日。

均的思想是普遍存在的，历史上有多次大规模的农民起义，都以平等、平均作为口号或纲领。中国民间有句俗话说："一碗水要端平。"这句俗话说明在中国民间普遍存在公正与平等的理念和思想。中国共产党作为中国的执政党，要端平中国这碗水。

孙中山的伟大，不仅在于他是推翻清王朝、推翻皇帝制度的革命家，还在于他是有理想、有思想的政治家。人类历史上的身居高位的政治家不计其数，但其中大多数人称不上伟大的政治家，一个最重要的原因就是他们没有理想，更没有思想。只有像孙中山这样具有光辉思想的人才是真正的伟人。

第二章

近现代云南的历史人物

一 李根源与云南陆军讲武堂

李根源（1879—1965），字印泉，又字养谿、雪山，别署高黎贡山人，1879年6月6日生于云南腾越九保（今属梁河县）。

李根源于1904年考取日本留学生，进入东京振武学校学习陆军。1908年又进入日本陆军士官学校学习。

李根源在日本一方面学习和研究近代西方国家的政治、经济、军事的历史发展和革命理论；另一方面，在讨论时事，举行集会等实际活动中，认识了许多志同道合之士，并和留日学生中的进步组织有联系，从而为其寻求救国救民真理的理想开辟了一个崭新的天地。1905年4月，李根源在东京访问了黄兴。7月，孙中山从欧洲重返日本。李根源与杨振鸿、罗佩金赶到横滨拜访孙中山，孙中山热情接待了他们，给他们讲了革命道理，以"革命是艰苦事，要卖命"[①]等富有战斗性、革命性的语言鼓励他们。1905年8月20日，中国同盟会在东京正式成立。李根源毅然加入同盟会，成为同盟会的第一批成员。

1909年8月，李根源于日本士官学校第六期毕业。应护理云贵总督沈秉堃电调，李根源回滇，结束了在日本的学习生活。

李根源在日本留学期间，投身革命，参加同盟会，创办《云南》杂志，召开云南独立大会，是一个比较活跃的同盟会员，在革命的洪流中得到了锻炼。他带着同盟会的革命宗旨，怀着推翻清王朝的反动统治、挽救

---

① 朱德：《辛亥回忆》，《解放日报》1942年10月10日，转引自蔡端编《蔡锷集》，文史资料出版社1982年版，第232页。

民族危亡的伟大抱负回到了云南。

李根源回到云南昆明后,被任命为云南陆军讲武堂监督兼步兵科教官,参与创办讲武堂。李根源上任后,积极进行筹备,选校址于翠湖西边的承华圃。1909年9月28日(夏历八月十五日),讲武堂正式开学。

云南陆军讲武堂的首任总办(校长)是高尔登。在高尔登任内,学校规模比较小,只有甲、乙、丙三班学生,每班仅有八十人,1910年4月,高尔登辞职,李根源接任总办。李根源任总办后,在教学、学校组织、招生等方面进行了改革,使得讲武堂的学生和教官人数大大增加。其教官大都是从日本士官学校毕业回来的日本留学生,他们均参加了同盟会或者接受了革命思想。云南陆军讲武堂的学制较长,甲、乙班学制为一年,特别班为两年半,丙班为三年。讲武堂设有步兵、炮兵、骑兵、工兵、辎重五个兵科,课程设置完善,军事教材采用日本士官学校的教材,教学质量较高。

以李根源为首的革命教官,在讲武堂开展了多种形式的革命活动,宣传革命思想,对学生进行爱国主义和反清革命教育。在课堂上,在野外实习中,特别是在给学生训话时,革命教官用种种暗示、影射、举例、隐喻来宣传反清革命思想。李根源给学生们讲述明初将领沐英驱逐元朝在云南统治势力的事迹,并在讲武堂西南角建"思沐小墅",以此来激发学生反清革命思想。正如他自己所说的那样:"思沐,志在匡复。"[①] 他还写了一首诗,题为《承华圃思沐小墅落成》:"小筑承华近水滨,西平遗泽百年新。九龙一夜惊雷雨,桃李花开天下春。"[②] 诗的后两句表达了革命教官对学生们寄托的希望和推翻清王朝的决心。

1910年2月14日,李根源、李烈钧、顾品珍率领全校学生在黑龙潭演习完毕后,又率全体学生谒薛尔望墓。回到讲武堂,李根源对学生说:"我们为什么要参拜薛尔望先生呢?可惜他是一个文弱书生,不然,我们中国就不会这样。"[③] 对封建忠君思想,李根源也作了批判。他有一次对学生说:"我见有一学生的作文,言忠君不忠君的话,我不放心,来对你

---

① 李根源:《思沐跋》,《曲石文续录》卷1。
② 李根源:《曲石诗录・剑影集》卷1。
③ 祝鸿基:《陆军第十九镇及云南讲武堂》,《辛亥革命回忆录》第3集,第391页。

们讲讲,假使李自成成功,又何尝不是君呢?其余的话我不能说,你们是知道的。"① 学生的国文课名为文选,选的都是能激发学生反清思想的文章。由于革命党人掌握了讲武堂的实际领导权,一些有影响的革命书刊得以在讲武堂中秘密传阅。

云南地处边疆,受到英、法帝国主义的侵略威胁。李根源等革命教官结合实际,就地取材对学生进行反帝救国教育。1910年,滇越铁路通车,通车典礼在昆明火车站举行。当天早晨,李根源召集学生讲话,大意说:"法国今天将滇越铁路修抵昆明。我们国家不惟修不起铁路,甚至将国家主权拱手送给外国人。我辈军人,有守土卫国之责,大家应当努力学习,将来必雪此耻辱。今天放假一天,作为纪念,希望大家牢牢记住今天,放假后到火车站去看看。"② 他的讲话慷慨激昂,讲到痛心之处,不禁痛哭。放假后,李根源亲与学生六百多人来到火车站,见法国人耀武扬威,火车头上飘着清王朝的龙旗和法国人的红、白、蓝三色国旗,学生们都义愤填膺。回校后,李根源布置学生写"看滇越铁路通车后的感想"。这使学生们受到了一次深刻的爱国主义教育。

讲武堂的革命活动,也为清朝的云南统治者所察觉。属于北洋系的军阀政客靳云鹏、钟麟同、王振畿等极端仇视革命,把讲武堂的革命活动密报云贵总督李经羲。提学使叶尔恺也进言李经羲:"讲武堂多革命党,虎大伤人。"③ 面临讲武堂被解散,革命志士被杀头的危险,李根源多方奔走,向李经羲作了掩护革命党人的解释,使李经羲放弃了解散讲武堂的念头。这样,讲武堂的革命力量才没有遭到破坏、瓦解。

讲武堂的同盟会员还秘密开展组织活动,发展新会员,把扩大组织作为自己的重要任务。朱德进入讲武堂几个星期后就加入了同盟会。李根源从此与朱德建立了深厚的友谊。1911年春,李根源向李经羲推荐蔡锷,使蔡锷成为云南新军第十九镇第三十七协协统。

清政府并没有放松对讲武堂革命党人的监视和迫害。步兵科长兼教官叶成林在野外演习时向学生宣传革命思想,被满籍学员密告李经羲,李立即将叶解职。李烈钧也因积极进行革命活动被李经羲知道,李经羲"委

---

① 祝鸿基:《陆军第十九镇及云南讲武堂》,《辛亥革命回忆录》第3集,第391页。
② 《云南·贵州辛亥革命资料》,第16页。
③ 祝鸿基:《陆军第十九镇及云南讲武堂》,《辛亥革命回忆录》第3集,第391页。

烈钧北洋观操员，令即日去滇"。李根源也于 1911 年 8 月 22 日被解除总办职务，调任督练处副参议官。然而革命思想已经在讲武堂扎下了根，正如李根源所说："生徒受教已深，岂以余去易其志哉！"①

李根源在讲武堂任监督、总办两年多，在这期间讲武堂培养了七百多名学生，他们多被派往第十九镇和巡防军充任下级军官，并在士兵中宣传革命思想。这样新军士兵就被革命党人所掌握。在辛亥云南起义中，讲武堂的革命师生，对于起义的胜利起了重要的作用。云南光复后，组织援川、援黔，促成多个省份相继起义，讲武堂的革命师生起了一定的作用。在讨袁护国中，云南组织的三个军，各级军官都是讲武堂的师生。

作为讲武堂总办的李根源，在把讲武堂办成一所为革命培养军事人才的学校，变成云南辛亥革命的摇篮和重要基地这一过程中，发挥了重要作用。朱德评述说："满清政府对于革命力量的压迫，是极端残酷的。对讲武堂的摧残，是非常严厉的。李根源先生对于学校的维护，起了很大的作用，凭着他的革命热情和灵活手腕、任劳任怨的精神，这个革命力量的熔炉，才得以保持下来。"②

李根源主持云南陆军讲武堂时，坚持从严治校的方针。讲武堂的组织、制度、管理、教学等是仿效日本士官学校的，"纪律非常严格，每天上六小时课，下两小时操"③。云南陆军讲武堂能够成为近代中国的著名军事院校，与其从严治校的方针是分不开的。讲武堂有非常严格的组织纪律和管理制度。"管理方法，是层层节制，绝对服从。"④"在操场上的训练，是采取日本军国主义教育的方式。层层节制，绝对服从。在操练时，要求姿势端正，动作敏捷，每个动作必须做到纯熟而后已。否则反复地学所有的动作，与书本上要一致。"⑤讲武堂的队列教练，"动作起来非常整齐，不论横看纵看都在一线上，步法都是一致的，左右转弯时，决没有参

---

① 李根源：《雪生年录》。
② 朱德：《辛亥回忆》，《解放日报》1942 年 10 月 10 日，转引自蔡端编《蔡锷集》，文史资料出版社 1982 年版，第 232 页。
③ 同上。
④ 周开勋：《云南讲武堂的回忆》，《云南文史资料选辑》第 15 辑，1981 年。
⑤ 同上。

差不齐，每个排面都在一条线上"①。"云南讲武堂的教育，基本上搬用了日本的尚武精神教育"②，而尚武精神是当时的中国最稀少而又最需要的精神。

云南陆军讲武堂创办之初，李根源以"坚忍刻苦"四个字作为云南陆军讲武堂的校训。他对"坚忍刻苦"作了解释："学莫先于立志，三军可以夺帅，匹夫不可夺志，坚忍也；反是则随习披靡，而志不立矣。学莫贵于有恒，锲而不舍，弗得弗措，坚忍也；反此则一暴十寒，难乎有恒矣。学莫大于有为，行远自迩，登高自卑，坚忍也；反是则九仞一篑，为而弗成矣。学莫难于有守，富贵不能淫，贫贱不能移，威武不能屈，坚忍也；反是则改节易行，丧其所守矣。大而推之爱国之诚，敌忾之勇，死绥之义，此物此志也；小而验之苦其心志，劳其筋骨，饿其体肤，空乏其身，行拂乱其所为，所以动心忍性者，此物此志也。"③ "夫坚忍刻苦者，为学之要，立身之本。"④ 今天中国的高校学生，有此坚忍刻苦精神者，少矣。

云南陆军讲武堂对今天高等教育的启示是：高等学校必须从严治校，必须有严格的组织纪律，必须有严格的管理，必须有坚忍刻苦的精神，否则，必然是高等教育质量的严重下降。今天中国的大学，有太多的浮躁，却缺乏激情；有过剩的欲望，却缺乏理想；有太多的高楼，却缺乏大师；有太多的知识，却缺乏思想；有太多的技术，却缺乏文化；有太多的论著，却缺乏创新；有太多的教授，却缺乏学者；有太多的学生，却缺乏读书人；有太多的增长，却缺乏发展；有太多的地盘，却缺乏精神家园；有太多的自私，却缺乏公心；有太多的学士、硕士、博士，却缺乏战士；有太多的物质，却缺乏精神。

---

① 周开勋：《云南讲武堂的回忆》，《云南文史资料选辑》第15辑，1981年8月。
② 同上。
③ 李根源：《韶州讲武堂第一期学生入学训词》，《新编曲石文录》，云南人民出版社1988年版，第138—139页。
④ 李根源：《韶州讲武堂第二期学生入学训词》，《新编曲石文录》，云南人民出版社1988年版，第171页。

二　唐继尧与阳明学

唐继尧（1882—1927），字蓂赓，号东大陆主人，云南会泽人。在辛亥革命中，唐继尧参与组织、发动、领导昆明"重九起义"，于云南光复有功。在护国运动中，唐继尧是云南护国首义的重要领导人，再造共和，于国家有功。对于云南的社会文化教育事业，唐继尧也有重要贡献，如1922年创办东陆大学（云南大学前身），就是对云南高等教育事业的重大贡献。

王阳明（1472—1529），名守仁，字伯安，自号阳明子，人称阳明先生，是中国古代的伟大思想家。梁启超称赞王阳明为"千古大师""百世之师"。杨荣国说"阳明就是中国的黑格尔"[①]。王阳明的思想，后人一般称之为阳明学或阳明心学。"阳明之学，凡有三大纲领：一则心即理，二则致良知，三则知行合一。"[②] 阳明学具有无私无畏、敢于反潮流、挑战传统的精神，在明朝影响巨大。清初，阳明学被一些学者激烈指责，从而影响式微。进入近代，阳明学东山再起，为诸多重要人物所推崇。从龚自珍、魏源到康有为、梁启超、谭嗣同，从章太炎到孙中山、蒋介石、唐继尧等人，都曾在不同程度上推崇阳明学，强调"以心挽劫"，提倡以精神的力量救国救世。当代的新儒家，对阳明学也给予了很高的评价。阳明学在近代日本有很大的影响，为日本的明治维新提供了精神动力和思想武器。日本明治时期的学者高濑武次郎评价说："我邦阳明学之特色，在其有活动的事业家，乃至维新诸豪杰震天动地之伟业，殆无一不由于王学所赐予。"[③] 在当代日本，阳明学仍有较大影响。

唐继尧在1905年至1908年留学日本时写的《会泽笔记》中说："以阳明之学，充实内体；以曾左之行，立定事业。"[④] 这说明唐继尧在青年时代就推崇阳明学，并深受阳明学的影响。

王阳明的致良知思想，对唐继尧有深刻影响。这从唐继尧的《会泽

[①] 李锦全、杨淡以编：《杨荣国文集》，中山大学出版社2004年版，第300页。
[②] 林尹：《中国学术思想大纲》，华东师范大学出版社2006年版，第139页。
[③] 转引自戴瑞坤《阳明学汉学研究论集》，学生书局1988年版，第82页。
[④] 《会泽笔记》六十四，载沈云龙主编《近代中国史料丛刊》第78辑，文海出版社1982年版。

笔记》中可见一斑。他说："良知清明，则是非判然。"① "良知亦有真伪，非使心地间无一毫秽物，无能发现真良知。"② "欲达到圣贤豪杰之域，不可忽违良知。"③ "我良知之最清明者，为爱国爱民四字。"④ "良知本明，特为物欲所蔽，以致暗晦。我昨夜于深夜人静时，思事想理，甚觉清明。平日所不能见到者，皆豁然领悟。果能常保此洁静心境，则良知不难而致也。"⑤ "欲立德者，不可忽于致知功夫。"⑥ "一分私欲，能遮蔽十分天理。"⑦ "只须埋头用功，致我良知，以脱凡俗，为苍生造福。"⑧ "使我片刻不能去于心者有三事：一为革心致知，二为为国雪耻，三为革刷内政。"⑨ "致知功夫，一刻间断不得。如一停滞，前功尽弃矣。"⑩ "心境开朗，良知清明，宇宙万象皆可洞明，而不为世俗之见所惑矣。"⑪

唐继尧在创办东陆大学之际为东陆大学制定了校训并作序说："继尧幼承家学，服膺《传习录》。少长读《文成全书》及《理学宗传》、《明儒学案》诸名著，体之于心，验之于行，窃窃奉行之以为宗。比来世变日纷，阅事更广，益信自治治人，王学最为直捷，以无善无恶为心体，以为善去恶为功用；以致良知为始，以知行合一为归。加之以物质科学，参之以世界文化，端趋向，宏造就，光大中华之儒术，补助吾滇之学风。撮其要旨，列为四条：于以尊人格，正人心，宏人道，立人极。阐旧学而培新知，造通才而应世变，庶有济乎！姚江有言：愿得豪杰同志之士，扶持匡翼，共明良知之学于天下，使天下之人，皆得自致其良知，以相养相安；去其自私自利之弊，以跻于大同。区区此心，亦犹是耳，诸生勉乎哉。"⑫

---

① 《会泽笔记》二十一。
② 《会泽笔记》三十二。
③ 《会泽笔记》三十九。
④ 《会泽笔记》七十九。
⑤ 《会泽笔记》一零七。
⑥ 《会泽笔记》一一九。
⑦ 《会泽笔记》一二三。
⑧ 《会泽笔记》一四六。
⑨ 《会泽笔记》一五三。
⑩ 《会泽笔记》一七二。
⑪ 《会泽笔记》一八零。
⑫ 唐继尧：《东陆大学校训并序》，《东陆校刊》中华民国十二年秋季第一号。

唐继尧为东陆大学制定的校训是：自尊、致知、正义、力行。在这八字校训中，"致知力行之说，修己治人之道，昭然若揭"①。唐继尧在《东陆大学校训并序》中还为这八字校训作了四首四言诗的注解。其诗如下：

自尊

志学而立，健以自强；不偏不倚，毋怠毋荒。
世方万变，我自抱一；高乃勿危，立乃勿踬。

致知

子舆有言，立乎其大；大者先立，天君自泰。
何以致之，在致良知；良知吾心，吾心吾师。

正义

履蹈正谊，罔涉回邪；耿介拔俗，尽扫浮夸。
廉隅外砺，诗书内华；不挠不折，凛然孔嘉。

力行

非知之艰，行之维艰；知行合一，允矣名言。
庄敬日强，同撑大厦；愿持此言，质诸天下。

章太炎特别强调王阳明的自尊无畏思想。他说："王学岂有他长？亦曰自尊无畏而已。"②唐继尧制定的校训强调"自尊"和"致知"，明显是受了阳明学的影响。

致良知是阳明学的宗旨和精髓。王阳明说："吾平生讲学，只是'致良知'三字。"③什么是良知？王阳明说："良知是天理之昭明灵觉处，故良知即是天理。"④"孟子云：'是非之心，知也。''是非之心，人皆有之。'即所谓良知是也。"⑤"心之良知是谓圣。圣人之学，惟是致此良知而已。自然而致之者，圣人也；勉然而致之者，贤人也；自蔽自昧而不肯致之者，愚不肖者也。"⑥"良知只是个是非之心，是非只是个好恶，只好

---

① 华振：《新修贡院至公堂为大学礼堂记》，《东陆校刊》中华民国十二年秋季第一号。
② 《答铁铮》，《章太炎全集》四，上海人民出版社1985年版，第444—445页。
③ 《王阳明全集》卷26，上海古籍出版社1992年版，第990页。
④ 《答欧阳崇一》，《王阳明全集》卷2，第72页。
⑤ 《与陆原静》，《王阳明全集》卷5，第198页。
⑥ 《书魏师孟卷》，《王阳明全集》卷8，第280页。

恶就尽了是非，只是非就尽了万事万变。"① 什么是致知或致良知？王阳明晚年明确指出："致吾心之良知者，致知也。"② 他还说："人孰无是良知乎？独有而不能致之耳……是良知也者，是所谓'天下之大本'也。致是良知而行，则所谓'天下之达道'也。"③ "知之真切笃实处，即是行，行之明觉精察处，即是知，知行工夫本不可离。"④ "致知之必在于行，而不行之不可以为致知也明矣。知行合一之体，不益较然矣乎？"⑤ "决而行之者，致知之谓也。此吾所谓知行合一者也。"⑥ 这里说明致良知是达道，是知行合一。王阳明的致良知，就是要根据良知去改造社会、改造国家、创造历史。良知是创造历史的精神动力，是革命的思想意志。中国近现代有好几位著名历史人物，根据良知去行动，创造了轰轰烈烈的历史。在唐继尧的身上，也有这种情况。

　　阳明学具有的唯意志论、圣贤观念、强烈的历史使命感和社会责任感，对唐继尧的"圣贤英雄"观、历史使命感和社会责任感有重要影响。关于"圣人气象"，王阳明说："圣人气象何由认得？自己良知原与圣人一般，若体认得自己良知明白，即圣人气象不在圣人而在我矣。"⑦ 梁启超称赞"王学之激扬蹈厉"，并认为"晚明士气，冠前绝古者，王学之功不在禹之下也"。⑧ 在唐继尧的"英雄圣贤"观和人生抱负中，有明显的"激扬蹈厉"。唐继尧在《会泽笔记》中说："须有圣贤之心胸，英雄之才智，然后可以任大事。"⑨ "任大事，须有涵养，有锐气。二者似相反而实相成。"⑩ "空谈英雄事业者，不能实际努力者，庸人也。"⑪ 面对腐败、没落、软弱的清王朝，唐继尧在《会泽笔记》中表达了强烈的忧患意识和使命感。"呜呼！国危如此，尚自私自利，不事振发，妄图苟全，昧良

---

① 《传习录》下，《王阳明全集》卷3，第111页。
② 《答顾东桥书》，《王阳明全集》卷2，第45页。
③ 《书朱守乾卷》，《王阳明全集》卷8，第279页。
④ 《答顾东桥书》，《王阳明全集》卷2，第42页。
⑤ 同上书，第50页。
⑥ 《书朱守谐卷》，《王阳明全集》卷8，第277页。
⑦ 《启问道通书》，《王阳明全集》卷2，第59页。
⑧ 梁启超：《新民说》，《饮冰室合集》第6册，中华书局2003年版，第126页。
⑨ 《会泽笔记》四十二。
⑩ 《会泽笔记》四十一。
⑪ 《会泽笔记》四十二。

无耻，莫此为甚。"① "国弱如此，虽列王侯，亦辱。将来使国威振扬，虽退为平民，亦荣。" "男儿应发奋图强，使国家复兴，人得其所，始不辱己，更不累人。"② "天下有道则见，天下无道则隐，圣贤也。天下有道则隐，天下无道则见者，英雄也。故治世多圣贤，乱世多英雄；英雄戡乱，圣贤饬治。吾愿今日之中国，出一伟大之英雄，兼圣贤之德识才量，而以英雄之气魄能力，以挽此大厦将倾之势。"③ "有英雄之志者，不得谓之英雄；成英雄之事者，方得谓之英雄。"④ "圣人，完全之英雄也；英雄，不完全之圣人也。英雄必具圣人之心胸，然后可作成大事。"⑤ "我须以能担当国家全般大任为目的，从事修养学问。"⑥ "立志须高远，养气须广阔。欲为英雄豪杰，须有坚强自信之心。"⑦ "圣哲胸襟，清风霁月；英雄心地，白日青天。"⑧ "英雄心胸，自然光明磊落，无丝毫勉强。"⑨ "虽有大道，若无大权，其道难行。故英雄做事，必先握大权，而后伸其道。"⑩ 唐继尧的这些言论，反映了他以天下国家为己任的圣贤英雄抱负，同时也具有阳明思想的狂放高傲、自尊无畏的特征。

梁启超对阳明学评价甚高，他说："吾国之主学，唯心派也。苟学此而有得者，则其人必发强刚毅，而任事必加勇猛，观明末儒者之风节可见也。本朝二百余年，斯学销沉，而其支流超度东海，逐成日本维新之治，心学之为用也。心学者，是宗教之最上乘也。"⑪ 唐继尧对阳明学"奉行之以为宗"，也有发强刚毅、任事勇猛的表现。

唐继尧四十岁时，为其祝寿的人在寿辞中说："公素服膺阳明。" "公之所学，一本阳明。" "公方汲汲于东陆大学、东陆学会，昕夕寒暑，与滇中学子赏奇析疑，同励士习。于政事之暇，自讲阳明之书，启迪后

---

① 《会泽笔记》四十二。
② 《会泽笔记》四十四。
③ 《会泽笔记》五十七。
④ 《会泽笔记》五十八。
⑤ 《会泽笔记》六十一。
⑥ 《会泽笔记》一零一。
⑦ 《会泽笔记》一零五。
⑧ 《会泽笔记》一零六。
⑨ 《会泽笔记》一二七。
⑩ 《会泽笔记》一八六。
⑪ 梁启超：《宗教家与哲学家之长短得失》，《饮冰室合集》第1册，第46页。

进。""阳明有不世功,求诸心不求诸外。公更轻世功重心学,兢兢以世道人心,非学不明,非讲不精,欲以王学范天下。"① 从这些话中,也可看出阳明学对唐继尧的深刻影响。

梁启超服膺王阳明的知行合一思想,他说:"知行合一之教,便是明代第一位大师王阳明先生给我国学术史上留下最有名而且最有价值的一个口号。""阳明知行合一这句话,总算最有永久价值而且最适用于现代潮流的了。""把宇宙万有都看成一体,把圣贤多少言语都打成一片。"② 梁启超在1926年年底认为,现代学校的弊端,是分知分行,把学校变成一个知识贩卖所。要纠正现代学校教育脱离实际的弊病,"就是依着王阳明知行合一之教去做"。唐继尧创办东陆大学,提倡阳明学,强调"自尊、致知、正义、力行",高扬"知行合一",很明显是为了克服现代大学教育理论脱离实践、实际,知行分离的弊端。联系到今天中国高等教育的严重弊端,我国的大学,缺乏的正是"致良知""知行合一"的教育理念。

三 龙云与民盟

龙云、民盟、共产党、国民党,在20世纪40年代的云南历史上,纵横捭阖、翻云覆雨,演出了一幕又一幕惊心动魄的历史剧。民盟借龙云的"势"来发展自己,弘扬自己的"道"。龙云对民盟给予支持、保护,也借民盟的力量来与蒋介石分庭抗礼。龙云与民盟互相借重,互相帮助,关系密切。因此,我们研究民盟的历史,不能不研究龙云与民盟的关系问题。

(一) 民盟和民盟云南地方组织

民盟是中国民主同盟的简称。中国民主同盟原来的名称是中国民主政团同盟,1941年3月19日在重庆秘密成立。9月18日,中国民主政团同盟的机关报——《光明报》,在香港公开出版。10月10日,《光明报》发表"启事",宣告中国民主政团同盟已在重庆成立,并发表了经过修改的《中国民主政团同盟对时局主张纲领》(即"十大政治纲领")和《中

---

① 《会泽四秩荣庆录》。
② 梁启超:《王阳明知行合一之教》,《饮冰室合集》第5册,第24—25页。

国民主政团同盟成立宣言》，公开了民盟组织。

民盟建立后不久，即着手建立民盟的地方组织，以扩大民盟的力量。1942年年底，民盟中央派民盟中央常委、宣传部长罗隆基到昆明建立地方组织。民盟中央决定在昆明建立地方组织，是因为昆明是地方实力派龙云统治的地区，龙云与蒋介石有矛盾，昆明的民主气氛浓厚，民主力量较强。

罗隆基到昆明后，即与在西南联合大学和云南大学担任教授的盟员潘光旦、潘大逵、周新民等人一起积极进行筹备工作，将西南联大和云大的一些教授和高级知识分子发展入盟，并于1943年5月正式成立中国民主政团同盟的第一个地方组织——昆明支部。罗隆基担任支部的负责人并兼宣传委员，周新民任组织委员，潘光旦任财务委员。昆明支部拥有一些名教授（如潘光旦），使得民盟在各界人士中，特别是在知识分子中的声望大大提高，从而也扩大了民盟的影响。

1943年夏秋之交，昆明支部领导人向民盟中央正式提出，坚决要求将"中国民主政团同盟"改为"中国民主同盟"，取消"政团"二字。这个意见得到了盟内外多数人的赞成。1944年9月19日，中国民主政团同盟全国代表会议在重庆召开，会议决定将中国民主政团同盟改为中国民主同盟，并决定取消民盟的团体会员制，以后盟员一律以个人名义加入。10月1日，民盟昆明支部召开全体盟员大会，决定将"中国民主政团同盟昆明支部"改为"中国民主同盟云南省支部"，通过了"民盟云南省支部执行委员会组织简章"，选举罗隆基、潘光旦、周新民、潘大逵、李公朴、闻一多、楚图南、吴晗、费孝通为委员。罗隆基任主任委员，周新民任组织委员，潘大逵任宣传委员，吴晗任青年委员。12月，创办了民盟云南省支部的机关刊物——《民主周刊》。民盟云南省支部有盟员近200人，多数为教育界人士，内有不少教授、学者，并且还有一些名教授、名学者。除昆明外，个旧、建水、大理、路南等地也有民盟的组织。云南省支部是一个组织较为严密，领导比较健全，很有战斗力的支部。它和中共云南地下组织及其在西南联大、云南大学等校学生中建立的"中国民主青年同盟"有密切联系，并互相配合，积极开展民主运动。[①]

[①] 参见民盟中央文史委员会《中国民主同盟简史》，群言出版社1991年版，第21—22页。

（二）龙云和民盟的交往

龙云（1884—1962），字志舟，原名登云，彝族，云南省昭通县（现为昭通市昭阳区）人。1928年被蒋介石委任为国民党云南省政府主席，国民革命军第三十八军军长，第十三路军总指挥，率部统一云南。1935年任国民党中央"剿匪"第二路军总司令，指挥所部堵截长征途中的红军。抗日战争时期，所部第六十军开赴前线，奋勇抗日，功勋卓著。龙云先后担任军事委员会委员长昆明行营主任、军事委员会驻滇干部训练团副团长、陆军副总司令等职，在云南组织人力物力，支援全国抗战。

龙云虽然是国民党中央政府任命的云南省政府主席，但他与国民党中央政府貌合神离。龙云在云南建立了忠于他的军事、政治、经济体系，从而使国民党中央政府的许多重要政令未能在这个重要的边疆省份得到执行。在云南，中央政府的权威受到严重削弱，统治的权威是龙云而不是蒋介石。龙云在云南的统治实质上是中国国家内的割据，他当时就有"云南王""土皇帝"之称。

面对强大的国民党中央政权，民盟的发展非常需要借助龙云的势力，民盟在云南的发展所急需的活动经费更需仰仗龙云的支持。龙云也需要利用民盟来与国民党中央政府对抗。龙云对民盟给予了积极的支持和巨大的帮助，但这却给龙云带来了危险，因为蒋介石对龙云的这一举动"深为痛恨"。龙云后来回忆说："抗战期间，在昆明的爱国民主人士很多，尤其西南联大的教授和我随时都有接触和交谈的机会，谈到国家大事，所见都大体相同。对于蒋介石的集权独裁政治，大家都深恶痛绝。他们都反对内战，希望召开国民代表大会，制定民主宪法，用于束缚蒋介石，实行中山遗教。所以我对昆明汹涌澎湃的民主运动是同情的。张澜派人对我说，组织民盟有许多困难，我就竭力鼓励他放手干，我愿尽力帮助。后来，刘文辉对民盟也与我采取一致行动。蒋介石因此对我深为痛恨，认为我碍手碍脚，决心要拔除我，后来就发动了昆明事变。事变后，我去到重庆，蒋介石就开始对昆明民主运动大加迫害，因而相继发生了'一二·一'惨案和李公朴、闻一多被杀事件。"[①]

[①] 龙云：《抗战前后我的几点回忆》，《云南文史丛刊》1985年第1期。

龙云喜欢和高级知识分子交朋友，其中有些高级知识分子是反蒋的民主人士或者中共党员，如中共地下党员华岗和民盟领袖罗隆基。罗隆基是民盟中央执行委员、常务委员，民主政团同盟（民盟前身）昆明支部、民盟云南省支部的负责人，西南联大教授，抗战期间罗隆基对国民党中央政府进行了猛烈的抨击，以致国民党中央政府在1941年恼羞成怒地下令解除了他的联大教授职务和国民参政会会员职务。但是，罗隆基却受到了龙云的礼遇。1944年，当国民党中央政府坚持要把罗隆基驱逐出云南时，龙云一口回绝，并不软不硬地回答说他会严密监视罗隆基的。龙云始终否认在经费上资助民盟，但实际上，当民盟出版的刊物遇到经济困难时，龙云也曾慷慨解囊，帮助其渡过难关。此外，一般人都知道，龙云在昆明的公馆有一半充作了西南联大的宿舍。能在这里享受衣食住行照顾的，不是中央政府派来的党徒，而是一些自由主义思想很浓的教授和学子。①

龙云是国民党中央政府的"反对派"，在他的庇护之下，昆明成了国统区的一个比较自由的城市，这又主要表现在言论自由方面。抗战时期和抗战后的一小段时间内，昆明创办了许多民主报刊，如民盟云南省支部的机关刊物《民主周刊》、《自由论坛》（云南大学学生创办）、《时代评论》、《人民周报》、《中国周报》、《妇女旬刊》、《时代妇女》、《学生报》、《时代评论》、《昆明新报》、《文艺新报》、《大众报》、《真理周报》等。江南著《龙云传》称：当时，昆明的公园，在文人的宣传下成了"海德公园"，可以自由张贴海报、自由讲演。昆明因此有着"民主堡垒"的美誉。

抗战时期，龙云数次被蒋介石召到重庆述职，民盟主席张澜曾多次与龙云交往，积极争取龙云加入民盟。龙云同意加入，但不公开，作为秘密盟员。龙云入盟一事，当时在民盟中央委员会中也未公开，只是几个常委知道，由民盟中央主席张澜和他直接联系。1944年年底的一天，龙云约请楚图南、闻一多、冯素陶到他的寓所座谈，设宴招待楚图南等人，并举行了入盟仪式。龙云的秘密入盟仪式，是在龙云写了申请入盟书并获得批准后举行的。在入盟仪式上，当龙云宣读完誓词后，即将入盟申请书和誓词当着见证人焚毁。龙云秘密加入民盟后，虽不参加民盟的公开活动，也不出席盟内的组织生活和会议，但在经济上给民盟以很大的支持，在人事

---

① 参见［美］易劳逸《蒋介石与蒋经国》，中国青年出版社1989年版，第29—30页。

安排上也给盟员以一定的方便，并明令保障云南人民的民主自由权利，提倡言论、出版自由，允许游行、示威。① 加入民盟，说明国民党政府的这位封疆大吏对民盟的民主自由思想有了一定的认同。

1945年的"五四"前夕，在中共云南地下组织的领导和推动下，民盟云南省交部盟和昆明各大学学生自治会商定，准备借纪念"五四"的机会，在5月4日举行大规模的集会和游行，宣传民主、团结，争取抗日战争的最后胜利。国民党中央党部闻讯后，密令云南省党部和各校负责人"严加防范"，并特派何应钦来昆明部署镇压。何设一毒计，试图在学生上街游行的时候派特务捣乱，引起地方军警的干涉，乘混乱造成学生与地方军警的冲突，既破坏民主运动，又制造学生与云南地方势力的矛盾，达到镇压昆明民主运动的目的。中共地下组织洞悉了这个阴谋并通过学生中的党员把这一情况告知各校学生自治会。几所大学的自治会负责人开会商量对策，大家决定设法通知龙云，在那天不要中何应钦的诡计，并推举云大学生自治会负责人杨维骏为代表去见龙云，说明情况。龙云说："你们历次发表的宣言我都看过，讲得很对。蒋介石这个独夫把国家搞得一团糟。你们青年学生出来说话是应当的。我可以通知何应钦叫他不要管学生在'五四'的活动，治安由我负责。但你们最好不要上街游行，以免给蒋介石借口，增加我们地方的困难。你们在校内举行集会，我还可以派宪兵来，名义上是监视，实际是保护。在学校内容易防止他们破坏。"杨维骏同意回去与其他学生自治会的负责人商量。几所大学的学生自治会负责人经过反复商讨后，决定按原计划行动，并由杨维骏将决定通知龙云，希望双方都注意防范特务的捣乱，不中何应钦的诡计。龙云当即打电话给何应钦，告诉他不要管学生的活动，否则出了问题要他负责。何应钦见阴谋已被识破，只得作罢。② 这样，在龙云的保护下，1945年5月1日至7日昆明大、中学生的"五四"纪念周活动得以如期举行。

1945年10月3日，蒋介石指令杜聿明在昆明发动事变，用武力强行改组云南省政府，强迫龙云离开云南，到重庆去就任"军事参议院院长"职务。10月6日，龙云与何应钦、宋子文同乘一架飞机从昆明飞到重庆。

---

① 参见谢本书《龙云传》，四川民族出版社1988年版，第189页。
② 参见杨维骏《回顾抗日战争时期云南民盟的活动》，《云南文史资料选辑》第30辑，云南人民出版社1987年版。

龙云到重庆后，出于对蒋介石的仇恨，他对民主党派的支持就采取了更加积极的态度。最初是民盟的领导人罗隆基、梁漱溟经常到重庆李子坝龙云官邸访问龙云，彼此交换对时局的意见。后来政协（旧政协）快要开会，民盟缺乏经费，罗隆基到李子坝对龙云说明困难后，龙云开了二千万法币的支票（当时相当于黄金200市两）一张，派秘书刘宗岳送到"鲜园"，面交民盟主席张澜。张澜接到支票，很高兴地对刘宗岳说："龙志公对我们一向大力支持，我代表民主同盟表示感谢；但我和龙先生神交已久，还未会面，我准备到李子坝去看他，请你代为转达，约个时间。"刘宗岳向龙云汇报后，约定次日晚上在李子坝会晤。第二天，龙、张如期会晤，大约谈了两个钟头。送走张澜后，龙云对刘宗岳说："张表方（张澜）要我出面担任民盟主席，我回答说主席你当，我在幕后尽力支持好了！"

1946年3月，国民党政府还都南京。龙云本来想先回昆明，然后去香港，但蒋介石不允许，只好去南京。龙云在南京继续与民盟保持联系，并积极支持民盟的活动。1946年夏，民盟筹备恢复上海《文汇报》，但因增添机器和向挪威购买纸张，款项不够，向龙云求援。龙云对刘宗岳指示说："你去上海一趟，李宝清保存着我的钱，你要他拨法币5500万元给《文汇报》，《文汇报》复刊后，他们要选董事，由你代表我担任好了！"刘宗岳到上海找到李宝清，传达了龙云的指示，约了《文汇报》经理颜宝礼晤谈两次，把5500万元的支票交给了颜。不久，《文汇报》就在上海正式复刊了。[①]

1948年12月，龙云离开大陆，到了香港，结束了被蒋介石软禁的生活。在香港，龙云加入了中国国民党革命委员会（简称"民革"），并被选为民革中央委员。龙云虽然加入了民革，但和民盟仍保持密切关系。在香港那段时间，龙云和民盟的周新民、周鲸文等交往密切。香港《文汇报》经费拮据，徐铸成对龙云陈述了困难，龙云又拿港币2000万元支援。一次，龙云与刘宗岳闲聊时，讲到高兴的时候对刘宗岳说："你听见过吗？云南有些人说我三不给（不给钱、不给官、不给脸），你想，国家和老百姓的钱，怎么能随便乱花？至于对民主党派的支持，应该用的自然要用嘛！"[②]

[①] 参见刘宗岳《我所知道的龙云》，《云南文史资料选辑》第6辑，1964年。
[②] 同上。

1950年1月，龙云离开香港到北京。在大陆，龙云先后担任了中央人民政府委员，人民革命军事委员会委员，西南军政委员会副主席，西南行政委员会副主席，一届人大常委、国防委员会副主席，二届、三届政协常委，民革第二届中央委员、第三届中央常务委员会委员、副主席等职。1957年，龙云被错划为"右派"。1962年6月24日，龙云在北京病逝。1980年6月，龙云的冤案得到平反。

（三）几点分析

龙云和民盟都是时代的产物。清亡后建立的民国，从来就没有一个强有力的中央政府，而地方势力却迅速崛起，并经常扮演中央政府的反对派角色。中央和地方对权力的分配格局是弱中央强地方。龙云的割据，民盟的存在和发展，说明了国民党中央政府对中国的控制是软弱的。在一个省搞割据的军事强人奉行的是省中心主义和地方主义，因而导致了这样的"忠诚分层"：对地方的政治忠诚超过了对中央的政治忠诚，甚至对中央的政治忠诚荡然无存。龙云是民国时期地方主义的典型代表。尽管他被任命为云南省政府主席，但他仍然是一个拥兵自重的割据角色。他建立了自己的统治体系，在云南形成了他的"势"。龙云与民盟在反对蒋介石国民党一党专政这一点上是一致的。民盟基本上是由知识分子组成的，其中有许多著名的知识分子。在云南的民盟组织中，就有一些著名的知识分子。龙云靠武力建立了他在云南的统治，他懂得要借助知识分子的力量，使他的统治点缀上一些"文治"的色彩。抗战时期，大量知识分子云集昆明，这给龙云提供了机会，也促使他去结交知识分子。龙云借重民盟的力量来与蒋介石对抗，对龙云自然有所帮助；民盟借助龙云的"势"，使民盟组织在云南得到了发展壮大。双方互相借重，互相帮助，共同反蒋。

龙云、民盟都对国民党中央政府的权威与合法性提出了怀疑和挑战，直到最后国民党的权威与合法性被彻底否定。中国共产党领导的革命推翻了国民党在大陆的统治，用武力否定了国民党政权的合法性。但在另一层面上，是国民党自身的反动、腐败使其丧失了权威与合法性。

四　艾思奇对马克思主义大众化的杰出贡献

党的十七大提出了"开展中国特色社会主义理论体系宣传普及活动，推动当代中国马克思主义大众化"的重大战略任务。党的十七届四中全会又对这一重大战略任务作了进一步的强调。

艾思奇（1910.3.2—1966.3.22）[①]，原名李生萱，云南省腾冲县人，是我国杰出的马克思主义理论家、哲学家、教育家。当此大力推进马克思主义中国化、时代化、大众化之际，我们更加怀念他对马克思主义中国化、时代化、大众化所作出的杰出贡献。限于篇幅，本书主要谈一谈艾思奇对马克思主义大众化所作出的杰出贡献。

马克思主义大众化，就是用通俗易懂的马克思主义基本原理、基本观点去影响、教育、启蒙人民大众，并使人民大众理解、接受、认同并运用马克思主义的基本原理、基本观点。大众化是马克思主义中国化、时代化的基础，也是大力推进马克思主义中国化、时代化的必要途径。

（一）在马克思主义大众化的历程中，艾思奇有开创之功

1934年11月至1935年10月，艾思奇在《读书生活》杂志"哲学讲话"专栏上连续发表了24篇用通俗易懂、生动活泼的语言介绍、阐明、宣传马克思主义哲学的文章。这是艾思奇探索马克思主义大众化、通俗化的开端。这些文章后来结集成《哲学讲话》一书，于1936年1月出版，深受读者欢迎，很快就在国民党统治区的广大青年中产生了巨大的影响。《哲学讲话》很快就出至第三版，但国民党政府有关当局却以"宣传唯物史观，鼓吹阶级斗争"的罪名将该书查禁。1936年6月，艾思奇对该书稍加修改后，更名为《大众哲学》再版。到1949年10月中华人民共和国成立之前，该书一共印了32版，堪称出版史上的奇迹。许多青年正是在《大众哲学》的影响下，产生了对哲学、对马克思主义理论的兴趣，走上了革命道路，一批又一批地奔赴延安、奔赴抗日战场、奔赴解放区。

毛泽东对《大众哲学》这本书更是特别重视，多次提到这本书。

[①] 艾思奇的出生时间，有不同的说法，有说1910年2月3日的，有说1910年3月2日的，有说1910年3月1日的。

1936年12月，中央到陕北不久，在经济十分困难的情况下，毛泽东给在西安做统一战线工作的叶剑英、刘鼎去电，要他们"买一批通俗的社会科学自然科学及哲学书，大约共买十种至十五种左右，要经过选择真正是通俗的而又有价值的（例如艾思奇的《大众哲学》，柳湜的《街头讲话》之类），每种买五十部……作为学校与部队提高干部政治文化水平之用"①。1959年10月23日，毛泽东离京外出考察时，在要带走的一大批书中，就有艾思奇的《大众哲学》。

1937年10月，艾思奇、周扬、何干之、舒群一行来到延安。毛泽东非常高兴地说："噢，那个搞《大众哲学》的艾思奇来了！"毛泽东还命抗日军政大学教育长罗瑞卿召集抗大的学员，举行欢迎大会，艾思奇到延安后，毛泽东待他如老友，常常与之会晤，交换哲学上的新思新论。②

艾思奇的《哲学与生活》1937年4月出版后，毛泽东不仅仔细阅读，而且抄录了三千多字，并亲笔致信艾思奇说："你的《哲学与生活》是你的著作中更深刻的书，我读了得益很多，抄录了一些，送请一看是否有抄错的。"③毛泽东还将自己的哲学专著《实践论》《矛盾论》的油印本签字送给艾思奇，希望他阅后提出修改意见。艾思奇所提的意见，毛泽东大部分都接受了。

艾思奇宣传、研究马克思主义，为马克思主义大众化所作出的巨大贡献得到了毛泽东的赞赏。毛泽东在抗日战争初期曾说过："老艾同志不是天下第一个好人，也是第二个好人。"④ 1966年艾思奇去世后，毛泽东在他的悼词上亲笔写下了"党的理论战线上的忠诚战士"一语。⑤

曾为蒋介石的高级顾问和幕僚、"国防部"政工干校系主任的马璧教授说："蒋介石的统治在大陆崩溃退至台湾以后，曾不止一次在台湾高层人士会议上总结过经验教训。他曾经对他的下属说：'我们和共产党的较

---

① 《毛泽东书信选集》，人民出版社1983年版，第80页。
② 何启君：《毛主席礼贤下士在延安》，《人民的哲学家——艾思奇纪念文集》，云南人民出版社1997年版，第274、275页。
③ 《毛泽东书信选集》，人民出版社1983年版，第112页。
④ 吴伯箫：《我所知道的老艾同志》，《一个哲学家的道路》，云南人民出版社1985年版，第125页。
⑤ 莫文骅：《哲学大众化的尖兵》，《人民的哲学家——艾思奇纪念文集》，云南人民出版社1997年版，第8页。

量,不仅是军事力量的失败,也是人心上的失败。比如共产党有艾思奇的《大众哲学》,你们怎么就拿不出来!'蒋不仅自己看这本书,还要求他的部下也读这本书,我看到蒋先生和蒋经国都把此书放在案头。"①

马璧教授为艾思奇纪念馆题诗说:"一卷书雄百万兵,攻心为上胜攻城。蒋军一败如山倒,哲学犹输仰令名。——1949年蒋介石检讨战败原因,自认非输于中共之军队,乃败于艾思奇先生之《大众哲学》。1975年时蒋经国尚提到《大众哲学》思想之威力。特写七言绝句一首,赠艾思奇先生纪念馆留念。1984年7月12日。"②

蒋介石曾无可奈何地哀叹:"一本《大众哲学》,冲垮了三民主义的思想防线。"③

蒋介石等人对《大众哲学》的议论,可以从一个侧面说明《大众哲学》对大众的影响、对历史的影响,是多么的巨大。

马克思主义要大众化,就必须通俗化,必须用深入浅出、生动形象、通俗易懂的语言文字来表达马克思主义理论话语。《大众哲学》是马克思主义通俗化、大众化的典范之作。它思想敏锐,文笔明快,联系现实,抨击时弊,受到了广泛的欢迎,成了一本脍炙人口的畅销书,一时上海"纸贵"。

著名学者李公朴在为《哲学讲话》写的编者序中称赞说:"这本书是用最通俗的笔法,日常讲话的体裁,融化专门的理论,使大众的读者不必费很大的气力就能够接受。这种写法,在目前出版界中还是仅有的贡献。"④他还进一步指出,有人怀疑"通俗会流于庸俗",但《大众哲学》却"出浅入深","作者对于新哲学中的许多问题,有时解释得比其他一切的著作更明确。虽然是通俗化的著作,但也有许多深化了的地方。尤其是在认识论方面的解释"。⑤ 这个评价,在今天看来也是恰当的。

2006年,人民出版社在《大众哲学》的《修订再版说明》中对《大众哲学》作了高度评价:"《大众哲学》在哲学中国化、大众化、现实化、

---

① 王丹一:《难忘的岁月——纪念艾思奇逝世三十周年》,《人民的哲学家——艾思奇纪念文集》,云南人民出版社1997年版,第124页。
② 同上书,第125页。
③ 《修订再版说明》,《大众哲学》,人民出版社2006年版,第16页。
④ 李公朴:《编者序》,《大众哲学》,人民出版社2006年版,第1页。
⑤ 同上书,第2页。

通俗化上所起的开拓性意义,是绝大多数人所公认的。"① "《大众哲学》的'永恒价值'和'常青意义',就在于它不仅在历史上起过重要作用,而且它在当今时代仍具有重要的现实意义。"②

新中国建立后,艾思奇以满腔热忱投入马克思主义大众化、中国化、时代化的推进工作之中。1950 年,艾思奇应教育部邀请,为高等学校教师作广播讲座,系统讲授马列主义政治理论。他还花了许多精力和时间到一些机关宣讲马克思主义基本理论。1950 年 4 月,艾思奇应中央人民广播电台邀请,在社会科学讲座节目中讲"历史唯物论——社会发展史"。"这个讲座有广大的听众。从四月初到十月十一日止,各地机关、团体、学校等组织收听并和本台直接联系的共有五二九单位,分布在二十三省、内蒙古自治区、京津和各大行政区直辖市。其中有些是以一县或一市为单位,它包括很多机关团体。收听的人数,据其中三七三单位的统计,已有九万三千多人。个别收听者和本台联系的还有很多。此外,还有三十多个地方人民广播电台转播这个讲座,还有好几个地方人民广播电台用方言播送这个讲座的讲稿,收听的人也是很多的。如上海人民广播电台按本台讲稿播讲,就有听众十万人左右。"③ 当时,全国各地能讲授这门课的教师还很少,中宣部因此就通知各地宣传部组织干部收听。各地收听社会发展史这个讲座的总计有五十多万人,这可以说是当时全国最大的一个课堂。各地各单位还组织讨论,电台负责辅导和解答问题。后来,电台把艾思奇的讲稿编成了《历史唯物论——社会发展史》一书,由三联书店出版发行了一百多万册。④ 1957 年 3 月,艾思奇在中央党校讲授辩证唯物主义的讲稿,以《辩证唯物主义纲要》的书名由人民出版社出版,1959 年再版,1978 年 11 月出了第 3 版,累计印刷了 6 次,累计印数为 883000 册。

1960 年中共中央宣传部和高教部联合组织编写高校文科教材,艾思奇任哲学组组长,主编《辩证唯物主义历史唯物主义》,于 1961 年 11 月

---

① 《修订再版说明》,《大众哲学》,人民出版社 2006 年版,第 17 页。
② 同上书,第 18 页。
③ 艾思奇:《历史唯物论——社会发展史》,中央人民广播电台《序》,三联书店 1951 年版,第 2 页。
④ 温济泽:《我所认识的艾思奇》,《人民的哲学家——艾思奇纪念文集》,云南人民出版社 1997 年版,第 55—56 页。

由人民出版社正式出版，1962年8月修订再版，至第五次印刷时已销售93.7万册，在1978年4月出了第3版，累计印刷12次。1979年，中国人民解放军战士出版社等单位翻印在军内发行。《辩证唯物主义历史唯物主义》作为马克思主义哲学教科书，为全国高等院校、党校师生和广大干部提供了系统的马克思主义哲学基本原理的权威性读物，为推动马克思主义大众化、中国化、时代化，为推进马克思主义哲学基本原理进教材、进课堂、进头脑又一次作出了杰出的贡献。《辩证唯物主义历史唯物主义》这本书在中国高等学校中使用时间之长是空前的，20世纪60年代和70年代的大学生，都以这本书作为马克思主义哲学教材。20世纪80年代，仍有以这本书作教材或必读参考书的。再后来全国高等院校的马克思主义哲学教材，尽管全国编写出版了几十种，但都是以这本书作为蓝本的。

（二）艾思奇成功推进马克思主义大众化的启迪

今天，我们回顾艾思奇对马克思主义大众化所作出的杰出贡献，总结其成功经验，对继续推进马克思主义大众化有重要的启迪。

推进马克思主义大众化，必须坚持理论联系实际，把马克思主义的基本原理与当代中国的实际相结合，关注民生，关注时弊。艾思奇当年写《大众哲学》，不仅重视语言文字上的通俗易懂，而且注重把马克思主义哲学同国家兴亡、大众疾苦紧密结合起来，把握时代脉搏，贴近群众生活，因此受到了大众的欢迎，取得了巨大的成功。今天，继续推进马克思主义大众化，必须把马克思主义的基本原理与改革、建设、发展的具体实际结合起来，不回避存在的问题，积极回答人民群众普遍关心的焦点、敏感问题。这样，马克思主义的理论才能为人民群众所理解、接受、认同，大众化才能切实推进。

推进马克思主义大众化，要发扬马克思主义的科学精神、革命精神、批判精神，对人民群众普遍关心的经济、社会、政治、生态、腐败等问题进行分析，作出马克思主义的回答。例如，对目前存在的贪污腐败问题，贫富差距问题，不公平、不正义问题，国外资本主义的掠夺剥削问题，重大突发事件问题，国际金融危机问题等，必须正视，不能回避，要深入分析、批判。回答好这些问题，是继续推进马克思主义中国化、时代化、大众化的题中应有之义。

每个人都有可能成为马克思主义者。推进马克思主义大众化，要坚持马克思主义的群众观点和群众路线。马克思说："哲学把无产阶级当作自己的物质武器，同样，无产阶级也把哲学当作自己的精神武器。"① 马克思主义要大众化，就必须以人民群众为本，心系群众，了解群众，在思想上与人民群众同呼吸、共命运。"要坚持立足于群众，满足大众需求、回应大众关切、解答大众困惑，把深邃的理论用平实质朴的语言讲清楚，把深刻的道理用群众乐于接受的方式说明白，让科学理论更好地走进人民大众、融入人们心灵。"② 艾思奇在中国率先开辟了马克思主义大众化的道路，把马克思主义与人民群众结合起来，针对"大众真正的切身问题"，为人民群众写作马克思主义哲学著作，适应、满足了人民群众的理论、哲学需要，使人民大众掌握并运用马克思主义理论。今天，马克思主义一方面要进教材、进课堂、进头脑；另一方面，马克思主义又要走出学校、走出机关，走进工人、农民群众之中。理论需要掌握群众，群众需要掌握理论。今天，城市里的农民工、下岗工人、"蚁族"等，他们不仅需要基本的生活保障，而且也需要马克思主义。今天，农村的农民群众，文化水平有了提高，文盲大大减少了，对于通俗易懂的马克思主义大众化著作，是有基础接受的。

推进马克思主义大众化，一定要注意语言文字、形式和技巧上的通俗易懂、深入浅出、生动形象，要善于用通俗的语言文字、形象的生活事例、巧妙的比喻、明快的文笔把马克思主义理论表达出来。在这个方面，艾思奇是我们学习的榜样。今天高校和研究机构里的哲学社会科学工作者们的所谓论著，不少是获取职称、课题和学位点的筹码，而能够经世致用的论著则很少。有许多人主要是为了评职称才写所谓的"论文""专著"。这样的"论文"和"专著"，大多数算不上是学术论文、学术著作，更少有学术、思想、理论上的创新。大量马克思主义理论方面的所谓"论文""专著"，同样缺乏学术、思想、理论创新。在马克思主义大众化方面，做得更是不够。也正因为如此，今天推进马克思主义大众化的工作是非常艰巨的，但前景是广阔的。

---

① 《马克思恩格斯选集》第 1 卷，人民出版社 1995 年版，第 15 页。
② 李长春：《在〈马克思恩格斯文集〉和〈列宁专题文集〉出版座谈会上的讲话》，《人民日报》2009 年 12 月 31 日。

五 杨善洲精神的内涵是什么？

杨善洲精神的内涵是什么？通过学习和研究，我们认为，杨善洲精神的内涵是：忠诚于党，服务人民，清正廉洁，大公无私。

忠诚于党，就是忠诚于党的章程，忠诚于党的事业、人民的事业、国家的事业，忠诚于党的使命，遵守党的纪律，始终保持党的先进性和纯洁性，坚持正确的政治立场、政治观点。杨善洲一辈子忠诚于党，全心全意为群众谋利益，恪守信仰，坚定信念，忠于党的事业，忠于入党誓言，铸造了当代共产党人的忠诚灵魂。"天下至德，莫大于忠。"作为共产党员，就要襟怀坦白，忠诚于党。对党不忠，就不是共产党人。杨善洲一辈子忠于党的事业，忠于人民，鞠躬尽瘁，死而后已。他诚实守信，坚持说老实话、办老实事、做老实人。凡是作出的承诺，就一定要兑现。他曾表示退休后要为家乡办一两件实事，他信守诺言，22 年在荒山植树造林 5.6 万多亩，把昔日的荒山秃岭变成了绿色的森林，向家乡父老兑现了自己的诺言。2009 年 4 月，他将价值超过 3 亿元的大亮山林场经营管理权无偿移交给国家。他用 60 年的忠诚，兑现了入党时的庄严承诺，"共产党人的身份永不退休"，"只要生命不结束，为人民服务就不停止"。他六十年如一日，坚守共产党人的精神家园，始终保持共产党人的政治品质，绝不背叛自己的入党誓言。中国共产党人的忠诚，是基于马克思列宁主义、共产主义信仰和党性原则的政治忠诚。中国共产党之所以能够取得革命、建设、改革的光辉成就，就是因为有千千万万忠诚的共产党员。杨善洲就是他们中的优秀分子。

服务人民，就是要求我们党的领导干部，必须始终牢记宗旨，执政为民，始终着眼于最广大人民群众的根本利益，必须把实现好、维护好和发展好最广大人民群众的根本利益作为党和国家一切工作的出发点和落脚点。杨善洲担任领导职务三十多年，退休后植树造林二十多年，无论在什么岗位上，他始终坚持群众观点，始终站稳群众立场，认真贯彻群众路线，自觉增进群众感情，把人民利益放在第一位，尽心竭力为群众办实事、办好事、解难事，始终保持同人民群众的密切联系，做到了权为民所用、情为民所系、利为民所谋。他怀着对人民群众的深厚感情，时刻把群众放在心上，时刻把群众当亲人，心里装着群众，心里想着群众。他始终牢记全心全意为人民服务的根本宗旨，一辈子全心全意为群众谋利益，时刻惦记着群众的安危冷暖，把服务人民、造福百姓作为自己的人生追求，直到生命的最后一刻。例如，他经常拿自己的工资接济困难群众，为他们买粮食、购种子、送衣被。他说："我只是在尽一名党员的职责，只要活着，我就有义务和责任帮群众办实事。"

服务人民，就是牢记党的全心全意为人民服务的根本宗旨，自觉为党分忧、为国分忧、为民尽职，以国家利益、人民利益为重，深怀爱民之心，恪守为民之责，善谋富民之策，多办利民之事，倾听群众呼声，关心群众疾苦，为人民办实事、办好事。杨善洲是党的群众路线的忠实执行者，群众观点的自觉实践者。担任地、县领导干部期间，他走遍了保山地区的山山水水，在田间地头搞调研、察民情，每一个乡村都留下了他的足迹。他是"干部参加劳动"的典范。下乡时，他总是随身携带锄头等农具，或与农民一起整地理墒，或与农民一起插秧、割稻。党中央总书记和省委领导去视察，他正在田里和农民一起劳动。他常说："与群众一起劳动，了解到的基本情况最真实。"杨善洲对农民、农村、农业、土地有着深厚的感情。他担任保山地委书记期间，一直把解决人民群众的吃饭问题当作头等大事。他多次说过："我们是党的干部，如果老百姓饿肚子，我们就失职了。"他带领干部群众发展粮食生产，推广科学的种田技术，推广良种，坡改梯，改良土壤，兴修水利，把保山变成了有名的"滇西粮仓"，他也因此被群众亲切地称为"粮书记"。相比之下，今天那些想方设法非法征地、暴力拆迁、侵占耕地的干部能不汗颜？他们还是共产党的干部吗？

清正廉洁，是共产党的本质要求和本质体现。杨善洲一辈子严于律己，一尘不染，两袖清风，光明磊落，清正廉洁。杨善洲常说："我手中是有权，但它是党和人民的，只能老老实实用来办公事，不能用来办私事。"他言行一致，这样说，也这样做。他公正处事，公正用人，谨慎用权，秉公用权，廉洁用权。他生活俭朴、艰苦奋斗、淡泊名利、克己奉公，被群众誉为"草鞋书记""草帽书记""泥腿书记""赤脚书记""农民书记"。县里奖给他10万元资金，他分文不取，市里奖给他20万元资金，他捐出16万元给学校和林场，只留下4万元给老伴养老。他担任县委、地委书记二十多年，从没吃过一顿免费的饭，从没让子女搭过一次公车，从没用公权为亲属办过一件私事，从没以职务之便谋取过任何私利，从没给亲友批过一张违背原则的条子，从没为孩子工作的事打过一次招呼，从没给妻子、儿女办过一本"农转非"的户口本，至今他的老伴、女儿、女婿仍在农村。他始终认为，公家一分钱的东西也不能要，甚至把家人搭乘顺风车也视为滥用职权。他认真坚持德才兼备、以德为先的用人标准，任人唯贤不唯亲，严格要求身边工作人员，从不给予特殊照顾，对于基层扎实肯干的干部，则不拘一格提拔任用。

大公无私，就是要维护国家和人民的根本利益，以国家和人民利益为公，不损公肥私，不以公权谋私利。杨善洲一辈子廉洁奉公，公而忘私，大公无私，公私分明，一心为民，舍小家，顾大家，"公家归公家，个人归个人"，从不占公家便宜。在担任领导职务期间，他长期住在十几平方米的机关宿舍里，家里也没有一间像样的房子。他下乡时经常头戴草帽、脚穿草鞋或胶靴，步行几十里走村串户、访贫问苦、参加劳动，指导群众搞好生产。他从保山地委书记职位上退下来后，主动放弃到省城安享晚年的机会，回到家乡大亮山创办林场，植树造林，保护环境，建设生态文明。没地方住，就带领大家用树枝、茅草搭窝棚；没有树苗和肥料，就自己到街上捡果核、拾畜粪。他把新盖好的砖瓦房让给林场的技术员和职工，自己继续住油毛毡棚；他悄悄地把工资拿出来让炊事员为大家改善伙食，自己却吃粗茶淡饭；他没有为自己的家人农转非，却主动把科技干部家属转为城镇户口；他自己生病只舍得去小诊所开便宜的药，职工生病，他却非常慷慨，不惜一切代价帮助救治。临终前他还反复叮嘱，一定要把林场的收益按比例分给群众，不能让群众吃亏。

杨善洲大公无私的事迹和精神，在中国共产党由革命党转变为执政党、由计划经济转变为市场经济、由单一公有制转变为多种所有制的今天，更显得崇高、可贵。一般人很难做到大公无私，杨善洲做到了。这正是他的伟大之处。在公共利益经常遭到私人掠夺、侵吞的今天，在私欲膨胀的今天，学习和践行杨善洲的大公无私精神是非常困难的。也正因为难，其价值才大；也正因为难，更显其精神的伟大。大公无私的行为和精神，可以起到限制、克服私欲的作用。

崇公抑私、天下为公等思想和精神，也是中国历史上的进步政治家和思想家所提倡的主张。《礼记·礼运》说："大道之行也，天下为公。"《荀子·儒效》说："志忍私然后能公。"《吕氏春秋·贵公》说："圣王之治天下也，必先公。公则天下平矣，平得于公。"西晋时的傅玄主张

"政在去私"(《傅子·问政》)。"夫有公心必有公道,有公道,必有公制。"(《傅子·通志》)"私不去则公道亡,公道亡则礼教无所立,礼教无所立则刑罚不用情,刑罚不用情而下从之者,未之有也。"(《傅子·问政》)顾炎武在《日知录》中提倡:"舍天下之私以成天下之公","以公灭私"。

中国共产党人一贯主张立党为公、大公无私、公而忘私的精神。杨善洲是共产党人奉行立党为公、大公无私、公而忘私精神的典范。

立党为公、执政为民是党的性质和宗旨的根本体现。"党只有一心为公,立党才能立得牢;只有一心为民,执政才能执得好。"[1] 坚持立党为公,执政为民,要求党必须大公无私、服务人民,必须反对以权谋私、欺压人民。在共产党执政并将长期执政的历史条件下,立党为公具体表现为执政为民。党员特别是领导干部要一心为公、一心为民、克己奉公、大公无私、廉洁奉公。杨善洲的事迹和精神再次证明,共产党人是可以做到全心全意为人民服务、大公无私、公而忘私、廉洁奉公的。

---

[1] 《中共中央关于加强党的执政能力建设的决定》,《〈中共中央关于加强党的执政能力建设的决定〉辅导读本》,人民出版社 2004 年版,第 6 页。

第 三 章

马克思主义中国化研究

一 人民民主专政理论的历史稽考和
　　当代价值阐释

人民民主专政理论是毛泽东思想的重要组成部分，是马克思列宁主义关于无产阶级专政的理论和中国革命、建设、发展的具体实践相结合的产物，是马克思列宁主义国家学说在中国的创造性运用和发展。人民民主专政理论及其在中国的实践成就，是以毛泽东同志为核心的党的第一代中央领导集体为当代中国一切发展进步奠定的根本政治前提和制度基础的最重要方面。

（一）人民民主专政理论的理论渊源

人民民主专政的理论渊源是马克思列宁主义关于无产阶级专政的理论。无产阶级专政理论是马克思主义的精髓[①]，也是马克思列宁主义政治理论的灵魂和精髓。

马克思、恩格斯论证了无产阶级要实现历史赋予他们的伟大使命，必须通过暴力革命推翻资产阶级的统治，建立无产阶级专政。"革命是历史的火车头。"[②] 无产阶级革命是解决资本主义基本矛盾的决定性手段，是推动资本主义向社会主义转变的强大动力。无产阶级专政是进行社会主义改造，废除资本主义私有制，建立社会主义公有制，巩固无产阶级统治，

[①] 王沪宁主编：《政治的逻辑——马克思主义政治学原理》，上海人民出版社 2004 年版，第 86 页。

[②] 《马克思恩格斯文集》第 2 卷，人民出版社 2009 年版，第 161 页。

最终消灭一切阶级的重要条件。

马克思、恩格斯认为，无产阶级革命发生和发展的根源在于资本主义基本矛盾。无产阶级革命的根本问题是国家政权问题。早在1848年出版的《共产党宣言》中，马克思和恩格斯就提出："工人革命的第一步就是使无产阶级上升为统治阶级，争得民主。"① 马克思在为总结法国革命而写的《路易·波拿巴的雾月十八日》一书中，第一次明确提出了无产阶级革命必须"打碎"旧的国家机器的论断。在《1848年至1850年的法兰西阶级斗争》中，马克思第一次使用了"无产阶级专政"这个概念："推翻资产阶级！工人阶级专政！"② "这种社会主义就是宣布不断革命，就是无产阶级的阶级专政，这种专政是达到消灭一切阶级差别，达到消灭这些差别所由产生的一切生产关系，达到消灭和这些生产关系相适应的一切社会关系，达到改变由这些社会关系产生出来的一切观念的必然的过渡阶段。"③

1852年，马克思在写给旅居美国的朋友魏德迈的信中说："我所加上的新内容就是证明了下列几点：（1）阶级的存在仅仅同生产发展的一定历史阶段相联系；（2）阶级斗争必然导致无产阶级专政；（3）这个专政不过是达到消灭一切阶级和进入无阶级社会的过渡……"④ "阶级斗争必然导致无产阶级专政"，是马克思的名言，是马克思对阶级斗争规律的深刻揭示。无产阶级和资产阶级如果出现严重的贫富两极分化，必然会成为两大对抗阶级，必然会使无产阶级和资产阶级的矛盾越来越尖锐、激化，从而产生激烈的阶级斗争。阶级斗争的深入发展，必然导致无产阶级起来革命，用暴力革命打碎旧的国家机器，建立无产阶级专政。

1875年，马克思在《哥达纲领批判》中对无产阶级专政作了进一步的阐明："在资本主义社会和共产主义社会之间，有一个从前者变为后者的革命转变时期。同这个时期相适应的也有一个政治上的过渡时期，这个时期的国家只能是无产阶级的革命专政。"⑤ 马克思这里所说的"政治上的过渡时期"是指从无产阶级夺取政权开始到共产主义社会第一阶段的

---

① 《马克思恩格斯选集》第1卷，人民出版社2012年第3版，第421页。
② 《马克思恩格斯文集》第2卷，人民出版社2009年第1版，第104页。
③ 同上书，第166页。
④ 《马克思恩格斯选集》第4卷，人民出版社2012年第3版，第426页。
⑤ 《马克思恩格斯文集》第3卷，人民出版社2009年第1版，第445页。

确立；这里所说的"共产主义社会"包括共产主义社会初级阶段和高级阶段，也包括了"社会主义社会"。这就科学地预见了社会主义社会必须建立无产阶级专政，必须有无产阶级专政作政治保障。

根据马克思、恩格斯的论述，无产阶级专政的历史任务主要是：镇压剥削阶级的反抗，巩固工人阶级和广大人民当家做主的地位；废除资本主义私有制，建立生产资料公有制，消灭剥削制度和剥削阶级，解放和发展生产力；组织农民合作社，把农民吸引到社会主义方面来；改造与私有制相适应的一切经济关系和一切社会关系，进而改造人的传统观念。无论是进行无产阶级革命还是建立并实行无产阶级专政都必须有无产阶级政党的正确领导。①

列宁和斯大林继承、坚持和发展了马克思、恩格斯的无产阶级专政理论。列宁在《国家与革命》中强调："只有承认阶级斗争、同时也承认无产阶级专政的人，才是马克思主义者。""必须用这块试金石来检验是否真正理解和承认马克思主义。"②"只有懂得一个阶级的专政不仅对一般阶级社会是必要的，不仅对推翻了资产阶级的无产阶级是必要的，而且对介于资本主义和'无阶级社会'即共产主义之间的整整一个历史时期都是必要的，——只有懂得这一点的人，才算掌握了马克思国家学说的实质。"③

列宁根据马克思主义关于国家问题的观点，阐明了国家和阶级的关系，揭示了国家的阶级本质。列宁说："国家是阶级矛盾不可调和的产物和表现。在阶级矛盾客观上不能调和的地方、时候和条件下，便产生国家。反过来说，国家的存在证明阶级矛盾不可调和。"④

列宁在《国家与革命》中深刻阐明了马克思主义关于无产阶级专政理论的重要性。列宁指出，无产阶级专政是"马克思主义在国家问题上一个最卓越最重要的思想"⑤。列宁强调，无产阶级必须在政治上和经济上都成为统治阶级，才能推翻资产阶级，镇压剥削阶级的反抗，领导广大

---

① 参见赵曜、王伟光、鲁从明、蔡长水主编《马克思列宁主义基本问题》，中共中央党校出版社2001年版，第162—163页。
② 《列宁专题文集·论马克思主义》，人民出版社2009年版，第206页。
③ 同上书，第207页。
④ 同上书，第180页。
⑤ 同上书，第196页。

劳动群众进行社会主义建设。他说："阶级斗争学说经马克思运用到国家和社会主义革命问题上，必然导致承认无产阶级的政治统治，无产阶级的专政，即不与任何人分掌而直接依靠群众武装力量的政权。只有使无产阶级转化成统治阶级，从而能把资产阶级必然要进行的拼死反抗镇压下去，并组织一切被剥削劳动群众去建立新的经济结构，才能推翻资产阶级。无产阶级需要国家政权，中央集权的强力组织，暴力组织，既是为了镇压剥削者的反抗，也是为了领导广大民众即农民、小资产阶级和半无产阶级来'调整'社会主义经济。"①

1919年3月召开的共产国际第一次代表大会通过的《共产国际行动纲领》指出，无产阶级夺取政权，意味着资产阶级政权的消失，为此必须打碎剥削阶级的国家机器，建立新的无产阶级的国家。这个新政权为了保持无产阶级的领导作用，必须把建立工人阶级与农村半无产阶级和贫苦农民的联盟作为自己的基本方针。列宁指出："第三国际即共产国际的世界历史意义在于，它已开始实现马克思的一个最伟大的口号，这个口号总结了社会主义和工人运动历来的发展，表现这个口号的概念就是无产阶级专政。"②

在1905—1907年，列宁更多的是讲无产阶级和农民的革命民主专政或一般地讲革命专政，而不专门讲无产阶级专政。列宁在1917年十月革命胜利以后，较多地谈论无产阶级专政，包括无产阶级专政的性质、特征、形式和职能。③ 列宁在1919年5月指出：无产阶级专政"必须采取严酷无情和迅速坚决的暴力手段来镇压剥削者即资本家、地主及其走狗的反抗。谁不了解这一点，谁就不是革命者，就应该取消他的无产阶级领袖或顾问的资格。但是无产阶级专政的实质不仅在于暴力，而且主要不在于暴力。它的主要实质在于劳动者的先进部队、先锋队、唯一领导者即无产阶级的组织性和纪律性"④。"无产阶级专政是劳动者的先锋队——无产阶级同人数众多的非无产阶级的劳动阶层（小资产阶级、小业主、农民、

---

① 《列宁专题文集·论马克思主义》，人民出版社2009年版，第198页。
② 《列宁全集》第36卷，人民出版社1985年版，第291页。
③ [苏]罗伊·麦德维杰夫：《无产阶级专政》，原载《列宁主义与西方社会主义》，英文版，1981年伦敦出版。参见《国外社会主义研究资料丛书》第3辑，求实出版社1984年版，第239页。
④ 《列宁专题文集·论社会主义》，人民出版社2009年版，第139页。

知识分子等等）或同他们的大多数结成的特种形式的阶级联盟。"① 俄国革命的历史和经验十分清楚地说明，不实行无产阶级专政，社会主义革命就不可能取得胜利。不实行无产阶级专政，社会主义的经济基础就不可能建立。

在 20 世纪 20 年代，"无产阶级专政"是各国共产党使用的最多的术语之一。列宁满意地说："布尔什维克把无产阶级专政的思想普及到了全世界，把这个词先从拉丁文译成俄文，以后又译成世界各种文字。"②

列宁丰富和发展了马克思、恩格斯的无产阶级专政理论，领导十月革命取得成功，建立了世界上第一个无产阶级专政的社会主义国家，为其他国家提供了光辉榜样。

斯大林根据列宁的无产阶级专政理论，指出了无产阶级专政的三个方面的内容："（1）利用无产阶级政权来镇压剥削者，保卫国家，巩固和其他各国无产者之间的联系，促进世界各国革命的发展和胜利。（2）利用无产阶级政权来使被剥削劳动群众完全脱离资产阶级，巩固无产阶级和这些群众的联盟，吸引这些群众参加社会主义建设事业，保证无产阶级对这些群众实行国家领导。（3）利用无产阶级政权来组织社会主义，消灭阶级，过渡到无阶级的社会，即过渡到社会主义社会。"③ 斯大林认为无产阶级专政有三个职能：镇压国内被推翻了的资产阶级；保卫国家以防外来的侵略；为了发展社会主义经济、用社会主义精神改造人而进行的经济组织工作和文化教育工作。

（二）人民民主专政理论的历史叙事和旨要

在中国共产党建党过程中最早提到无产阶级专政这个概念的是蔡和森。他在 1920 年 8 月 13 日给毛泽东的信中说："我现认清社会主义为资本主义的反映。其重要使命在打破资本经济制度。其方法在无产阶级专政，以政权来改建社会经济制度。"④ 1921 年，李达在《马克思还原》一文中也提到了"无产阶级专政"："无产阶级的革命，在颠覆资产阶级的

---

① 《列宁全集》第 36 卷，人民出版社 1985 年版，第 362 页。
② 《列宁全集》第 35 卷，人民出版社 1985 年版，第 295 页。
③ 《斯大林选集》上卷，人民出版社 1979 年版，第 410 页。
④ 《蔡和森文集》，人民出版社 1980 年版，第 50 页。

权势，建立劳动者的国家，实行无产阶级专政。"① 毛泽东最早提出"阶级专政"是 1921 年 1 月他在新民学会长沙会员大会上的发言："激烈方法的共产主义，即所谓劳农主义，用阶级专政的方法，是可以预计效果的，故最宜采用。"②

1921 年 7 月党的一大通过的《中国共产党纲领》明确规定："我们党的纲领如下：1、革命军队必须与无产阶级一起推翻资本家阶级的政权，必须援助工人阶级，直到社会阶级区分消除的时候；2、直到阶级斗争结束为止，即直到社会的阶级区分消灭为止，承认无产阶级专政；3、消灭资本家私有制，没收机器、土地、厂房和半成品等生产资料。"③ 这个纲领体现了承认阶级斗争、承认无产阶级专政的共产党的必要的根本的原则。

1922 年 7 月党的二大通过的《中国共产党第二次全国代表大会宣言》提出了党的奋斗目标：消除内乱，打倒军阀，建设国内和平；推翻国际帝国主义的压迫，达到中华民族完全独立；统一中国为真正的民主共和国。宣言又提出：党的目的是要"组织无产阶级，用阶级斗争的手段，建立劳农专政的政治，铲除私有财产制度，渐次达到一个共产主义的社会"。中共二大提出了反帝反封建的民主革命纲领，即党的最低纲领。党的二大确定的纲领，同样体现了承认阶级斗争、承认无产阶级专政的共产党的必要的根本的原则。

毛泽东 1926 年 1 月 10 日在《政治周报》上发表《国民党右派分离的原因及其对于革命前途的影响》一文指出："现代殖民地半殖民地的革命，乃小资产阶级、半无产阶级、无产阶级三个阶级合作的革命"，"其对象是国际帝国主义；其目的是建设一个革命民众合作统治的国家"。④ 在这篇文章中，毛泽东提出的"革命民众合作统治的国家"，在性质上是无产阶级专政，是适合中国国情的各革命阶级联合专政的国家，但也不同于苏俄的无产阶级专政的国家。"革命民众合作统治的国家"这一主张包含了毛泽东建立新民主主义共和国的最初设想，也有后来提出的人民民主

---

① 《新青年》第 8 卷第 5 号，1921 年。
② 《毛泽东文集》第 1 卷，人民出版社 1993 年版，第 2 页。
③ 中国革命博物馆：《中国共产党党章汇编》，人民出版社 1979 年版，第 1 页。俄文译稿。
④ 《毛泽东文集》第 1 卷，人民出版社 1993 年版，第 25 页。

专政理论的基本要素，是毛泽东人民民主专政理论的萌芽。

1928年7月，党的六大在总结国民革命失败以来的经验教训的基础上指出："必须用武装起义的革命方法，推翻帝国主义的统治和地主军阀及资产阶级国民党的政权，建立在工人阶级领导之下的苏维埃的工农民主专政。"[①] 1931年11月，中华苏维埃第一次全国代表大会在江西瑞金县叶坪村召开，宣告中华苏维埃共和国成立。大会通过的《中华苏维埃共和国宪法大纲》明确规定中华苏维埃共和国的政权性质是"工人和农民的民主专政的国家。苏维埃全部政权是属于工人、农民、红军兵士及一切劳苦民众的"[②]。1934年1月召开的中华苏维埃第二次全国代表大会对《中华苏维埃共和国宪法大纲》作了修订，毛泽东对工农民主专政国家的性质作了具体阐述："中华苏维埃共和国政府，是工农的政府，他实行了工人与农民的革命民主专政，他对于工农和广大民众是广大的民主。同时他也是一个专政，是对占人民中极少数的军阀、官僚、地主、豪绅和资产阶级的专政。"[③] 在这里，毛泽东已明确指出了工农民主专政的内容，明确了对什么人实行民主和对什么人实行专政的问题。

1931年"九一八"事变特别是1935年华北事变后，中日之间的民族矛盾上升为中国社会的主要矛盾，引起了中国国内阶级关系的新变化，中国人民掀起了抗日救亡运动的高潮。中国共产党面临着从土地革命战争向民族革命战争转变的新形势。1935年12月，中共中央在陕西安定县瓦窑堡召开政治局会议，确定了抗日民族统一战线的新政策。会议通过的决议将"苏维埃工农共和国"改为"苏维埃人民共和国"。决议指出，人民共和国是以工农为主体的，同时又容纳一切反帝反封建的阶级。人民共和国首先保护工农群众的利益，同时又保护民族工商业的发展。1936年8月25日，中共中央发出致中国国民党中央委员会并转全体国民党员的信，提出以民主共和国的口号代替人民共和国的口号。同年9月，中共中央正式将"民主共和国"作为"最适当的统一战线的口号"和"抗日民族统

---

① 中央档案馆编：《中共中央文件选集》第4册，中共中央党校出版社1983年版，第170页。

② 中央档案馆编：《中共中央文件选集》第7册，中共中央党校出版社1983年版，第464页。

③ 《苏维埃中国》1934年第2期。转引自邓力群主编《政治战略家毛泽东》（二），中央民族大学出版社2004年版，第1321页。

一战线的最高形式"。毛泽东和中共中央主张的"民主共和国"绝非旧的资产阶级民主共和国，而是毛泽东所说的"新的民主共和国"。① 1939年5月，毛泽东在《青年运动的方向》中指出，革命的"目的就是打倒帝国主义和封建主义，建立一个人民民主的共和国"②。1940年1月，为反击国民党顽固派在政治思想领域的进攻，打消中间派人士在抗战胜利以后建立资产阶级共和国的幻想，回答"中国向何处去"的问题，毛泽东发表了《新民主主义论》，阐明了新民主主义革命理论，提出了建立新民主主义共和国的主张："现在所要建立的中华民主共和国，只能是在无产阶级领导下的一切反帝反封建的人们联合专政的民主共和国，这就是新民主主义的共和国，也就是真正革命的三大政策的新三民主义共和国。"③

抗日战争时期，中国共产党在抗日根据地普遍建立了具有抗日民族统一战线性质的民主政权。毛泽东指出："这种政权，是一切赞成抗日又赞成民主的人们的政权，是几个革命阶级联合起来对于汉奸和反动派的民主专政。"④ 它一方面是人民内部的民主——"人民民主"，一方面是对汉奸反动派的专政——"民主专政"。很明显，在抗日战争时期，再具体一点说，在1940年前后，毛泽东的人民民主专政理论已趋于成型。

解放战争时期，随着革命形势的发展，胜利即将到来，"建立一个怎样的新中国"的一系列重大问题，摆在了毛泽东的面前。"人民民主专政"这个概念，最早见于1948年6月中共中央宣传部拟定重印列宁《共产主义运动中的"左"派幼稚病》第二章的"前言"中。这个"前言"说："列宁在本书中所说的，是无产阶级专政。今天在我们中国，则不是建立无产阶级专政，而是建立人民民主专政。"⑤ 1948年9月，毛泽东在中共中央政治局会议的报告中指出："关于建立无产阶级领导的以工农联盟为基础的人民民主专政，打倒帝国主义、封建主义和官僚资本主义的反动专政。我们的政权性质是这样：无产阶级领导的，以工农联盟为基础，但不是仅仅工农，还有资产阶级民主分子参加的人民民主专政。"⑥ "我们

---

① 《毛泽东选集》第1卷，人民出版社1991年版，第260页。
② 《毛泽东选集》第2卷，人民出版社1991年版，第563页。
③ 同上书，第675页。
④ 同上书，第741页。
⑤ 《人民日报》1948年6月16日。
⑥ 《毛泽东文集》第5卷，人民出版社1996年版，第135页。

是人民民主专政,各级政府都要加上'人民'二字,各种政权机关都要加上'人民'二字,如法院叫人民法院,军队叫人民解放军,以示和蒋介石政权不同。我们有广大的统一战线,我们政权的任务是打倒帝国主义、封建主义和官僚资本主义,要打倒它们,就要打倒它们的国家,建立人民民主专政的国家。"① "人民民主专政的国家,是以人民代表会议产生的政府来代表它的。"② "我们采用民主集中制,而不采用资产阶级议会制。"③ "我看我们可以这样决定,不必搞资产阶级的议会制和三权鼎立等。"④ 毛泽东的这个报告,是在《论人民民主专政》一文之前阐明有关人民民主专政理论的文字最多的文章,他明确提出了"人民民主专政"这一概念,并指出了人民民主专政的根本原则和方向。

1948年12月30日,毛泽东在为新华社写的1949年新年献词《将革命进行到底》一文中说:"在全国范围内推翻国民党的反动统治,在全国范围内建立无产阶级领导的以工农联盟为主体的人民民主专政的共和国。"⑤ 这是毛泽东第一次公开使用"人民民主专政"的概念。

1949年3月,毛泽东在党的七届二中全会的报告中再一次明确使用了"人民民主专政"这个概念。

1949年6月30日,为纪念中国共产党成立28周年,毛泽东发表《论人民民主专政》一文,全面系统地阐明了人民民主专政理论,这标志人民民主专政理论已经完全形成。在这篇名作中,毛泽东全面总结了一百多年来,特别是党成立以来的历史经验,精辟地阐明了中华人民共和国的政权性质,民主和专政的关系,阶级关系,人民民主专政的内容、实质和任务,奠定了我国人民民主专政的理论基础和政策基础。毛泽东在文章中批判了那种幻想在中国建立资产阶级专政和资产阶级共和国的方案。他指出:"资产阶级的共和国,外国有过的,中国不能有,因为中国是受帝国主义压迫的国家。唯一的路是经过工人阶级领导的人民共和国。"⑥ 他强调:"中国人民在几十年中积累起来的一切经验,都叫我们实行人民民主

---

① 《毛泽东文集》第5卷,人民出版社1996年版,第135—136页。
② 同上书,第136页。
③ 同上。
④ 同上。
⑤ 《毛泽东选集》第4卷,人民出版社1991年版,第1375页。
⑥ 同上书,第1471页。

专政，或曰人民民主独裁，总之是一样，就是剥夺反动派的发言权，只让人民有发言权。"① "总结我们的经验，集中到一点，就是工人阶级（经过共产党）领导的以工农联盟为基础的人民民主专政。这个专政必须和国际革命力量团结一致。这就是我们的公式，这就是我们的主要经验，这就是我们的主要纲领。"② 毛泽东明确指出了人民民主专政的科学内涵。他说："对人民内部的民主方面和对反动派的专政方面，互相结合起来，就是人民民主专政。"③

对民主和专政两个方面的具体任务及其辩证关系毛泽东也作了深刻的阐明。人民民主专政的国家政权，对人民内部的各个阶级和阶层实行广泛的民主。"对于人民内部，则实行民主制度，人民有言论集会结社等项的自由权。选举权，只给人民，不给反动派。"④ 对人民内部的问题，只能用民主的即说服的方法，而不能用强迫的方法去解决。"人民犯了法，也要受处罚，也要坐班房，也有死刑，但这是若干个别的情形，和对于反动阶级当作一个阶级的专政来说，有原则的区别。"⑤ 对于人民的敌人，对于反动阶级和反动派，人民民主专政的国家政权则实行专政。专政是"向着帝国主义的走狗即地主阶级和官僚资产阶级以及代表这些阶级的国民党反动派及其帮凶们实行专政，实行独裁，压迫这些人，只许他们规规矩矩，不许他们乱说乱动。如要乱说乱动，立即取缔，予以制裁"⑥。"我们对于反动派和反动阶级的反动行为，决不施仁政。我们仅仅施仁政于人民内部，而不施于人民外部的反动派和反动阶级的反动行为。"⑦

当然，对敌人实行专政，也要给他们出路。"对于反动阶级和反动派的人们，在他们的政权被推翻以后，只要他们不造反，不破坏，不捣乱，也给土地，给工作，让他们活下去，让他们在劳动中改造自己，成为新人。他们如果不愿意劳动，人民的国家就要强迫他们劳动。也对他们做宣传教育工作，并且做得很用心，很充分，像我们对俘虏军官们已经做过的

---

① 《毛泽东选集》第4卷，人民出版社1991年版，第1475页。
② 同上书，第1480页。
③ 同上书，第1475页。
④ 同上。
⑤ 同上书，第1476页。
⑥ 同上书，第1475页。
⑦ 同上书，第1476页。

那样。这也可以说是'施仁政'吧,但这是我们对于原来是敌对阶级的人们所强迫地施行的,和我们对于革命人民内部的自我教育工作,不能相提并论。"①

1949年9月,中国人民政治协商会议第一届全体会议通过的具有临时宪法作用的《中国人民政治协商会议共同纲领》的序言强调指出:"中国人民民主专政是中国工人阶级、农民阶级、小资产阶级、民族资产阶级及其他爱国民主分子的人民民主统一战线的政权,而以工农联盟为基础,以工人阶级为领导。"②该纲领的第一条规定了人民民主专政的国体:"中华人民共和国为新民主主义即人民民主主义的国家,实行工人阶级领导的、以工农联盟为基础的、团结各民主阶级和国内各民族的人民民主专政。"③

中华人民共和国成立后,毛泽东坚持人民民主专政,实行人民民主专政,巩固和发展了人民民主专政政权和理论,促进了中国的发展和进步。

1953年12月中共中央发出《关于目前政权性质问题的指示》,向全党明确指出"人民民主专政实质上就是无产阶级专政"。但在公开场合仍叫人民民主专政,并不提"实质"。1954年制定的《中华人民共和国宪法》在序言部分明确规定"中国人民……建立了人民民主专政的中华人民共和国"。1975年和1978年的《中华人民共和国宪法》,都规定我国是"无产阶级专政的社会主义国家"。1982年的《中华人民共和国宪法》的序言明确宣告:"工人阶级领导的、以工农联盟为基础的人民民主专政,实质上即无产阶级专政。"④"中国各族人民将继续在中国共产党领导下,在马克思列宁主义、毛泽东思想指引下,坚持人民民主专政,坚持社会主义道路,坚持改革开放,不断完善社会主义的各项制度,发展社会主义民主,健全社会主义法制,自力更生,艰苦奋斗,逐步实现工业、农业、国防和科学技术的现代化,把我国建设成为高度文明、高度民主的社会主义国家。"⑤1982年宪法第一条规定:"中华人民共和国是工人阶级领导的、

---

① 《毛泽东选集》第4卷,人民出版社1991年版,第1476—1477页。
② 中共中央党校党史教研室选编:《中共党史参考资料》(七),人民出版社1980年版,第17页。
③ 同上书,第17—18页。
④ 《中华人民共和国宪法》,法律出版社2004年版,第3页。
⑤ 同上,第3—4页。

以工农联盟为基础的人民民主专政的社会主义国家。"①

在1956年4月5日的《人民日报》上发表的《关于无产阶级专政的历史经验》一文中，出现了"无产阶级专政（在中国是工人阶级领导的人民民主专政）"的提法。该文指出："无产阶级的专政和以前任何剥削阶级的专政，在性质上根本不同。它是被剥削阶级的专政，是多数人对少数人的专政，是为着创造没有剥削、没有贫困的社会主义社会的专政，是人类历史上最进步的也是最后一次的专政。""为着战胜强大的敌人，无产阶级专政要求权力的高度集中。这个高度集中的权力，是必须和高度的民主相结合的。当着集中制被片面地强调了的时候，就会出现许多错误。这一点，也是人们所完全能够理解的。可是，无论有怎样的错误，对于人民群众说来，无产阶级专政的制度，比起一切剥削阶级专政的制度，比起资产阶级专政的制度，总是具有极大的优越性。"② 同年4月25日，毛泽东在《论十大关系》中谈到国家政权时，使用的是"无产阶级专政"的提法。"文化大革命"前，"人民民主专政"和"无产阶级专政"两种提法都有。党的八大通过的党章用的是"人民民主专政"的提法。党的九大、十大、十一大通过的党章用的是"无产阶级专政"的提法。"文化大革命"期间，基本不用"人民民主专政"，而用"无产阶级专政"的提法。邓小平在1979年3月提出的"坚持四项基本原则"的第二条中，用的是"无产阶级专政"的提法。③ 党的十二大、十三大、十四大、十五大通过的党章用的是"人民民主专政"的提法。党的十六大、十七大、十八大修改并通过的《中国共产党章程》的总纲都是这样写的："在毛泽东思想指引下，中国共产党领导全国各族人民，经过长期的反对帝国主义、封建主义、官僚资本主义的革命斗争，取得了新民主主义革命的胜利，建立了人民民主专政的中华人民共和国。"

1957年2月，毛泽东在最高国务会议第十一次（扩大）会上作的《关于正确处理人民内部矛盾的问题》的讲话中，通篇使用的都是"人民民主专政"，而不是"无产阶级专政"。他强调说："我们的国家是工人阶级领导的以工农联盟为基础的人民民主专政的国家。这个专政是干什么的

---

① 《中华人民共和国宪法》，法律出版社2004年版，第5页。
② 《人民日报》1956年4月5日。
③ 《邓小平文选》第2卷，人民出版社1994年版，第168页。

呢？专政的第一个作用，就是压迫国家内部的反动阶级、反动派和反抗社会主义革命的剥削者，压迫那些对于社会主义建设的破坏者，就是为了解决国内敌我之间的矛盾。例如逮捕某些反革命分子并且将他们判罪，在一个时期内不给地主阶级分子和官僚资产阶级分子以选举权，不给他们发表言论的自由权利，都是属于专政的范围。为了维护社会秩序和广大人民的利益，对于那些盗窃犯、诈骗犯、杀人放火犯、流氓集团和各种严重破坏社会秩序的坏分子，也必须实行专政。专政还有第二个作用，就是防御国家外部敌人的颠覆活动和可能的侵略。在这种情况出现的时候，专政就担负着对外解决敌我之间的矛盾的任务。专政的目的是为了保卫全体人民进行和平劳动，将我国建设成为一个具有现代工业、现代农业和现代科学文化的社会主义国家。谁来行使专政呢？当然是工人阶级和在它领导下的人民。专政的制度不适用于人民内部。人民自己不能向自己专政，不能由一部分人民去压迫另一部分人民。人民中间的犯法分子也要受到法律的制裁，但是，这和压迫人民的敌人的专政是有原则区别的。在人民内部是实行民主集中制。"①"我们的专政，叫做工人阶级领导的以工农联盟为基础的人民民主专政。这就表明，在人民内部实行民主制度，而由工人阶级团结全体有公民权的人民，首先是农民，向着反动阶级、反动派和反抗社会主义改造和社会主义建设的分子实行专政。"②

人民民主专政的提法，更加符合我国的国情，更加符合我国的阶级状况，具有更加广泛的包容性。在我国，无产阶级并不是人数最多的阶级，人数最多的阶级是农民阶级。

1962年1月，毛泽东在《在扩大的中央工作会议上的讲话》中，对人民民主专政或者说无产阶级专政有大篇幅的论述。他说："没有民主集中制，无产阶级专政不可能巩固。在人民内部实行民主，对人民的敌人实行专政，这两个方面是分不开的，把这两个方面结合起来，就是无产阶级专政，或者叫人民民主专政。我们的口号是：无产阶级领导的、以工农联盟为基础的人民民主专政。"③ 毛泽东特别强调，实行人民民主专政必须坚持群众路线，依靠群众。他说："主要是实行党委领导下的群众路线，

---

① 《毛泽东文集》第7卷，人民出版社1999年版，第206—207页。
② 同上书，第207—208页。
③ 《毛泽东文集》第8卷，人民出版社1999年版，第297页。

特别是对于整个反动阶级的专政，必须依靠群众，依靠党。"① "没有广泛的人民民主，无产阶级专政不能巩固，政权会不稳。没有民主，没有把群众发动起来，没有群众的监督，就不可能对反动分子和坏分子实行有效的专政，也不可能对他们进行有效的改造，他们就会继续捣乱，还有复辟的可能。"②

在 1964 年 7 月 14 日的《人民日报》上发表的《关于赫鲁晓夫的假共产主义及其在世界历史上的教训——九评苏共中央的公开信》，比较全面地论述了毛泽东的无产阶级专政理论，驳斥了苏共中央的"全民国家""全民党"观点，总结了毛泽东提出的关于怎样防止资本主义复辟、反修防修的理论和政策的主要内容，其中关于无产阶级专政的重要内容有："在社会主义社会中，存在着两类社会矛盾，人民内部矛盾和敌我矛盾。这两类社会矛盾性质完全不同，处理方法也应当不同。正确处理这两类社会矛盾，将使无产阶级专政日益巩固，将使社会主义社会日益巩固和发展。""在社会主义这个历史阶段中，必须坚持无产阶级专政，把社会主义革命进行到底，才能防止资本主义复辟，进行社会主义建设，为过渡到共产主义准备条件。""无产阶级专政，是工人阶级领导的，以工农联盟为基础的。无产阶级专政，就是工人阶级和在它领导下的人民，对反动阶级、反动派和反抗社会主义改造和社会主义建设的分子实行专政。在人民内部是实行民主集中制。""无产阶级专政的基本任务之一，就是努力发展社会主义经济。必须在以农业为基础、工业为主导的发展国民经济总方针的指导下，逐步实现工业、农业、科学技术和国防的现代化。必须在发展生产的基础上，逐步地、普遍地改善人民群众的生活。"③ 这篇文章总结的毛泽东关于无产阶级专政的观点，虽然其中个别观点有一定的片面性，但是，总的来看，还是正确的，并具有重要的、深远的理论意义和实践意义。④

1968 年 6 月 2 日的《人民日报》《解放军报》社论引用毛泽东的话说："对广大人民群众是保护还是镇压，是共产党同国民党的根本区别，

---

① 《毛泽东文集》第 8 卷，人民出版社 1999 年版，第 298 页。
② 同上。
③ 人民日报编辑部、红旗杂志编辑部：《关于赫鲁晓夫的假共产主义及其在世界历史上的教训——九评苏共中央的公开信》，《人民日报》1964 年 7 月 14 日。
④ 参见吴冷西《十年论战》（下），中央文献出版社 1999 年版，第 790 页。

是无产阶级同资产阶级的根本区别，是无产阶级专政同资产阶级专政的根本区别。"①

1968年8月15日的《人民日报》《解放军报》社论引用毛泽东的话说："我们的人民民主专政的国家制度是保障人民革命的胜利成果和反对内外敌人的复辟阴谋的有力的武器，我们必须牢牢地掌握这个武器。"②

1974年下半年，毛泽东在考虑并确定四届全国人大和国务院领导人选的同时，在一些谈话中提出若干有关社会主义和无产阶级专政的理论问题，他仍在力图从社会主义经济基础和社会制度本身去寻找"产生资产阶级"的根源，避免党内、国内出现修正主义。③ 这也就是防止、避免人民民主专政、无产阶级专政的社会主义国家政权和中国共产党腐败变质、改变颜色的重大战略问题。毛泽东在谈话中指出："列宁为什么说对资产阶级专政，这个问题要搞清楚。这个问题不搞清楚，就会变修正主义。要使全国知道。""我国现在实行的是商品制度，工资制度也不平等，有八级工资制，等等。这只能在无产阶级专政条件下加以限制。所以，林彪一类如上台，搞资本主义制度很容易。因此，要多读点马列主义的书。"④ 毛泽东关于理论问题的谈话，反映了他对社会主义和无产阶级专政的认识和探索。打破等级制度和特权思想，避免贫富悬殊、两极分化的社会现象，铲除滋生资产阶级的土壤和条件，始终是毛泽东力图解决的重要问题。⑤

毛泽东的人民民主专政理论，创造性地发展了马克思列宁主义关于无产阶级专政的理论，是马克思列宁主义无产阶级专政理论中国化的光辉成果，是杰出的理论创新、思想创新、制度创新，为中华人民共和国国体的确立提供了理论原则和制度安排，规定（通过"共同纲领"和宪法）了中华人民共和国最根本的政治制度，为中华人民共和国的一切发展进步奠

---

① 《人民日报》《解放军报》社论《七千万四川人民在前进》，《人民日报》1968年6月2日。
② 《人民日报》《解放军报》社论《热烈欢呼云南省革命委员会成立》，《人民日报》1968年8月15日。转引自《毛泽东文集》第2卷，人民出版社1996年版，第344页。
③ 中共中央党史研究室：《中国共产党历史》第2卷（1949—1978）下册，中共党史出版社2011年版，第914页。
④ 《人民日报》1975年2月22日。
⑤ 逄先知、金冲及主编：《毛泽东传（1949—1976）》（下），中央文献出版社2003年版，第1714—1715页。

定了根本政治前提和制度基础的最重要方面。

（三）人民民主专政理论的当代价值

人民民主专政是我国的国体，是我国最根本的政治制度，我们必须长期坚持，认真实行，不断发展，逐步完善。习近平指出："国家的根本制度和根本任务，国家的领导核心和指导思想，工人阶级领导的、以工农联盟为基础的人民民主专政的国体，人民代表大会制度的政体，中国共产党领导的多党合作和政治协商制度、民族区域自治制度以及基层群众自治制度，爱国统一战线，社会主义法制原则，民主集中制原则，尊重和保障人权原则，等等，这些宪法确立的制度和原则，我们必须长期坚持、全面贯彻、不断发展。"① 毛泽东的人民民主专政理论，对于我们现在和将来坚持、实行、发展、完善人民民主专政的国体、制度及其理论，仍然具有理论基础价值、法理基础价值和实践指导价值。

首先，坚持人民民主专政理论、国体和制度，是坚定不移走中国特色社会主义道路，坚持中国特色社会主义理论体系，实行中国特色社会主义制度，全面建成小康社会，全面深化改革，全面推进依法治国，全面从严治党，实现中华民族伟大复兴的中国梦的根本政治保证、理论基础、法理基础和制度基础。1991年7月，江泽民曾明确指出："有中国特色社会主义的政治，必须坚持工人阶级领导的、以工农联盟为基础的人民民主专政，不能削弱和放弃人民民主专政。"② 2001年4月，江泽民强调指出："我们很多同志，对发展社会主义民主，比较重视，但对社会主义政权的专政职能，认识就不那么清楚了，在工作中注意得不够，抓得也不够。总觉得现在还讲专政，是不是过时了？这种想法不仅是错误的，而且是十分有害的。有的人甚至把人民民主专政和依法治国方针对立起来。这也是错误的。从本质上说，人民民主专政就是依照宪法和法律的规定，在人民民主的基础上，由国家机构来行使专政的职能，两者是统一的，而不是相互对立的。"③ "我们社会主义政权的专政力量不但不能削弱，还要加强。在这个问题上

---

① 《人民日报》2012年12月5日。
② 《江泽民文选》第1卷，人民出版社2006年版，第155页。
③ 《江泽民文选》第3卷，人民出版社2006年版，第222页。

切不可书生气十足。"① 党的十八大报告指出:"发展中国特色社会主义是一项长期的艰巨的历史任务,必须准备进行具有许多新的历史特点的伟大斗争。"② 党的十八届三中全会通过的《中共中央关于全面深化改革若干重大问题的决定》强调"维护宪法法律权威。宪法是保证党和国家兴旺发达、长治久安的根本法,具有最高权威"③。维护宪法法律权威,首先必须维护人民民主专政的国体。当前,我国已进入全面深化改革的关键时期,面对的考验、危险、矛盾更加复杂、严峻、尖锐。因此,非常有必要坚持人民民主专政理论、国体和制度,巩固、加强和完善人民民主专政,充分发挥人民民主专政的制度优势,科学运作人民民主专政的民主和专政职能,完善国家治理体系,提高治理能力。例如,今天中国存在的严重剥削、不平等、不公正等问题,只有通过人民民主专政才能解决。

其次,坚持人民民主专政理论、国体和制度,是坚持走中国特色社会主义政治发展道路,发展人民民主,建设社会主义民主政治,建设社会主义法治国家,发展社会主义政治文明,推进政治体制改革的客观要求。人民民主是人民民主专政两个方面中的一个方面,是民主和专政相统一的民主。人民民主是中国共产党始终高扬的光辉旗帜,是社会主义的生命。毛泽东的人民民主专政理论,对于今天发展更加广泛、更加充分、更加健全的人民民主,仍然具有重要的借鉴和指导价值。例如,毛泽东认为发扬、实行人民民主必须走群众路线的观点,就很有借鉴价值。今天,让人民监督权力,让权力在阳光下运行,必须坚持党的群众路线,相信群众、依靠群众、尊重群众、服务群众。坚持人民民主专政,就是要坚持国家一切权力属于人民,扩大公民有序政治参与,最广泛地动员和组织人民依法管理国家事务和社会事务,管理经济和文化事业,保证人民依法享有广泛权利和自由,保障人民的知情权、参与权、表达权、监督权。

再次,我国巩固社会主义国家政权,维护国家统一,维护社会稳定,维护公平正义,推动科学发展,促进社会和谐,打击刑事犯罪,惩治和预防腐败,等等,都必须加强和改善人民民主专政的专政职能。从当今国际形势来看,帝国主义的本质没有变,国际敌对势力对我国进行渗透、西

---

① 《江泽民文选》第3卷,人民出版社2006年版,第222页。
② 《人民日报》2012年11月18日。
③ 《中共中央关于全面深化改革若干重大问题的决定》,《人民日报》2013年11月16日。

化、分化和颠覆的图谋没有变。从国内形势来看,阶级斗争还将在一定范围内长期存在,激化的可能性也是存在的;收入差距扩大和分配不公、公与私的矛盾、贫与富的矛盾、官与民的矛盾错综复杂;一些地方社会治安形势严峻,各种违法犯罪活动十分猖狂;一些地方黄、赌、毒屡禁不止,社会危害严重,人民群众十分不满;一些领导干部形式主义、官僚主义、享乐主义和奢靡之风这"四风"非常严重,人民群众深恶痛绝;一些地方分裂活动、暴力恐怖活动猖獗,严重危害国家统一和人民生命财产安全。因此,要在充分发扬人民民主的基础上,加强和改善人民民主专政的专政职能,对属于人民内部矛盾的,采取民主的手段解决,对属于敌我矛盾的,采取专政的手段解决。

最后,人民民主专政理论是反对资产阶级专政、反对资本主义宪政的科学的批判武器。坚持人民民主专政理论、国体和制度,是反对资产阶级专政、反对资本主义宪政的必然要求。我国宪法第一条规定:"中华人民共和国是工人阶级领导的、以工农联盟为基础的人民民主专政的社会主义国家。"中国人民选择人民民主专政、选择社会主义道路,是经过中国近现代历史证明了的必然的和正确的选择。"我们党深刻总结中国近代政治发展的历程和建立新型人民民主政权的实践,得出了一个重要结论,这就是:新民主主义革命胜利后建立的政权,只能是工人阶级领导的、以工农联盟为基础的人民民主专政;同这一国体相适应的政权组织形式,只能是民主集中制的人民代表大会制度。"[①] 中国近现代的历史事实证明,资产阶级共和国方案、"第三条道路"在中国是行不通的,在现在的中国和将来的中国也是行不通的。"君主立宪制、复辟帝制、议会制、多党制、总统制都想过了、试过了,结果都行不通。最后,中国选择了社会主义道路。"[②] 选择社会主义道路,自然包括选择实行人民民主专政。今天一些人主张的所谓"宪政",其实质就是资产阶级专政,就是资本主义宪政,虽然是重弹 20 世纪上半叶资产阶级共和国方案、"第三条道路"的老调,但其目的是取消或颠覆人民民主专政。习近平指出:"中国是一个大国,

---

[①] 胡锦涛:《在首都各界纪念全国人民代表大会成立 50 周年大会上的讲话》,《人民日报》2004 年 9 月 16 日。

[②] 习近平:《在布鲁日欧洲学院的演讲》,《人民日报》2014 年 4 月 2 日。

决不能在根本性问题上出现颠覆性错误,一旦出现就无法挽回、无法弥补。"[1] 中国如果削弱、放弃、取消或颠覆人民民主专政,就会出现颠覆性错误,并必然导致资产阶级专政,必然倒退到资本主义,必然产生官僚资产阶级,必然出现内乱和分裂,其后果将是非常严重的。这已有苏联的前车之鉴。因此,必须运用马克思列宁主义的无产阶级专政理论和毛泽东的人民民主专政理论,联系我国的国情实际,反对、批判资产阶级专政和资本主义宪政的理论。

二 毛泽东对开创中国社会主义道路的理论贡献

党的十八大报告指出:"以毛泽东同志为核心的党的第一代中央领导集体带领全党全国各族人民完成了新民主主义革命,进行了社会主义改造,确立了社会主义基本制度,成功实现了中国历史上最深刻最伟大的社会变革,为当代中国一切发展进步奠定了根本政治前提和制度基础。在探索过程中,虽然经历了严重曲折,但党在社会主义建设中取得的独创性理论成果和巨大成就,为新的历史时期开创中国特色社会主义提供了宝贵经验、理论准备、物质基础。"[2]

社会主义制度在中国建立以后,我国开始进入全面建设社会主义时期。中国选择了社会主义道路,这是唯一正确的选择。但是,选择了社会主义道路之后究竟应该怎么办?这条道路应当怎样走?中国的现代化应该怎样去实现?如何建设社会主义?这些都是全新的重大理论问题。以毛泽东为代表的中国共产党人,坚持把马克思主义基本原理与中国具体实际相结合,提出以苏联为鉴戒,走中国自己的建设道路,对这些全新的重大问题进行了不懈的探索,作了许多正确的经验总结,提出了许多正确的思想理论观点。这些正确的思想理论观点和经验总结,是毛泽东思想的重要组成部分,它对当时我国的社会主义建设起到了重要的指导作用,并为后来建设中国特色社会主义事业、邓小平理论、"三个代表"重要思想、科学发展观的形成和发展,提供了重要的思想理论基础。

---

[1] 习近平:《深化改革开放 共创美好亚太——在亚太经合组织工商领导人峰会上的演讲》,《人民日报》2013年10月8日。

[2] 《人民日报》2012年11月18日。

(一) 走中国自己的社会主义建设道路

1. 以苏联经验为借鉴，探索中国自己的社会主义建设道路

20世纪50年代中期，随着社会主义改造的基本完成，我国实现了从新民主主义向社会主义的转变，建立了社会主义制度，开始进入全面建设社会主义的新时期。在中国这样一个人口众多、地大物博、经济文化十分落后、各地发展极不平衡的东方大国中，如何建设社会主义，是以毛泽东为代表的中国共产党人所面临的一个全新的重大问题。在当时，解决这个问题是同如何借鉴苏联的经验相联系的。

由于缺少经验，我国的社会主义建设基本上是从照搬苏联社会主义建设的现成模式开始的。从1953年开始的国家第一个五年计划建设，在工业（特别是重工业）、计划管理、金融、统计等许多方面，基本上照搬了苏联的经验，也就是采取了苏联模式。

中国在社会主义经济建设方面采取苏联模式，并不是哪个人主观意愿的产物，而是由当时的历史条件决定的。首先，俄国十月革命的胜利，开辟了人类历史的新纪元，而后苏联社会主义建设所取得的巨大成就和在第二次世界大战中战胜德国法西斯侵略所树立起来的伟大形象，使得苏共当之无愧地在国际共产主义运动中居于领导地位，苏联的模式成了各国共产党和"二战"后东欧及亚洲一系列新诞生的社会主义国家公认的楷模。其次，"二战"后，世界上出现了分别以美、苏为代表的资本主义与社会主义两个阵营的尖锐对抗，由于以美国为首的大多数资本主义国家对新中国实行封锁、禁运和遏制政策，而苏联则给新中国以援助和支持，新中国实行了向苏联"一边倒"的外交政策。再次，新中国缺乏进行大规模社会主义建设的经验，而苏联是世界上第一个社会主义国家，它在社会主义建设中所取得的突出成就显示了苏联模式的威力，并且这种模式又适应了新中国在工业化初期着重发展重工业的需要。由于这些客观历史条件，中国共产党和人民政府在20世纪50年代初期选择苏联模式，实行向苏联学习，争取苏联援助的方针，是历史发展的必然结果。新中国成立初期从苏联学来的高度集中的计划经济体制，在恢复国民经济，保证重点建设，促进社会主义改造，建立以社会主义公有制为基础的经济体制，增强国力，打破西方国家的封锁，建设自己的工业和国防等方面，都发挥了重要的作用。

但是，随着经济和社会的发展，这种高度集中的体制的弊端也逐渐暴

露出来。由于中国共产党有丰富的反对教条主义的经验，在长期革命实践中形成了一条实事求是、一切从中国实际出发、理论联系实际的思想路线；由于毛泽东具有辩证思维方法和实事求是思想的内在素质，因而能比较早地认识到，建设道路也同样不能照搬外国模式。正如毛泽东后来所说，在经济建设上照抄苏联，"这在当时是完全必要的，同时又是一个缺点，缺乏创造性，缺乏独立自主的能力。这当然不应当是长久之计。从一九五八年起，我们就确立了自力更生为主、争取外援为辅的方针"①。1953年斯大林逝世后，特别是在1956年2月苏共二十大前后，苏联方面揭露了斯大林在领导苏联社会主义建设中的严重错误以及对他的个人崇拜所造成的严重后果，揭示了苏联模式存在的一些弊端，如国民经济比例严重失调、管理体制高度集中等。这给毛泽东探索本国的建设道路提供了有利的国际背景。与此同时，一贯主张从中国实际出发并对照搬苏联模式不满的毛泽东，也在实践中逐渐察觉到苏联模式的某些弊端，发现苏联的一些经验并不完全适合中国国情，从而重新审视苏联模式。正是通过对我国社会主义建设实践经验的总结和对斯大林所犯错误的深入思考，毛泽东提出"以苏联为鉴戒"，探索中国自己的社会主义建设道路。

1955年年底，毛泽东在中国共产党内率先提出了以苏联经验为鉴戒，探索适合中国国情的社会主义建设道路的重大问题。1956年4月，毛泽东发表《论十大关系》的重要讲话，正式提出了探索中国社会主义建设道路的任务。他指出，每个民族都有它的长处，也都有它的短处，"我们的方针是，一切民族、一切国家的长处都要学，政治、经济、科学、技术、文学、艺术的一切真正好的东西都要学。但是，必须有分析有批判地学，不能盲目地学，不能一切照抄，机械搬运。他们的短处、缺点，当然不要学"②。毛泽东指出了苏联建设模式的弊端是：第一，在重工业、农业和轻工业的关系问题上，他们片面地注重重工业，忽视农业和轻工业，粮食产量长期达不到革命前的最高水平。因而市场上的货物不够，货币不稳定。第二，在对待农民的政策上，"苏联的办法把农民挖得很苦。他们采取所谓义务交售制等项办法，把农民生产的东西拿走太多，给的代价又

---

① 毛泽东：《在扩大的中央工作会议上的讲话》，《毛泽东著作选读》下册，人民出版社1986年版，第831页。
② 毛泽东：《论十大关系》，《毛泽东文集》第7卷，人民出版社1999年版，第41页。

极低。他们这样来积累资金,使农民的生产积极性受到极大的损害"①。第三,在中央和地方关系上,苏联"把什么都集中到中央,把地方卡得死死的,一点机动权也没有"②。第四,在民族关系问题上,"在苏联,俄罗斯民族同少数民族的关系很不正常,我们应接受这个教训"③。第五,在对斯大林的评价上,"苏联过去把斯大林捧得一万丈高的人,现在一下子把他贬到地下九千丈。我们国内也有人跟着转。中央认为斯大林是三分错误,七分成绩,总起来还是一个伟大的马克思主义者"④。

  在走中国自己的社会主义建设道路问题上,毛泽东提出摆脱苏联模式的禁锢,一方面是反对不加分析地套用马克思主义经典作家的理论;另一方面是指破除对苏联社会主义建设模式的迷信。他在主持写作《关于无产阶级专政的历史经验》和《再论无产阶级专政的历史经验》这两篇文章期间,发表了许多重要讲话,提出了许多重要思想。他阐述了在国际共产主义运动中的共同道路和民族特点的关系,指出中国共产党人反对全盘否定斯大林,反对否定十月革命的基本原则,同时要以苏联经验为鉴戒,走自己的路;强调在坚持马克思列宁主义基本原则的同时,必须注意本国的具体情况,要用不同的方法解决各自的问题,最重要的是要独立思考。他说,最重要的教训是独立自主,调查研究,摸清本国国情,把马克思列宁主义的基本原理同我国革命和建设的具体实际结合起来,制定我们的路线、方针、政策。民主革命时期,我们走过一段弯路,吃了大亏之后才成功地实现了这种结合,取得革命的胜利。现在是社会主义革命和建设时期,我们要进行第二次结合,找出在中国进行社会主义革命和建设的正确道路。新中国成立以来,我们有过不少成功的探索和实践,但也不是没有缺点,没有片面性,这说明我们还没有完全系统地掌握中国社会主义革命和建设的规律,还要在今后长期内探索符合客观规律的正确道路。开始我们模仿苏联,因为我们毫无搞社会主义的经验,只好如此,但这也束缚了自己的积极性和创造性。现在我们有了自己的初步实践,又有了苏联的经验和教训,应当更加强调从中国的国情出发,强调开动脑筋,强调创造

---

① 毛泽东:《论十大关系》,《毛泽东文集》第 7 卷,人民出版社 1999 年版,第 29—30 页。
② 同上书,第 31 页。
③ 同上书,第 34 页。
④ 同上书,第 42 页。

性,在结合上下功夫,努力找出在中国这块大地上建设社会主义的具体道路。①毛泽东在这个时候反复强调独立思考的重要性,其用意是非常明显的。在他看来,中国革命的胜利是我们独立思考的结果,走中国自己的社会主义建设道路也只有靠我们独立思考才能真正解决问题。

以毛泽东为代表的中国共产党人,正是以苏联经验为借鉴,以批判教条主义、倡导独立思考为突破口,对新形势下怎样走中国自己的社会主义道路进行了深刻的思考和探索。1956年4月,毛泽东在经过一个多月听取各部委汇报的调查研究后,作了《论十大关系》的讲话,提出探索适合中国情况的社会主义建设道路的任务,并进行了初步的探索。这个讲话以苏联经验为借鉴,总结了中国社会发展的规律,提出了社会主义建设中的一系列经济、文化和政治方面的新方针、新设想,是马克思主义与中国社会主义革命和建设具体实际相结合,探索走中国自己的社会主义建设道路的重大成果,是毛泽东思想在新的历史时期的新发展。

2. 社会主义制度基本确立后,中国社会的主要矛盾和党的中心工作

毛泽东指出,在复杂的事物的发展过程中,有许多矛盾同时存在,其中必有一种是主要的矛盾,由于它的存在和发展,规定或影响着其他矛盾的存在和发展,这个矛盾就是主要矛盾。而其他的矛盾则处于次要和服从的地位,这就是非主要矛盾。抓住了主要矛盾,就可以带动全局,其他矛盾也就比较容易解决了,这是制定正确的战略策略的一个重要原则,也是一切共产党人都必须懂得的方法。在社会主义社会的矛盾问题上,毛泽东特别注重对社会主义社会主要矛盾的分析和认识,在这方面作了可贵的探索。

1956年,我国社会主义制度基本确立后,国内社会的主要矛盾是什么?这是一个崭新的课题。对此,毛泽东进行了认真的分析,将社会主义制度基本确立后我国社会主义社会的基本状况归纳为四个方面:第一,我国社会的基本矛盾已经发生了根本性变化,原来占优势的以资本主义私有制和个体私有制为基础的生产关系,已经改变为以社会主义公有制为基础的生产关系。第二,我国社会各阶级的状况和相互关系已经发生了深刻的变化。买办、地主阶级早已被打倒和剥夺,这些阶级已经不存在了;资产阶级也在经济上被剥夺,正在实现着由剥削者向劳动者的转变;广大农民

---

① 参见吴冷西《十年论战》(上),中央文献出版社1999年版,第23—24页。

也已由原来个体私有的小生产者变为社会主义的集体劳动者；知识分子也成为劳动人民的一部分。因此，虽然阶级斗争还在一定范围内存在，但总的情况是"革命时期的大规模的急风暴雨式的群众阶级斗争基本结束"①。第三，我国已经建立起以工人阶级为领导、工农联盟为基础的人民民主专政和以马克思主义为指导的社会主义意识形态的上层建筑，上层建筑对经济基础的推动作用表现得非常明显。第四，我国社会主义社会建立在不发达的社会生产力基础之上，1956年我国现代工业只占国民经济总产值的39.1%，很大部分工业还停留在半手工劳动的水平，广大农村的农业生产主要还是比较落后的小生产。我国社会的生产力状况并没有因社会主义制度的建立而发生根本性改变，社会生产还远不能满足广大人民群众日益增长的物质和文化的迫切需要。

上述四个方面的基本状况说明，我国国内社会的主要矛盾已经发生了根本性的变化，已经从对抗性矛盾转变为非对抗性矛盾，从敌我矛盾转变为人民内部矛盾，从阶级斗争转变为人类同自然界的斗争，由革命转为建设，由过去的革命转为技术革命和文化革命。毛泽东的这个分析和论断，十分及时地为我国进入社会主义社会后党的工作重心和主要任务的转变提供了依据。

1956年9月，党的第八次全国代表大会分析了我国形势的新变化，分析了国内的阶级状况，指出了国内的主要矛盾，规定了党和人民的主要任务。八大《关于政治报告的决议》指出："我们国内的主要矛盾已经是人民对于建立先进的工业国的要求同落后的农业国的现实之间的矛盾，已经是人民对于经济文化迅速发展的需要同当前经济文化不能满足人民需要的状况之间的矛盾。这一矛盾的实质，在我国社会主义制度已经建立的情况下，也就是先进的社会主义制度同落后的社会生产力之间的矛盾。""党和全国人民当前的主要任务，就是要集中力量来解决这个矛盾，把我国尽快地从落后的农业国变为先进的工业国。"② 毛泽东参与了八大决议的讨论和制定，说明毛泽东是同意这一论断的，而且类似的思想，毛泽东也讲过。在党的八届二中全会上，毛泽东还这样解释过这种提法，他说，今天中国的阶级矛盾已经基本解决，当前国内主要矛盾是先进的社会制度

---

① 《毛泽东文集》第7卷，人民出版社1999年版，第216页。
② 《中国共产党第八次全国代表大会文献》，人民出版社1957年版，第810页。

同落后生产力之间的矛盾，这个矛盾，一般来讲，不是对抗性的。历史证明，这一分析基本上是正确的，为党的中心工作从阶级斗争转移到经济建设上来提供了理论上的论证。因为，中国走的是列宁所指出的社会主义道路，即先夺取政权，改造资本主义生产关系，尔后在社会主义制度下大力发展生产力的道路。在政治革命和社会改造的任务基本完成后，农业国的现实与工业化的要求，落后的社会生产力与人民群众日益增长的物质文化的需要之间的矛盾，确实已经上升到主要矛盾的地位。八大是毛泽东亲自主持的，文件也是毛泽东主持起草的，这一判断是包括毛泽东在内的整个中央集体所作出的判断。尽管这一判断在表述上有一些毛病，比如"先进的社会主义制度同落后的社会生产力之间的矛盾"，会使人误解中国的社会主义制度超越了生产力发展的水平，但是，这一集体智慧的结晶，其基本精神是合乎事实、比较科学的。

1957年5月2日的《人民日报》上发表的社论《为什么要整风》根据毛泽东的观点对社会矛盾关系作了明确的阐述："敌对阶级之间的矛盾既不复成为国内的主要矛盾，党在国内问题上的主要任务，就成为团结全体人民来发展生产，也可以说，来同自然界作斗争。但这并不是说，在新形势下的国内主要矛盾，已经变为人同自然界的矛盾。人类同自然界的斗争从来是而且永远是通过社会来进行的，通过一定的生产关系来进行的。因此，人民对于经济文化迅速发展的需要同当前经济文化不能满足人民需要的状况之间的矛盾，在现实的社会生活中，必然仍然表现为人同人之间的矛盾，只是这种矛盾由敌对阶级间的矛盾变成了人民内部的矛盾罢了。"这篇社论反映了毛泽东当时对中国社会主义社会矛盾关系的总看法。

八大后不久，毛泽东又明确指出："我们的根本任务已经由解放生产力变为在新的生产关系下面保护和发展生产力。"[①] 党和毛泽东关于社会主义社会主要矛盾和根本任务的思想为我国的社会主义建设指明了正确的方向。但不久由于国际上波匈事件和国内反右派斗争的影响，毛泽东对当时的阶级斗争形势作出了过于严重的估计。在1958年5月党的八大二次会议上对八大的正确论断作出正式修改，提出："在整个过渡时期，也就是说，在社会主义社会建成以前，无产阶级同资产阶级的斗争，社会主义

---

① 《毛泽东文集》第7卷，人民出版社1999年版，第218页。

道路同资本主义道路的斗争，始终是我国内部的主要矛盾。"① 这个判断使后来的社会主义现代化建设受到严重干扰。这一历史教训说明八大关于主要矛盾和根本任务论断的正确性，并为十一届三中全会以后党把工作重点转移到经济建设上来提供了历史的借鉴。

在我国进入社会主义社会以后，是否把发展生产力作为中心工作，是关系到整个社会主义建设事业兴衰成败的大问题。毛泽东之所以能把发展生产力作为中心工作，不仅仅是因为毛泽东对马克思主义的生产力理论有深刻的理解，还因为他对中国经济文化落后的国情有深刻的了解和他有着伟大历史使命感。他深知，中国要摆脱贫困落后走向繁荣富强，必须以发展生产力为中心工作。1963年9月，毛泽东的一段讲话非常明显地反映了这一思想。他说："我国从十九世纪四十年代起，到二十世纪四十年代中期，共计一百零五年时间，全世界几乎一切大中小帝国主义国家都侵略过我国，都打过我们，除了最后一次，即抗日战争，由于国内外各种原因以日本帝国主义投降告终以外，没有一次战争不是以我国战败、签订丧权辱国条约而告终。其原因：一是社会制度腐败，二是经济技术落后。"②"如果不在今后几十年内，争取彻底改变我国经济和技术远远落后于帝国主义国家的状态，挨打是不可避免的……我们应当以可能挨打为出发点来部署我们的工作，力求在一个不太长久的时间内改变我国社会经济、技术方面的落后状态，否则我们就要犯错误。"③ 从落后就要挨打的忧患意识出发，毛泽东对发展经济，发展先进的科学技术，发展生产力是非常重视的。在"文化大革命"期间，他还特别强调要"抓革命，促生产"。

3. 调动国内外一切积极因素，建设社会主义强大国家

调动国内外一切积极因素，建设社会主义强大国家，这是毛泽东制定的我国社会主义建设的基本方针。

1954年9月，毛泽东在第一届全国人民代表大会第一次会议的开幕词中，向全党和全国人民提出了建设伟大的社会主义国家的总任务，指出为了建设社会主义伟大国家，必须团结全国人民，必须争取一切国际朋友的支援。在这里，毛泽东已经有了调动国内外一切积极因素，为社会主义

---

① 《人民日报》1958年5月27日。
② 《毛泽东著作选读》下册，人民出版社1986年版，第848页。
③ 同上书，第848—849页。

建设服务的思想萌芽。

1956年4月，毛泽东在《论十大关系》的讲话中指出："提出这十个问题，都是围绕着一个基本方针，就是要把国内外一切积极因素调动起来，为社会主义事业服务。"①"我们一定要努力把党内党外、国内国外的一切积极因素，直接的、间接的积极因素，全部调动起来，把我国建设成为一个强大的社会主义国家。"②过去为了结束帝国主义、封建主义和官僚资本主义的统治，为了人民民主革命的胜利，我们就实行了调动一切积极因素的方针；现在为了进行社会主义革命，建设社会主义国家，同样要实行这个方针。

毛泽东指出："什么是国内外的积极因素？在国内，工人和农民是基本力量。中间势力是可以争取的力量，反动势力虽是一种消极因素，但是我们仍然要作好工作，尽量争取化消极因素为积极因素。在国际上，一切可以团结的力量都要团结，不中立的可以争取中立，反动的也可以分化和利用。总之，我们要调动一切直接的和间接的力量，为把我国建设成为一个强大的社会主义国家而奋斗。"③

毛泽东把社会主义建设中的各种复杂因素，从总体上区分为积极因素和消极因素两方面。人类社会的发展，就是通过积极因素和消极因素的矛盾而实现的。他认为，在我国社会主义建设时期，积极因素和消极因素将长期存在。积极因素是促进社会主义建设的因素，工人和农民是基本力量；消极因素是积极因素的反对力量，是反动势力，是破坏因素。积极因素越多，消极因素越少，就越有利于社会主义建设。积极因素和消极因素不但互相对立和排斥，而且在一定条件下会发生转化。在我们革命队伍中间，由于各种原因也会产生消极因素，这是积极因素向消极因素的转化。因此，不但要把一切积极因素都调动起来，而且还要把消极因素转化为积极因素。

调动国内外一切积极因素，建设社会主义强大国家，是我们党和国家在整个社会主义建设时期的根本指导思想和战略方针。怎样正确实行这一思想和方针，要注意解决好以下几个问题。

---

① 《毛泽东文集》第7卷，人民出版社1999年版，第23页。
② 同上书，第44页。
③ 同上书，第23—24页。

第一，在国内必须处理好党与非党的关系、革命与反革命的关系、中央与地方的关系、是非关系等，以调动一切积极因素。毛泽东明确指出，在进入社会主义社会后，也不能搞苏联那样的"一党制"，而要实行共产党和其他民主党派"长期共存，互相监督"的方针，"使他们和我们的关系得到改善，尽可能把他们的积极性调动起来为社会主义服务"①。在充分肯定过去镇反、肃反必要性的前提下，同时提出要化消极因素为积极因素，用正确的政策，转变反革命分子，这对人民的事业是有利的。"对一切反革命分子，都应当给以生活出路，使他们有自新的机会，这样做，对人民事业，对国际影响，都有好处。"② 在处理党内矛盾方面，要实行"惩前毖后，治病救人"的方针，对犯错误的同志要"一看、二帮"，以达到既要弄清思想，又要团结同志的目的。这样就初步提出中国社会主义政治建设的若干新方针。在处理中央和地方的关系方面，毛泽东提出了"调动中央和地方两个积极性"的方针，其主要内容是：在巩固中央统一领导的前提下，充分发挥地方的积极性。处理中央和地方的关系，有的时期强调统一性多些，有的时期强调独立性多些，但无论何时何地，调动中央和地方两个积极性，这是普遍适用的，巩固和服从中央的统一领导是前提条件，绝不允许破坏这种统一。毛泽东指出："应当在巩固中央统一领导的前提下，扩大一点地方的权力，给地方更多的独立性，让地方办更多的事情。这对我们建设强大的社会主义国家比较有利。我们的国家这样大，人口这样多，情况这样复杂，有中央和地方两个积极性，比只有一个积极性好得多。""要发展社会主义建设，就必须发挥地方的积极性，中央要巩固，就要注意地方的利益。"③ 为了充分发挥地方的积极性，还要把地方和地方的关系处理好。地方和地方的关系，包括地方内部的上下级关系和地方之间的同级关系。"中央要注意发挥省市的积极性，省市也要注意发挥地、县、区、乡的积极性，都不能够框得太死。"④ 处理好地方之间的同级关系，应该提倡顾全大局、互助互让的原则。

第二，要从经济工作的各方面来调动各种积极因素。毛泽东提出了企

---

① 《毛泽东文集》第 7 卷，人民出版社 1999 年版，第 36 页。
② 同上书，第 39 页。
③ 同上书，第 31 页。
④ 同上书，第 32—33 页。

业的独立自主问题，要求中央和地方都要发挥企业的积极性。在利益分配问题上，毛泽东提出必须兼顾国家、集体、个人三者的利益，必须有顾全大局的思想。毛泽东提倡工人群众参加企业管理，享有企业内部的民主权利。毛泽东在总结"鞍钢宪法"时，明确把职工群众参加企业管理作为一项基本内容提了出来，即坚持干部参加劳动，群众参加管理，改革不合理的规章制度，在技术革新和技术革命中实行工人、干部和技术人员三结合的"两参一改三结合"原则。这有利于调动工人群众的积极性，处理好企业内部的各种关系和矛盾。

第三，怎样才能充分调动积极因素，化消极因素为积极因素？毛泽东在《论十大关系》的基础上，在《关于正确处理人民内部矛盾的问题》的讲话中，进一步提出了统筹兼顾、适当安排的方针，这就把调动一切积极因素的方针具体化了。毛泽东强调，人的因素是社会主义建设诸因素中的决定因素，是调动一切积极因素的根本因素。他说："天上的空气，地上的森林，地下的宝藏，都是建设社会主义所需要的重要因素，而一切物质因素只有通过人的因素，才能加以开发利用。"① 我国进入社会主义社会以后，随着主要矛盾的变化，阶级斗争已经不是我国的主要矛盾，正确处理人民内部矛盾，调动一切积极因素来建设社会主义，就成了国家政治生活的主题。

调动一切积极因素的方针，是毛泽东把群众路线的思想运用到社会主义建设上来的体现，是我们党的一贯方针。我们党正是在这一方针的指引下，进行了广泛而深入的政治动员，正确地处理社会主义建设中的各种政治、经济、社会关系，调动一切积极因素，提高了党和政府在人民群众中的威信，激发了广大人民群众以前所未有的政治热情，积极参加建设社会主义强大国家的行动。广泛动员人民群众参加社会主义革命和建设，在一定程度上弥补了落后的经济文化对社会主义革命和建设的制约，建立起了改革开放时期进行现代化建设的物质基础。

(二) 社会主义社会的矛盾学说

1. 社会主义社会仍然充满着矛盾

社会主义社会有没有矛盾？社会主义制度下生产关系和生产力之间、

---

① 《毛泽东著作选读》下册，人民出版社1986年版，第733页。

上层建筑和经济基础之间有没有矛盾？国际共产主义运动史上没有解决这一问题。这是摆在人们面前的一个十分尖锐而又迫切需要解答的重大理论问题。毛泽东把马克思列宁主义的普遍原理同中国社会的具体实践结合起来，以辩证唯物主义和历史唯物主义为指导，坚持唯物辩证法关于矛盾普遍性的原理，在分析中国和其他社会主义国家在发展过程中遇到的问题的基础上，旗帜鲜明地提出了社会主义社会的矛盾问题，创立了社会主义社会的矛盾学说。

毛泽东最早提出社会主义社会存在矛盾的观点是在1953年11月。当时毛泽东与有关同志进行了两次关于农业互助合作的谈话。在谈话中，毛泽东分析了农业生产合作社的各种问题，然后指出："农业生产合作社，社内社外都有矛盾。现在的农业生产合作社还是半社会主义的，社外的个体农民是完全的私有制，这两者之间是有矛盾的。"① 这里指出了社会主义社会存在矛盾的事实。

针对许多人不承认社会主义社会还有矛盾，不懂得正确处理矛盾，因而在矛盾面前缩手缩脚，处于被动地位的情况，毛泽东在讨论修改《关于无产阶级专政的历史经验》这篇文章时，在他所加的两段话中，第一次明确提出：在社会主义社会中仍然存在着各种矛盾，正是由于矛盾的存在和斗争，推动着社会主义社会的发展。认为在社会主义社会中不存在矛盾，是一种天真烂漫的想法。"否认矛盾存在，就是否认辩证法。各个社会的矛盾性质不同，解决的方式也不同，但是社会的发展总是在不断矛盾中进行的。社会主义社会的发展也是在生产力和生产关系的矛盾中进行着的。"②

1956年4月25日，毛泽东作了《论十大关系》的报告，进一步论证了社会主义社会中存在着的各种矛盾与斗争。他说："这十种关系，都是矛盾。世界是由矛盾组成的。没有矛盾就没有世界。我们的任务，是要正确处理这些矛盾。"③ 毛泽东论述这十大关系的目的，在理论上是要说明社会主义社会也是一个仍然充满着矛盾与斗争的社会，而绝不是一个无矛盾的社会，在实践上是要正确地指导社会主义革命和建设事业的发展。

---

① 《毛泽东文集》第6卷，人民出版社1999年版，第302页。
② 《关于无产阶级专政的历史经验》，《人民日报》1956年4月5日。
③ 《毛泽东文集》第7卷，人民出版社1999年版，第44页。

毛泽东坚持唯物辩证法关于矛盾普遍性和特殊性的原理，对社会主义社会的矛盾进行了具体深入的分析。社会主义社会存在矛盾，并且矛盾广泛地存在于一切事物之中，这是矛盾的普遍性；社会主义社会的矛盾又有着不同于其他社会的矛盾的特点，这是矛盾的特殊性。毛泽东把社会主义社会的矛盾的普遍性和特殊性结合起来，具体地分析了社会主义社会的矛盾的具体情况，提出了社会主义社会矛盾是性质不同于其他阶级社会矛盾性质的新型矛盾的重要观点，揭示了社会主义社会矛盾的性质。

社会主义社会的矛盾主要是非对抗性的矛盾，与其他阶级社会的矛盾相比具有不同的性质。毛泽东明确指出："社会主义社会的矛盾同旧社会的矛盾，例如同资本主义社会的矛盾，是根本不同的。资本主义社会的矛盾表现为剧烈的对抗和冲突，表现为剧烈的阶级斗争，那种矛盾不可能由资本主义制度本身来解决，而只有社会主义革命才能够加以解决。社会主义社会的矛盾是另一回事，恰恰相反，它不是对抗性的矛盾，它可以经过社会主义制度本身，不断地得到解决。"[①] 社会主义社会的矛盾是在人民根本利益基本一致的基础上产生的矛盾，是非对抗性的矛盾。当然，在社会主义社会中也还存在着对抗性的矛盾，但它在一般情况下不占社会矛盾的主导地位。为了更好地区分社会主义社会矛盾的性质，毛泽东创造性地将社会主义社会矛盾分为两类。一类是敌我矛盾，是对抗性的矛盾，它只是在一定时期一定范围内存在，不是社会主义社会矛盾的主流；另一类是人民内部矛盾，是非对抗性的矛盾，它普遍地、大量地存在于社会主义的各个领域，是社会主义社会矛盾的主流。社会主义社会矛盾的非对抗性是社会主义社会矛盾最显著的特点。

毛泽东关于社会主义社会存在矛盾的观点，打破了在这个问题上的禁区，从根本上否定了所谓社会主义社会中不存在矛盾与斗争的错误观点，科学地阐明了社会主义社会不过是人类发展史上的一个阶段，它依然存在着矛盾，并且充满矛盾。承认社会主义社会存在矛盾，是毛泽东对社会主义矛盾认识的起点，有了这个起点，就能进入更高的认识境界。毛泽东关于社会主义社会的矛盾学说，为中国共产党正确地认识社会主义找到了一把钥匙，使中国共产党人在进入社会主义社会后有一个正确的立场、态度和理论分析工具，以处理各种矛盾和斗争。

---

① 《毛泽东文集》第 7 卷，人民出版社 1999 年版，第 213—214 页。

2. 社会主义社会的基本矛盾

社会基本矛盾是贯穿于阶级社会的生产力和生产关系之间、经济基础和上层建筑之间的矛盾，它决定、制约社会的一切方面、过程及其发展的各个阶段，规定或影响其他社会矛盾的存在和发展，决定着各个发展阶段的社会性质和发展方向。它是一切社会矛盾的总根源。

毛泽东根据马克思列宁主义的基本理论，总结了中国社会主义改造和社会主义建设的经验，总结了国际共产主义运动的经验和教训，深刻地分析了社会主义社会的矛盾。他于1957年在《关于正确处理人民内部矛盾的问题》一文中，阐明了社会主义社会的矛盾问题，创造性地提出了关于社会主义社会的基本矛盾的学说。

社会主义社会的基本矛盾是什么？毛泽东作出了明确的回答。他说："在社会主义社会中，基本的矛盾仍然是生产关系和生产力之间的矛盾，上层建筑和经济基础之间的矛盾。不过社会主义社会的这些矛盾，同旧社会的生产关系和生产力的矛盾、上层建筑和经济基础的矛盾，具有根本不同的性质和情况罢了。"[①]

毛泽东将生产力和生产关系的矛盾、经济基础和上层建筑的矛盾规定为社会的基本矛盾，是对马克思主义矛盾学说的发展和对斯大林有关错误的纠正。自从《关于正确处理人民内部矛盾的问题》发表后，"社会基本矛盾"已成为我国马克思主义理论和国家意识形态的一个重要概念，而且成了国外马克思主义者常用的术语。

在社会主义社会里，社会的基本矛盾较之以往一切阶级社会的基本矛盾具有不同的性质和特点，它不是对抗性的矛盾，而是非对抗性的矛盾。这是因为以公有制为基础的社会主义的生产关系与社会化大生产的性质是相适应的，它们之间没有对抗性。社会主义社会的生产力与生产关系之间矛盾的非对抗性，又决定了经济基础与上层建筑之间矛盾的非对抗性。这就是说，社会主义社会的上层建筑，基本上也是适应经济基础不断发展的要求的。因此，社会主义社会的基本矛盾，在本质上是一种非对抗性的矛盾。

由于社会主义基本矛盾是非对抗性的，所以它可以通过社会主义制度本身加以不断解决。这就是说，解决社会主义社会的基本矛盾，可以通过

[①] 《毛泽东文集》第7卷，人民出版社1999年版，第214页。

自上而下的，有领导、有步骤、有秩序的改革来完成，可以采取一种和平的、渐进的、非对抗的方法使社会主义制度达到自我调节和自我完善。这为我国的改革提供了理论依据。

毛泽东论述了社会主义社会基本矛盾既相适应又相矛盾的情况。他指出："社会主义生产关系已经建立起来，它是和生产力的发展相适应的；但是，它又还很不完善，这些不完善的方面和生产力的发展又是相矛盾的。除了生产关系和生产力发展的这种又相适应又相矛盾的情况以外，还有上层建筑和经济基础的又相适应又相矛盾的情况。"① 社会主义的生产关系同生产力的发展要求是基本相适应的，对生产力的发展起着巨大的促进作用。社会主义制度的建立，使整个国民经济有可能根据有计划按比例发展规律的要求统一安排，合理地使用全国的人力、物力、财力，充分发挥其作用。社会主义的上层建筑和经济基础是基本相适应的。毛泽东指出："人民民主专政的国家制度和法律，以马克思列宁主义为指导的社会主义意识形态，这些上层建筑对于我国社会主义改造的胜利和社会主义劳动组织的建立起了积极的推动作用，它是和社会主义的经济基础即社会主义的生产关系相适应的。"② 这种相适应具体表现为：第一，人民民主专政的国家政权和法律制度，是建立社会主义生产关系，巩固和发展社会主义经济基础，促进生产力发展的强有力的工具。第二，以马克思主义为指导的社会主义意识形态为巩固和发展社会主义经济基础提供了强有力的文化和思想支持。第三，共产党是社会主义上层建筑的领导力量，它的领导是社会主义经济基础形成、巩固和发展的根本保证。因为党能够自觉地按照社会主义发展的客观规律，与时俱进，制定出正确的路线、方针和政策，并及时发现和调整上层建筑和经济基础的矛盾，使上层建筑能够更加适应经济基础不断发展的要求。所以，共产党的领导，对社会主义经济基础的巩固和发展，起着根本的保证作用。

社会主义社会的基本矛盾，除了基本上相适应外，还存在着不相适应的情况。在社会主义经济管理体制中，往往权力过于集中，统得过死，这就限制了中央和地方两个积极性，也限制了企业和劳动群众的积极性，从而与生产力的发展不相适应。在劳动群众集体所有制当中，存在着国家、

---

① 《毛泽东文集》第 7 卷，人民出版社 1999 年版，第 215 页。
② 同上。

集体、个人三者在利益上的矛盾,这些矛盾如果处理不当,也会影响生产力的发展。同时,全民所有制与劳动群众集体所有制之间也存在着一定的矛盾。这些矛盾具体表现为工人与农民、城市与乡村的矛盾。社会主义的分配原则是按劳分配,但是在积累与消费的关系方面,在国家、生产单位和生产者之间存在着复杂的矛盾,在分配方面存在着平均主义的现象,等等。

在社会主义社会中,上层建筑和经济基础之间也有不相适应的矛盾。毛泽东明确指出:"资产阶级意识形态的存在,国家机构中某些官僚主义作风的存在,国家制度中某些环节上缺陷的存在,又是和社会主义的经济基础相矛盾的。"[①] 国家机构中存在的官僚主义作风和不正之风,对经济基础和上层建筑的巩固和发展,是非常不利的。国家机关、经济部门和企业单位,制定的某些规章制度和某些决策,由于违背客观经济规律,因而不可避免地会影响经济基础的巩固和生产力的发展,凡此等等。在政治制度方面,突出的问题是缺乏健全的社会主义民主和法制。不论是民主形式还是发扬民主的深度和广度,都受到了很大的限制,这使广大群众的积极性的发挥受到很大影响。为了保障人民群众的民主权利,必须使民主制度化和法律化,必须正确处理好民主和集中、自由和纪律的关系。毛泽东指出:"在我们国家,如果不充分发扬人民民主和党内民主,不充分实行无产阶级的民主制,就不可能有真正的无产阶级的集中制。"[②] "没有民主集中制,无产阶级专政不可能巩固。"[③] 总之,在毛泽东看来,社会主义社会的基本矛盾是一种基本适应情况下的局部不适应的矛盾,社会主义社会正是在这种既相适应又相矛盾的辩证运动中不断向前发展的。生产力和生产关系、经济基础和上层建筑之间的矛盾构成了社会的基本矛盾,它们之间的相互作用以及动态结合构成了社会发展的基本动力和一般规律。随着社会主义实践的不断发展,为社会主义社会基本矛盾所规定的某些具体矛盾解决了,而某些新的矛盾又会出现,又需要人们去解决。毛泽东说:"矛盾不断出现,又不断解决,就是事物发展的辩证规律。"[④] 社会基本矛

---

① 《毛泽东文集》第7卷,人民出版社1999年版,第215页。
② 《毛泽东著作选读》下册,人民出版社1986年版,第822页。
③ 同上书,第823页。
④ 《毛泽东文集》第7卷,人民出版社1999年版,第216页。

盾的不断运动和不断解决，不断地推动历史前进。社会主义社会的基本矛盾的不断运动和不断解决，不断地推动社会主义社会向前发展。为进一步巩固和发展社会主义的经济基础和上层建筑，并促进生产力的发展，必须正确处理社会主义社会的基本矛盾，必须随时对生产关系和上层建筑中不完善的部分进行必要的改革，适时调整社会主义社会生产关系和生产力、上层建筑和经济基础之间不相适应的方面，促进社会主义社会政治、经济、文化的全面进步与发展。

毛泽东关于社会主义社会基本矛盾的理论是对马克思主义关于社会基本矛盾理论的重大发展和杰出贡献，深化了人们对社会主义社会的认识，为社会主义事业的发展提供了思想基础，并为我国的社会主义改革提供了理论依据。

（三）关于社会主义社会两类不同性质的矛盾的学说

1956年以后，随着社会主义改造的基本完成，党和政府开始领导全国各族人民进行大规模的社会主义建设，社会主义革命的胜利和社会主义建设的巨大成就，使我国出现了空前团结统一的局面。这种情况却使许多人发生了错觉，误以为社会主义社会不存在矛盾了，矛盾不再是社会主义社会发展的动力了。特别是在国际上出现了苏共二十大全盘否定斯大林和波兰、匈牙利事件，我国出现少数人闹事之后，许多人仍不敢正视客观存在并日益公开化的社会矛盾，尤其不敢承认在我国人民内部也存在着矛盾。他们在社会矛盾面前处于被动地位，不懂得正确处理和解决社会矛盾将使社会主义社会内部的统一和团结日益巩固。这种情况严重地阻碍着社会主义事业的向前发展。如何从理论上正确说明社会主义社会存在的矛盾，特别是人民内部矛盾，成为摆在全党面前的一项重要任务。正是在这种条件下，1957年2月27日，毛泽东在最高国务会议第十一次（扩大）会议上作了《关于正确处理人民内部矛盾的问题》的报告。后来经过修改，同年6月19日在《人民日报》上正式发表。这个报告的发表，标志着毛泽东关于社会主义社会两类不同性质矛盾学说的正式形成。

毛泽东指出："在我们的面前有两类社会矛盾，这就是敌我之间的矛盾和人民内部的矛盾。这是性质完全不同的两类矛盾。"[①] 必须严格区分

---

① 《毛泽东文集》第7卷，人民出版社1999年版，第204—205页。

和正确处理敌我矛盾和人民内部矛盾。严格区分两类不同性质的矛盾，是正确处理人民内部矛盾的前提条件。要严格区分两类不同性质的矛盾，首先要弄清楚什么是人民，什么是敌人。毛泽东指出："人民这个概念在不同的国家和各个国家的不同的历史时期，有着不同的内容。""在现阶段，在建设社会主义的时期，一切赞成、拥护和参加社会主义建设事业的阶级、阶层和社会集团，都属于人民的范围；一切反抗社会主义革命和敌视、破坏社会主义建设的社会势力和社会集团，都是人民的敌人。"[1] 这就提出了区分两类不同性质的矛盾的界限。其次，要弄清楚这是两类不同性质的矛盾。敌我之间的矛盾是对抗性的矛盾。人民内部的矛盾，在劳动人民之间说来，是非对抗性的；在被剥削阶级和剥削阶级之间说来，除了对抗性的一面以外，还有非对抗性的一面。一般说来，人民内部的矛盾，是在人民利益根本一致的基础上的矛盾。毛泽东指出："所谓人民内部的矛盾，包括工人阶级内部的矛盾，农民阶级内部的矛盾，知识分子内部的矛盾，工农两个阶级之间的矛盾，工人、农民同知识分子之间的矛盾，工人阶级和其他劳动人民同民族资产阶级之间的矛盾，民族资产阶级内部的矛盾，等等。"[2] "我们的人民政府是真正代表人民利益的政府，是为人民服务的政府，但是它同人民群众之间也有一定的矛盾。这种矛盾包括国家利益、集体利益同个人利益之间的矛盾，民主同集中的矛盾，领导同被领导之间的矛盾，国家机关某些工作人员的官僚主义作风同群众之间的矛盾。这种矛盾也是人民内部的一个矛盾。"[3] 再次，两类性质不同的矛盾，在一定条件下是可以互相转化的。这就是说，在一定条件下，敌我矛盾可以转化为人民内部矛盾，人民内部矛盾也可能转化为敌我矛盾。毛泽东指出："在一般情况下，人民内部的矛盾不是对抗性的。但是如果处理得不适当，或者失去警觉，麻痹大意，也可能发生对抗。这种情况，在社会主义国家通常只是局部的暂时的现象。这是因为社会主义国家消灭了人剥削人的制度，人民的利益在根本上是一致的。"[4]

由于两类矛盾的性质不同，解决的方法也就不同。解决敌我矛盾，用

---

[1] 《毛泽东文集》第 7 卷，人民出版社 1999 年版，第 205 页。
[2] 同上。
[3] 同上书，第 205—206 页。
[4] 同上书，第 211 页。

专政的方法；解决人民内部矛盾，用民主的方法。民主的方法是正确处理人民内部矛盾的根本方法。民主的方法，即用讨论的方法、批评的方法、说服教育的方法去解决。在人民内部不可由一部分人对另一部分人实行专政。毛泽东指出："专政的制度不适用于人民内部。人民自己不能向自己专政，不能由一部分人民去压迫另一部分人民。"共产党人在人民中间进行工作时，必须采取民主的说服教育的方法，绝不允许采取命令主义态度和强制手段。这是马克思列宁主义的一个基本原则。

毛泽东根据我国阶级关系的根本变化，把正确处理人民内部矛盾作为国家政治生活的主题。这是他关于社会主义社会两类社会矛盾学说的中心思想。他提出"主题"思想的依据是：

第一，正确处理人民内部矛盾已成为推动社会主义社会不断前进的动力。历史唯物主义认为，社会不断前进的根本动因在于社会内部的生产关系和生产力、上层建筑和经济基础之间的矛盾。而这种矛盾运动的实现总是通过人与人之间矛盾的不断解决来完成的。在阶级社会中，它表现为激烈的阶级斗争。阶级斗争是阶级社会发展的直接动力。在社会主义社会，剥削阶级作为阶级被消灭以后，阶级斗争仅在一定范围内存在，大量的是人民内部矛盾。因此，在社会主义社会中，党和国家集中力量通过各种途径和方法，正确解决人民内部矛盾，把它作为社会政治生活的主题，事实上也就抓到了社会主义社会发展的直接动力。

第二，正确处理人民内部矛盾是我国社会主义民主政治建设的需要。毛泽东认为，我国社会主义政治制度虽然已经建立起来，但是还很不完善，存在着很多弊端，主要是制度不健全、官僚主义严重、民主不够等问题。而这些问题实质上就是人民群众与领导者、被管理者与管理者之间矛盾的体现。这样，人民内部矛盾大量地表现在人民群众同领导者之间的矛盾问题上。正确处理人民内部矛盾的过程，实质上就是社会主义民主政治建设的过程，而社会主义民主政治建设的过程，实际上也是解决人民内部矛盾的过程，两者相互联系、相互促进。

第三，正确处理人民内部矛盾是建设强大的社会主义国家的必然要求。在进入社会主义社会后，我国面临的主要任务就是发展经济，发展科学技术，提高生产力。发展国家经济的途径很多，但毛泽东特别强调正确处理人民内部矛盾的作用。他指出："在这个时候，我们提出划分敌我和人民内部两类矛盾的界限，提出正确处理人民内部矛盾的问题，以便团结全国各族人民进行一场新的战争——向自然界开战,发展我们的经济,发展我们的文化……巩固我们的新制度,建设我们的新国家,就是十分必要的了。"①

第四,正确处理人民内部矛盾是为了实现中国工业化。毛泽东指出,中国工业化道路问题,主要是指重工业、轻工业和农业的关系问题,经济建设必须以重工业为中心,同时必须充分注意发展农业和轻工业,因此,所谓工业化道路绝不只是工业本身的问题,它还反映了人民内部的矛盾。一方面表现为工人和农民之间的矛盾,另一方面表现为比较正确地反映客观规律的一些人和比较不正确地反映客观规律的一些人之间的矛盾。只有正确处理好这些矛盾,中国的工业化才能胜利实现。

第五,人民内部矛盾直接关系到社会主义事业的巩固和国家、社会的安定。因为人民内部矛盾不是一成不变的,也会转化。这主要看能否正确处理好人民内部矛盾。处理恰当,矛盾可以化解;处理不当,不但矛盾不能解决,而且还可能尖锐化,产生对抗,造成社会动乱。

为了正确处理人民内部矛盾,毛泽东分析了我国的政治、经济和文化思想等各个领域中的具体矛盾,提出了一系列具体的方针政策。

对于人民内部矛盾,毛泽东强调要普遍提倡和善于运用"团结—批评—团结"的公式。因为人民内部矛盾是在根本利益一致的基础上出现的矛盾,应当从团结的愿望出发,经过人民内部的自我教育和政治思想工作,经过批评或者斗争,使矛盾得到解决,从而在新的基础上达到新的团结。当然,这一公式主要是侧重从政治思想上解决人民内部矛盾,而人民内部矛盾是多种多样的。因而必须坚持对具体问题进行具体分析和解决的原则,不能简单化地套用一个公式。

在经济工作中,毛泽东提出实行"统筹兼顾,适当安排"的原则。对全国人民的物质文化生活要统筹安排,兼顾国家、集体和个人三者的利益,从经济上妥善解决人民内部在物质利益方面的矛盾。鉴于苏联在农民问题上犯了严重错误的教训,毛泽东特别强调"我们必须更多地注意处理好国家同农民的关系"②。

在共产党与民主党派的关系上,实行"长期共存,互相监督"的

---

① 《毛泽东文集》第7卷,人民出版社1999年版,第216页。
② 同上书,第30页。

方针。

在科学文化工作方面，提出了实行"百花齐放，百家争鸣"的方针，主张艺术上不同的形式和风格可以自由发展，科学上不同的学派可以自由争论。不能利用行政力量强制推行一种风格，一种学派，禁止另一种风格和学派。艺术和科学中的是非问题，只有通过自由讨论去解决，通过实践来解决，不能采取简单粗暴行政命令的办法。

在民族关系方面，坚持各民族团结平等的原则，实行民族区域自治，真诚地积极帮助少数民族发展经济和文化的方针。要克服大汉族主义。在存在有地方民族主义的少数民族中间，则应当同时克服地方民族主义。无论大汉族主义还是地方民族主义，都不利于各族人民的团结，这是应当克服的一种人民内部矛盾。

对于解决社会主义内部的各种矛盾，毛泽东还强调指出，要加强政治思想工作，要坚持社会主义道路和党的领导这两条根本原则。

人民内部矛盾还表现在人民群众与领导者之间的矛盾问题上。有时这种表现是突出的、集中的表现。中国共产党是执政党，对国家负有领导的责任，因而如何正确处理各方面的关系，诸如国家、集体与个人之间，整体与局部之间，领导与群众之间或党和政府与群众之间，民主与集中，自由与纪律的关系等，都直接涉及人民内部的问题。对于领导与群众的矛盾，领导机关不能采取简单粗暴的办法去解决，而应当采取民主的办法去解决，更要防止矛盾激化。如果不能正确处理领导与群众的矛盾，这个矛盾会转化为我国社会的主要矛盾。

1956年11月15日，毛泽东在中共八届二中全会上的讲话中指出："世界充满着矛盾。民主革命解决了同帝国主义、封建主义、官僚资本主义这一套矛盾。现在，在所有制方面同民族资本主义和小生产的矛盾也基本上解决了，别的方面的矛盾又突出出来了，新的矛盾又发生了。县委以上的干部有几十万，国家的命运就掌握在他们手里。如果不搞好，脱离群众，不是艰苦奋斗，那末，工人、农民、学生就有理由不赞成他们。我们一定要警惕，不要滋长官僚主义作风，不要形成一个脱离人民的贵族阶层。"[①]

---

① 毛泽东：《在中国共产党第八届中央委员会第二次全体会议上的讲话》，《毛泽东选集》第5卷，人民出版社1977年版，第325—326页。

这一时期，关于正确处理人民内部矛盾的问题，也是党的其他主要领导人讨论的重要问题。1957年2—4月，刘少奇在一系列讲话中，都讲到了关于正确处理人民内部矛盾的问题，并特别讲到了领导与群众的矛盾问题。2月24日，他在同石家庄市委、地委干部谈话时说：各方面提了很多意见，主要是领导与被领导之间的矛盾，从这次提的意见来看，对付敌人的意见不提了，而提的是人民内部矛盾的问题，都是批评领导，对领导提意见。一切问题集中到领导。由此可见，国家的矛盾，人民内部的矛盾，集中到人民群众与领导者的矛盾。领导者与被领导者的矛盾突出了，阶级矛盾降为次要矛盾了。这是新情况，这是好事。因为敌人被消灭了，阶级矛盾在国内基本上解决了。3月4日，刘少奇在河南省党员干部会上讲：人民内部矛盾，主要的表现是人民和领导机关的矛盾，更确切地讲，是人民和领导机关的官僚主义的矛盾。这个矛盾不是一时能解决的，以后会长期有的。3月24日，他在湖南省党员干部会议上说：社会主义社会还是有许多矛盾。这许多矛盾集中表现为人民群众同领导机关的矛盾，更确切地讲就是同领导上的官僚主义、主观主义和宗派主义的矛盾。分配不公也好，学生不能升学也好，什么事情搞得不好，都怪你领导得不好。① 4月27日，他在上海市委召开的党员干部大会上的讲话中指出："人民内部的矛盾，现在是大量地表现在人民群众同领导者之间的矛盾问题上。更确切地讲，是表现在领导上的官僚主义与人民群众的矛盾这个问题上。"② 刘少奇认为，在社会主义社会，人民内部矛盾是国内的主要矛盾，而人民群众与领导的矛盾是人民内部矛盾的主要表现。

1957年4月13日，《人民日报》发表了题为《怎样对待人民内部矛盾》的社论。社论着重谈了人民群众和他们的领导者之间的矛盾。社论说："我们党和国家建设社会主义的各项方针、政策和具体措施，必须通过领导者到人民群众中去贯彻执行。人民群众在生产中和生活中的很多方面是受着这些领导者管理的，而且他们的很多要求和需要也需通过这些领导者才能满足。因此，我们社会中的许多矛盾，往往通过人民群众和领导之间的矛盾集中的表现出来。"

---

① 刘少奇的讲话内容，转引自许全兴《为毛泽东辩护》，当代中国出版社1996年版，第68页。

② 《刘少奇选集》下卷，人民出版社1985年版，第303页。

1978 年以来的改革开放，解决了中国社会的许多人民内部矛盾，但同时也产生了许多新的人民内部矛盾。今天，中国社会面临较为严重的治理危机。今天我国社会大量存在的人民内部矛盾，比新中国成立后任何一个时期都更复杂。今天，人民内部矛盾的主体呈现多样性，涉及人员群体化；矛盾冲突涉及的利益层面普遍化。在今天的人民内部矛盾中，人民群众和官员之间的矛盾日益显现。当代中国乡村矛盾冲突的主体已经明显地表现为农民和基层政府，农民的体制内抗争显著增加，体制外的抗争行动也时有发生。毛泽东关于正确区分和处理两类不同性质的社会矛盾，把正确处理人民内部矛盾作为国家政治生活主题的学说，对于今天正确处理我国社会大量存在的人民内部矛盾，构建良好的矛盾处理机制，发展社会主义民主政治，构建社会主义和谐社会，仍然具有重要的指导及借鉴价值。

三 毛泽东的反腐败思想

今天，毛泽东在人们心目中仍然具有崇高的地位。人们景仰他的丰功伟绩、他的光辉思想、他的高尚品德。他不仅是豪杰，更是圣贤；他不仅是"办事之人"，更是"传教之人"；他不仅是领袖，更是导师。联系到当前中国社会存在的腐败现象和反腐败斗争，宣传、学习、研究毛泽东的反腐败思想，具有特殊的现实意义。

毛泽东在青年时代就"坚决认为，中国不仅必须发展现代工业，而且必须建立一种新型的、'廉洁'的政府机构"[①]。毛泽东痛恨贪官污吏，主张建立廉洁政府。在国民革命时期，毛泽东热情地赞扬了湖南的农民运动"推翻县官老爷衙门差役的政权"。他说："县政治必须农民起来才能澄清，广东的海丰已经有了证明。这回在湖南，尤其得到了充分的证明。在土豪劣绅霸占权力的县，无论什么人去做事，几乎都是贪官污吏。在农民已经起来的县，无论什么人去，都是廉洁政府。"[②]

1934 年 1 月，毛泽东在江西瑞金召开的第二次全国工农兵代表大会上作的报告《我们的经济政策》中指出："财政的支出，应该根据节

[①] [英] 克莱尔·霍林沃思：《毛泽东和他的分歧者》，中译本，河南人民出版社 1989 年版，第 8 页。

[②] 《毛泽东选集》第 1 卷，人民出版社 1991 年版，第 29 页。

省的方针。应该使一切政府工作人员明白，贪污和浪费是极大的犯罪。反对贪污和浪费的斗争，过去有了些成绩，以后还应用力。节省每一个铜板为着战争和革命事业，为着我们的经济建设，是我们的会计制度的原则。我们对于国家收入的使用方法，应该和国民党的方法有严格的区别。"①

1938年10月，毛泽东在党的第六届中央委员会扩大的第六次全体会议上的政治报告中说："共产党员在政府工作中，应该是十分廉洁、不用私人、多做工作、少取报酬的模范。共产党员在民众运动中，应该是民众的朋友，而不是民众的上司，是诲人不倦的教师，而不是官僚主义的政客。共产党员无论何时何地都不应以个人利益放在第一位，而应以个人利益服从于民族的和人民群众的利益。因此，自私自利，消极怠工，贪污腐化，风头主义等等，是最可鄙的；而大公无私，积极努力，克己奉公，埋头苦干的精神，才是可尊敬的。"②

在延安整风运动中，毛泽东多次引用农民起义胜利后又失败的教训，让同志们引以为戒，不要重犯。

1944年，是明朝灭亡300周年，也是李自成起义失败300周年。为此，郭沫若写了《甲申三百年祭》，此文最先于1944年3月19日至22日在重庆《新华日报》上全文连载，不久即传到延安，引起了毛泽东的重视。延安《解放日报》转载了郭文，在解放区还印了单行本，曾引起广泛的反响。毛泽东1944年4月12日在延安高级干部会议上和5月20日在中央党校所作的讲演《学习和时局》中特别谈了此文，说："我党历史上曾经有过几次表现了大的骄傲，都是吃了亏的。"③"全党同志对于这几次骄傲，几次错误，都要引为鉴戒。近日我们印了郭沫若论李自成的文章，也是叫同志们引为鉴戒，不要重犯胜利时骄傲的错误。"④ 不久，林伯渠由延安飞抵重庆，将党中央和毛泽东决定把《甲申三百年祭》作为整风文件，供党内学习，并且已经在延安和各解放区普遍印发的消息，亲自告诉了郭沫若。⑤ 可见，毛泽东当年是深刻地认识到这篇史论的重要现

---

① 《毛泽东选集》第2卷，人民出版社1991年版，第134页。
② 同上书，第522页。
③ 《毛泽东选集》第3卷，人民出版社1991年版，第374页。
④ 同上书，第948页。
⑤ 张贻玖：《毛泽东读史》，中国友谊出版公司1991年版，第147页。

实意义的。同年11月21日，毛泽东在给郭沫若的信中写道："你的《甲申三百年祭》，我们把它当作整风文件看待。小胜即骄傲，大胜更骄傲，一次又一次吃亏，如何避免此种毛病，实在值得注意。"[①] 信中希望郭沫若"倘能经过大手笔写一篇太平军经验，会是很有益的；但不敢作正式提议，恐怕太累你"[②]。

1943年10月1日，毛泽东在为中共中央写的对党内的指示，即《开展根据地的减租、生产和拥政爱民运动》一文中说："在一切党政军机关中讲究节省，反对浪费，禁止贪污。"[③]

1945年1月10日，毛泽东在陕甘宁边区劳动英雄和模范工作者大会上的讲话中指出："任何地方必须十分爱惜人力物力，决不可只顾一时，滥用浪费。任何地方必须从开始工作的那一年起，就计算到将来的很多年，计算到长期坚持战争，计算到反攻，计算到赶走敌人之后的建设。一面决不滥用浪费，一面努力发展生产。过去有些地方缺少长期打算，既未注意节省人力物力，又未注意发展生产，吃了大亏。得了这个教训，现在必须引起注意。"[④]

1945年4月24日，毛泽东在中国共产党第七次全国代表大会上作的《论联合政府》的政治报告中指出："在推进解放区的各项工作时，必须十分爱惜当地的人力物力，任何地方都要作长期打算，避免滥用和浪费。这不但是为着打败日本侵略者，而且是为着建设新中国。"[⑤]

1942年12月，毛泽东在陕甘宁边区高级干部会议上所作的报告中指出："在这次精兵简政中，必须达到精简、统一、效能、节约和反对官僚主义五项目的。"[⑥] "节约是一切工作机关都要注意的，经济和财政工作机关尤其要注意。实行节约的结果，可以节省一大批不必要的和浪费性的支出，其数目可以达到几千万元。从事经济和财政业务的工作人员，还必须克服存在着的有些还是很严重的官僚主义，例如贪污现象，摆空架子，无

---

① 《毛泽东书信选集》，人民出版社1984年版，第241页。
② 同上。
③ 《毛泽东选集》第3卷，人民出版社1991年版，第911页。
④ 同上书，第1019—1020页。
⑤ 同上书，第895页。
⑥ 同上书，第896页。

益的'正规化',文牍主义等等。"①

1946年7月,毛泽东在为中共中央起草的对党内的指示,即《以自卫战争粉碎蒋介石的进攻》一文中说:"为着粉碎蒋介石的进攻,必须作持久打算。必须十分节省地使用我们的人力资源和物质资源,力戒浪费。必须检查和纠正各地已经发生的贪污现象。"②

1947年10月10日,毛泽东在他起草的《中国人民解放军宣言》中说:"在一切蒋介石统治区域,贪污遍地,特务横行,捐税繁重,物价高涨,经济破产,百业萧条,征兵征粮,怨声载道,这样就使全国绝大多数人民,处于水深火热之中。而以蒋介石为首的金融寡头,贪官污吏,土豪劣绅,则集中了巨大的财富。这些财富,都是蒋介石等利用其独裁权力横征暴敛、假公济私而来的。"③ 针对蒋介石国民党政权的腐败,毛泽东提出了"废除蒋介石统治的腐败制度,肃清贪官污吏,建立廉洁政治"④ 的基本政策。在此前后,各解放区都制订了惩治贪污条例,规定了各种贪污罪行和对贪污罪的惩治办法。各解放区都认真执行了惩治贪污条例,惩办了一批贪污分子,为壮大我党我军力量,为推翻蒋介石的统治发挥了积极的作用。

1945年7月初,黄炎培与五位国民参政会参政员访问延安,受到了毛泽东等中央领导同志的热烈欢迎。在毛泽东接见黄炎培时,黄炎培坦率地对毛泽东说:"我生六十多年,耳闻的不说,所亲眼看到的,真所谓'其兴也勃焉','其亡也忽焉'。一人,一家,一团体,一地方,乃至一国,大都跳不出这周期率的支配。大凡初时聚精会神,没有一事不用心,没有一人不卖力,也许那时艰难困苦,只有从万死中觅取一生。既然环境渐渐好转了,精神也就渐渐放下了。有的因为历时长久,自然地惰性发作,由少数演为多数,到风气养成,虽有大力,无法扭转,并且无法补救。一部历史,'政怠宦成'的也有,'人亡政息'的也有,'求荣取辱'的也有,总之没有能跳出这周期率的支配。中共诸君从过去到现在,我略略了解的了。就是希望找出一条新路,来跳出这周期率的支配。"毛泽东

---

① 《毛泽东选集》第3卷,人民出版社1991年版,第1031页。
② 《毛泽东选集》第4卷,人民出版社1991年版,第1188页。
③ 同上书,第1237页。
④ 同上书,第1238页。

笑了笑。他首先向黄炎培表示感谢,然后回答说:"我们已经找到新路,我们能跳出这周期率。这条新路,就是民主。只有让人民来监督政府,政府才不敢松懈。只有人人起来负责,才不会人亡政息。"① 新中国成立后,毛泽东沿着他所找到的新路前进,发扬民主,全心全意为人民服务,特别注意防止和反对腐败,力求避免历史悲剧的重演。毛泽东倡导的反和平演变,以及"反修防修""文化大革命",虽然没有取得预想的结果,但在一定的意义上,也是为了反对腐败,为了共和国的长治久安。

毛泽东一生具有强烈的忧患意识,在革命即将取得胜利之际,他的忧患意识更加强烈。请听他1949年3月5日在七届二中全会上向全党敲的警钟:"因为胜利,党内的骄傲情绪,以功臣自居的情绪,停顿起来不求进步的情绪,贪图享乐不愿再过艰苦生活的情绪,可能生长。因为胜利,人民感谢我们,资产阶级也会出来捧场。敌人的武力是不能征服我们的,这点已经得到证明了。资产阶级的捧场则可能征服我们的队伍中的意志薄弱者。可能有这样一些共产党人,他们是不曾被拿枪的敌人征服过的,他们在这些敌人面前不愧英雄的称号;但是经不起人们用糖衣裹着的炮弹的攻击,他们在糖弹面前要打败仗。我们必须防范这种情况。夺取全国胜利,这只是万里长征走完了第一步。如果这一步也值得骄傲,那是比较渺小的,更值得骄傲的还在后头。在过了几十年之后来看中国人民民主革命的胜利,就会使人感觉那好像只是一出长剧的一个短小的序幕,剧是必须从序幕开始的,但序幕还不是高潮。中国的革命是伟大的,但革命以后的路程更长,工作更伟大,更艰苦。这一点现在就必须向党内讲明白,务必使同志们继续地保持谦虚、谨慎、不骄、不躁的作风,务必使同志们继续地保持艰苦奋斗的作风。"②

1949年3月,毛泽东在进北平前夕,为使身边的工作人员保持清醒的头脑,毛泽东把他们召集起来说:"同志们,我们就要进北平了。我们进北平可不是李自成进北京,他们进了北京就变了。我们共产党人进北平,不要以功臣自居,不要搞腐化,不许讲享乐,要坚持继续革命。"3月24日凌晨,二百多辆小、中型吉普车、大卡车组成的车队,分批从西

---

① 参见薄一波《若干重大决策与事件的回顾》上卷,中共中央党校出版社1991年版,第156—157页;苏娅、贾鲁生《不落的太阳》,中原农民出版社1992年版,第126页。
② 《毛泽东选集》第4卷,人民出版社1991年版,第1438—1439页。

柏坡出发驶上通往北平的大道。毛泽东等中央领导同志分乘 11 辆小车，率先上路。登车前，毛泽东想起了 305 年前李自成进北京的情景，他风趣地、意味深长地对周恩来等领导同志说："我们是进京'赶考'啊。我们应当都能考试合格，希望会考个好成绩。我们决不当李自成。不能退回来，退回来就失败了。"①

新中国成立初期，正如毛泽东所担心的那样，出现了贪污、浪费和官僚主义。毛泽东和党中央果断决策，自 1951 年年底开展了"三反"运动。这是我党执政后，毛泽东亲自领导和发动的一次成功的反腐败运动。这次反腐败运动，使共和国保持了几十年的廉洁，而没有出现大的、较广泛的腐败。

毛泽东在"三反"运动中的一些重要指示，体现了毛泽东反腐败的坚决果断、雷厉风行、大刀阔斧。

1951 年 11 月 30 日，毛泽东在为中共中央起草的重要指示中说："反贪污反浪费一事，是全党一件大事，我们已告诉你们严重地注意此事。我们需要来一次全党的大清理，彻底揭露一切大中小贪污事件，而着重打击大贪污犯，对中小贪污犯则取教育改造不使重犯的方针，才能停止很多党员被资产阶级所腐蚀的极大危险现象，才能克服七届二中全会所早已料到的这种情况，并实现七届二中全会防止腐蚀的方针，务请你们加以注意。"②同一天，毛泽东在另一个重要指示中说："必须严重地注意干部被资产阶级腐蚀发生严重贪污行为这一事实，注意发现、揭露和惩处，并须当作一场大斗争来处理。"③

1951 年 12 月 8 日，毛泽东写的重要指示说："应把反贪污、反浪费、反官僚主义的斗争看作如同镇压反革命的斗争一样的重要，一样的发动广大群众包括民主党派及社会各界人士去进行，一样的大张旗鼓去进行，一样的首长负责，亲自动手，号召坦白和检举，轻者批评教育，重者撤职、惩办，判处徒刑（劳动改造），直至枪毙一批最严重的贪污犯，才能解决问题。"④

---

① 李昌凡等编著：《一代廉洁楷模》，能源出版社 1990 年版，第 2—3 页。
② 《毛泽东选集》第 5 卷，人民出版社 1977 年版，第 53 页。
③ 同上。
④ 同上书，第 54 页。

从毛泽东亲笔修改的1952年1月4日《人民日报》的社论中,我们也可以看到他反腐败的坚决态度。这篇社论说:"必须立即在全国范围内,在一切党组织,一切政府部门和军事部门,一切国营和公营的工业、交通、银行、贸易的机关和事业,一切合作社组织、青年团组织和人民团体的各级领导机关,以及一切和上述各方发生关系的私人工商事业,都应毫无例外地充分发动群众,把反对贪污、反对浪费、反对官僚主义的斗争,形成一个广泛的群众运动,如同镇压反革命的运动一样,大张旗鼓地雷厉风行地坚决进行到底。""对于贪污、浪费和官僚主义的严重现象,如果不加以彻底肃清,它们就要腐蚀我们的党,腐蚀我们的政府,腐蚀我们的军队,腐蚀一切财政经济机构和一切革命的群众组织,使我们的许多干部人员身败名裂,给我们的国家造成极大的灾害,一句话,这就有亡党、亡国、亡身的危险。""事实上群众对于一切贪污、浪费和官僚主义的行为,是决不能容忍的。群众是一定会在中央号召之下行动起来的。以毛泽东同志为首的中国共产党中央和中央人民政府及其军事委员会,是坚决领导和支持这种正义的群众斗争的。任何人也休要妄想抵抗这个神圣的斗争,任何负责人员也不容许忽视或放弃领导这个斗争的责任,任何人也不可以怠工。那末,正确的态度应该怎么样呢?正确的态度是公开检讨、争取主动。如果自己犯了官僚主义的错误,就应该认真地公开检讨自己的官僚主义,才能取得群众的信任,继续领导群众。如果自己手上不干净,更应该公开地向群众坦白认错,毫无保留地向群众交代清楚,并且让群众毫无顾忌地揭发和检举一切贪污浪费和官僚主义的错误或罪恶。""如果有人执迷不悟,胆敢违抗中央指示,阻碍群众运动,无论他的职位有多么高,资格有多么老,他的上级都应该坚决把他撤职。如果因为自己手上不干净而阻碍群众运动的,就不但应该撤职,还应该受到法律处分;如果他是共产党员更应该受到党的纪律处分。""像刘青山、张子善等大贪污犯,则不论他们有多大功劳,都是不可宽恕的了。对于这样的叛徒和毒虫,有多少就必须清除多少。清除了他们,不是党的损失,而是党的胜利,不是降低党的威信,而是提高党的威信。只有坚决地这样做,才能使我们的党和人民革命的队伍坚强和巩固起来,永不再受剥削阶级思想的腐蚀。""这个反贪污、反浪费、反官僚主义的运动,对于每个革命工作干部,特别是对于各地区、各部门和各机关单位的各级主要负责干部,尤其是对于其中的共产党员,是一个极重要的考验。它考验着我们的根本政治立场,考验着我们对于党和人民革命事业的坚定性和彻底性。在这个重大的政治斗争中，每一个忠诚的共产党员都应该勇敢地站在最前列，坚决地领导群众起来斗争，迅速地取得完全的胜利。"①

1953年1月5日，毛泽东在为中共中央起草的《反对官僚主义、命令主义和违法乱纪》的党内指示中说："凡典型的官僚主义、命令主义和违法乱纪的事例，应在报纸上广为揭发。其违法情形严重者必须给予法律的制裁，如是党员必须执行党纪。各级党委应有决心将为群众所痛恨的违法乱纪分子加以惩处和清除出党政组织，最严重者应处极刑，以平民愤，并借以教育干部和人民群众。"②

1953年2月7日，毛泽东在人民政协第一届全国委员会第四次会议上指示："要在我们各级领导机关和领导干部中反对官僚主义……我们要进行大规模的国家建设，就必须克服官僚主义，密切联系人民群众。中央和地方各级领导干部都应该经常地深入下层，检查工作。如果领导机关和领导干部克服了官僚主义，下面那些命令主义和违法乱纪的坏现象，也一定会得到克服的。这些毛病都去掉了，我们的国家计划建设就一定会成功，人民民主制度就一定会发展，帝国主义的阴谋就一定会失败，我们就一定能够取得完全的胜利！"③

1957年3月18日，毛泽东在济南党员干部会议上的讲话中指出："要经过整风，把我们党艰苦奋斗的传统好好发扬起来。因为革命胜利了，有一部分同志，革命意志有些衰退，革命热情有些不足，全心全意为人民服务的精神少了，过去跟敌人打仗时的那种拼命精神少了，而闹地位、闹名誉，讲究吃、讲究穿，比薪水高低，这些东西多起来了。听说去年评级的时候，就有些人闹得不象样子，痛哭流涕。"④ 他对这种消极腐败现象作了尖锐的批评，进而指出："共产党就是要奋斗，就是要全心全意为人民服务。不要半心半意或者三分之二的心三分之二的意为人民服务。革命意志衰退的人，要经过整风重新振作起来。"⑤

---

① 《在反贪污、反浪费、反官僚主义的伟大斗争中，发动群众的关键何在？》(《人民日报》社论)，转引自《毛泽东新闻工作文选》，新华出版社1983年版，第415—419页。
② 《毛泽东选集》第5卷，人民出版社1977年版，第73—74页。
③ 《新华月报》1953年3月号。
④ 《毛泽东选集》第5卷，人民出版社1977年版，第419页。
⑤ 同上书，第420页。

在"文化大革命"期间,毛泽东更加重视反腐败问题,提醒全党拒腐防变,并提出了一些防范和克服的具体措施。他要求全党从四个方面去抓党的建设:一要认真学习马列主义,这是战胜资产阶级作风腐蚀的锐利武器;二要干部参加集体生产劳动,这有助于克服官僚主义,防止修正主义和教条主义;三要紧密联系群众,保持劳动人民的本色;四要用纪律约束党员个人的思想、行为,防止违法乱纪现象的发生。正是由于毛泽东特别重视反腐败问题,中国大陆在"文化大革命"期间的腐败现象是非常少见的。

毛泽东从青年时代起,就痛恨贪官污吏,主张建立廉洁政府。投身革命后,毛泽东为建立廉洁的人民政府,推翻腐败反动的国民党政权作出了杰出的历史贡献。新中国建立后,毛泽东把马克思主义的群众观点和群众路线,卓越地运用到执政党建设和政权建设中去,坚信人民群众是历史的创造者和历史发展的动力,是反对人民政权自身的腐败现象、建立廉洁政府的主要力量。他认为反腐败能否成功在于能否走群众路线,能否发动群众,能否依靠群众。他要求在整风运动和开展专项反腐败斗争中都要依靠群众。依靠人民群众,是同一切腐败现象作斗争的胜利之本;加强群众监督,是防止党和政权腐败的重要机制。只有让人民群众监督党和政府,党和政府才不敢松懈,不敢腐败,即使出现了腐败现象,也完全可以依靠民主的力量、法制的力量、群众的力量来解决,也才能把腐败减轻到最低程度。今天中国的腐败比较严重,关键的原因就是没有发动和依靠人民群众来反腐败。目前中国的反腐败要取得重大胜利,就必须走群众路线,发动群众,依靠群众,用人民群众的力量来反对腐败、制止腐败。

群众路线是毛泽东思想的活的灵魂之一。马克思主义认为:人民群众不仅是社会物质财富和精神财富的创造者,而且是进行社会变革的主体和决定性力量。这既是历史唯物主义的群众观,也是马克思主义政党对待群众的根本立场。"人民,只有人民,才是创造世界历史的动力。"[①] 毛泽东告诫我们:"必须明白:群众是真正的英雄,而我们自己则往往是幼稚可笑的,不了解这一点,就不能得到起码的知识。"邓小平指出:"群众是我们力量的源泉,群众路线和群众观点是我们的传家宝。"江泽民强调:"在任何时候任何情况下,与人民群众同呼吸共命运的立场不能变,全心

[①] 《毛泽东选集》第3卷,人民出版社1991年版,第1031页。

全意为人民服务的宗旨不能忘,坚信群众是真正英雄的历史唯物主义观点不能丢。"胡锦涛提出:"相信谁、依靠谁、为了谁,是否始终站在最广大人民的立场上,是区分唯物史观和唯心史观的分水岭,也是判断马克思主义政党的试金石。"九十多年来,我们党始终自觉地坚持历史唯物主义的群众观,坚持人民群众的历史主体地位。在建设中国特色社会主义的实践中,人民群众不仅是社会主义物质文明、政治文明、精神文明的创造者,而且是促进社会全面进步、实现人的全面发展的主体。今天,人民群众仍然是反腐败的决定性力量。中国共产党要成为廉洁的执政党,要澄清吏治,完成革命、改革和建设的任务,实现自己的社会理想,构建社会主义和谐社会,实现中华民族伟大复兴,推动中国社会不断进步,就必须坚持党的群众路线,一切为了群众,一切依靠群众。

全心全意为人民服务是党的根本宗旨。中国共产党从全心全意为人民服务的宗旨出发,必然一切向人民群众负责,而不是向特权利益集团和腐败分子负责。

马克思主义认为,无产阶级只能自己解放自己。要相信人民群众能够自己解放自己,要相信人民群众具有反腐败的强大力量。共产党的责任在于宣传群众,动员群众,组织群众,领导群众,让群众自己起来革命,自己起来反腐败。要尊重人民群众的反腐败精神,鼓励和支持人民群众参加反腐败的伟大运动。因为群众是社会实践的主体,群众具有最丰富、最实际的经验,具有伟大的创造能力,具有强大的反腐败力量。只有了解群众的能力、愿望和要求,才能代表群众的利益,组织领导群众去为实现群众自身的利益而开展反腐败斗争。

一切为了群众,一切依靠群众的思想,集中概括了党的群众观点。"共产党的路线,就是人民的路线。"群众路线是党的根本工作路线。把群众观点贯彻到党的反腐败斗争的实际工作中去,形成党领导人民群众进行反腐败运动的轰轰烈烈局面,就能把腐败减轻到最低程度。

毛泽东一生自强不息、艰苦奋斗、廉政为民。他不仅在思想上主张坚决彻底地反腐败,而且在行动上也是反腐败的伟大楷模。有关毛泽东艰苦朴素、勤俭节约、廉政勤政、廉洁奉公的事例,不胜枚举,至今为中国人民所普遍称赞。

毛泽东的反腐败思想,对于当前的反腐败斗争,有着重要的参考、借鉴、指导的价值;也可以为党和政府以及军队的官员自身的品德修养提供宝贵的精神食粮。

1993年8月21日，江泽民在中央纪委第二次全体会议上的讲话中指出："腐败现象是侵入党和国家机关健康肌体的病毒。如果我们掉以轻心，任其泛滥，就会葬送我们的党，葬送我们的人民政权，葬送我们的社会主义现代化大业。"① 江泽民在十六大的报告中强调指出："坚决反对和防止腐败，是全党一项重大的政治任务。不坚决惩治腐败，党同人民群众的血肉联系就会受到严重损害，党的执政地位就有丧失的危险，党就有可能走向自我毁灭。在长期执政的条件下，在对外开放和发展社会主义市场经济的环境中，党必须十分注重防范各种腐朽思想的侵蚀，维护党的队伍的纯洁。各级党委既要充分认识反腐败斗争的紧迫性，又要充分认识其长期性，坚定信心，扎实工作，旗帜鲜明，毫不动摇地把反腐败斗争深入进行下去。进一步抓好领导干部廉洁自律、查处大案要案、纠正部门和行业不正之风的工作。坚持标本兼治、综合治理的方针，逐步加大治本的力度。加强教育，发展民主，健全法制，强化监督，创新体制，把反腐败寓于各项重要政策措施之中，从源头上预防和解决腐败问题。坚持和完善反腐败领导体制和工作机制，认真落实党风廉政建设责任制，形成防止和惩治腐败的合力。领导干部特别是高级干部，必须以身作则，正确行使手中的权力，始终做到清正廉洁，自觉地与各种腐败现象作坚决斗争。对任何腐败分子都必须彻底查处、严惩不贷。"

胡锦涛在十八大报告中指出："反对腐败、建设廉洁政治，是党一贯坚持的鲜明政治立场，是人民关注的重大政治问题。这个问题解决不好，就会对党造成致命伤害，甚至亡党亡国。反腐倡廉必须常抓不懈，拒腐防变必须警钟长鸣。要坚持中国特色反腐倡廉道路，坚持标本兼治、综合治理、惩防并举、注重预防方针，全面推进惩治和预防腐败体系建设，做到干部清正、政府清廉、政治清明。"②

党的十八大以来，习近平总书记继承和发扬了毛泽东的反腐败思想，领导了反腐败的伟大斗争，已取得初步的重大成绩，得到了全国广大人民群众的赞扬和支持。习近平指出："在肯定成绩的同时，我们也要看到，

---

① 《人民日报》1993年9月15日。
② 胡锦涛：《坚定不移沿着中国特色社会主义道路前进 为全面建成小康社会而奋斗》，《人民日报》2012年11月18日。

滋生腐败的土壤依然存在，反腐败形势依然严峻复杂，一些不正之风和腐败问题影响恶劣、亟待解决。全党同志要深刻认识反腐败斗争的长期性、复杂性、艰巨性，以猛药去疴、重典治乱的决心，以刮骨疗毒、壮士断腕的勇气，坚决把党风廉政建设和反腐败斗争进行到底。""作为党的干部，就是要讲大公无私、公私分明、先公后私、公而忘私，只有一心为公、事事出于公心，才能坦荡做人、谨慎用权，才能光明正大、堂堂正正。作风问题都与公私问题有联系，都与公款、公权有关系。公款姓公，一分一厘都不能乱花；公权为民，一丝一毫都不能私用。领导干部必须时刻清楚这一点，做到公私分明、克己奉公、严格自律。""反腐败高压态势必须继续保持，坚持以零容忍态度惩治腐败。对腐败分子，发现一个就要坚决查处一个。要抓早抓小，有病就马上治，发现问题就及时处理，不能养痈遗患。""各项改革举措要体现惩治和预防腐败要求，同防范腐败同步考虑、同步部署、同步实施，堵塞一切可能出现的腐败漏洞，保障改革健康顺利推进。"①

我们必须坚决地、彻底地、不妥协地反腐败，才能保持党和国家的长治久安，才能实现中华民族复兴的中国梦，才能将祖国建设成为富强的现代化国家。

四　毛泽东的国防思想

国防就是国家的防务，是指国家为了保卫国家主权、领土完整，防备外来侵略和颠覆，而进行的军事及与军事有关的政治、外交、经济、文化等方面的建设和斗争，以及国家所拥有的和军事有关的一切设施。

孙子曰：兵者，国之大事，死生之地，存亡之道，不可不察也。自古以来，有国就有防，国无防而不立。国防是国家生存、发展与安全需要的产物，国防强弱直接关系到国家的生死存亡、兴衰荣辱。

中华人民共和国成立后，我们党成为执政党，维护国家领土完整和主权不受侵犯，成为党的军事工作的基本任务，这就要求军事工作的重心要转到巩固国防、建设国防上来。根据形势发展变化的要求，毛泽东等党和国家领导人及时提出了加强国防建设的总目标和各项具体任务，确定了国

---

① 《人民日报》2014年1月15日。

防建设的基本原则，为我国的国防现代化建设，指明了正确的方向。

晚清和民国时，中国的国防能力很弱，受尽了帝国主义列强的欺凌和侵略。鉴于历史的沉痛教训，新中国成立后，毛泽东对于如何加强新中国的国防、提高国家防卫能力，进行了认真的思考和全面科学的规划，提出了一系列重要的国防思想，进行了一系列的国防建设，奠定了国防基础并大大提高了国家防卫能力。毛泽东的国防思想内容丰富，这里仅择其要者进行论述。

（一）关于国防建设的战略地位

毛泽东非常重视国防建设的战略地位。1949年9月21日，毛泽东在中国人民政治协商会议第一届全体会议上，向全党、全军和全国人民发出了建设强大国防的号召。他强调指出："我们的国防将获得巩固，不允许任何帝国主义者再来侵略我们的国土。在英勇的经过了考验的人民解放军的基础上，我们的人民武装力量必须保存和发展起来。我们将不但有一个强大的陆军，而且有一个强大的空军和一个强大的海军。"① 毛泽东的这段话，是新中国国防建设的宣言，表达了中国人民要求建设强大国防的强烈愿望。

1950年1月，毛泽东为《人民海军报》创刊的题词指出："我们一定要建设一支海军，这支海军要能保卫我们的海防，有效地防御帝国主义可能的侵略。"② 同年4月15日，他为《人民空军》杂志创刊的题词指出："创造强大的人民空军。歼灭残敌，巩固国防。"③ 1950年9月25日，毛泽东郑重提出："中国必须建立强大的国防军，必须建立强大的经济力量，这是两件大事。这两件事都有赖于同志们和全体人民解放军的指挥员、战斗员一道，和全国工人、农民及其他人民一道，团结一致，协同努力，方能达到目的。"④ 同月，毛泽东为全国战斗英雄代表会议的题词提出"为建设强大的国防军而奋斗"⑤。1950年9月30日，中国人民政治协商会议全国委员会为新中国建立一周年举行庆祝大会，周恩来在为大会所

---

① 毛泽东：《中国人民站起来了》，《毛泽东选集》第5卷，人民出版社1977年版，第6页。
② 《人民日报》1950年1月4日。
③ 《人民日报》1955年3月29日。
④ 《毛泽东选集》第5卷，人民出版社1977年版，第30—31页。
⑤ 《人民日报》1950年9月27日。

作的报告中，总结近代中国的历史教训，进一步阐述了上述毛泽东的国防思想。他说："中国百多年的历史特别是近二十几年的历史表明：中国一直是帝国主义侵略盗匪的重要目标，因此胜利了的中国人民不可能没有强大的国防力量来保护自己。我们必须及时地加强我们的国防建设，并且随时警惕地注视着帝国主义敌人扩大侵略战争的阴谋。我们必须建立强大的人民空军和人民海军，才能够击退从空中和海上袭来的武装盗匪，保护我们的领空领海不受侵犯。我们的人民陆军必须陆续加以强化，使它足以战胜任何侵略者。"[①] 1954年10月18日，毛泽东所作《在国防委员会第一次会议上的讲话》指出："中国是个大国，要有强大的陆、海、空军。我国有那样长的海岸线，一定要建设强大的海军。"[②] 基于强烈的国防意识，新中国各项建设一起步，党中央、毛泽东就提出了要一手抓经济，一手抓国防的方针。1964年8月，毛泽东又提出了"两个拳头、一个屁股"的建设方针，就是要一手抓农业，一手抓国防，特别是要加强基础工业。基础工业是"屁股"，农业与国防是"拳头"，"屁股"坐稳了，打出去的拳头就有力量。"两个拳头、一个屁股"的方针，反映了毛泽东强烈的国防意识，既指明了国防建设在国家总体建设中的重要战略地位，又摆正了国防建设与经济建设的关系，是20世纪50年代初期提出的"一手抓经济，一手抓国防"方针的发展。

对于一个主权国家来说，国家利益的最高表现，是国家的安全与发展。作为中国的最高领导人，毛泽东非常重视国家的安全问题，对中国的安全问题时刻保持高度警惕。毛泽东认为，战争的危险性是始终存在的，而我国的经济技术状况又是落后的，为了确保人民和国家的长远利益不受损失，就必须从最困难的条件出发，准备应付最严重的情况。他强调指出："如果不在今后几十年内，争取彻底改变我国经济和技术远远落后于帝国主义国家的状态，挨打是不可避免的"，因此，"我们应当以可能挨打为出发点来部署我们的工作"。[③] 从这样一个基本点出发，部署安排国家建设，要首先集中力量发展重工业，包括发展军事工业，为国家工业化

---

① 周恩来：《为巩固和发展人民的胜利而奋斗》，《周恩来选集》下卷，人民出版社1984年版，第33—34页。
② 《毛泽东文集》第6卷，人民出版社1999年版，第358页。
③ 毛泽东：《把我国建设成为社会主义的现代化的强国》，《毛泽东著作选读》下册，人民出版社1986年版，第848—849页。

和国防现代化打好基础。在国防建设的各个方面，抓常备军建设，不能忘记武装群众；发展军工生产，要实行平战结合、军民结合；改善军队武器装备，要把需要与可能结合起来，循序渐进，并实行土洋结合，尖端武器与常规武器结合；搞战场建设，要考虑到我国南北方不同的自然条件；修筑国防工事，部署防卫力量，要根据我国边防线漫长、不同战略方向面临不同的形势与任务的特点，实行重点设防，重点守备。

20世纪60年代以后，国际形势再度紧张，我国的安全与发展受到来自南北两个方面的威胁：南面，美国出兵越南，战争不断升级；苏联则在中蒙、中苏边境陈兵百万，并在边境地带不断挑起事端。因此，毛泽东完全有理由认为战争的危险是很迫近的，他提出了极具号召力的"要准备打仗"和"备战备荒为人民"的口号。为了防止帝国主义对中国发动战争（包括常规战争和核战争），毛泽东要求全国上下抢时间、争速度，全面加强国防建设。

毛泽东在对国家各项基本建设的宏观指导中，反复强调要树立国防观念，注意照顾国防需要。他要求各级政府和有关部门，要把国防问题摆在应有位置，实行军民结合、平战结合的方针，把国防建设同经济建设有机结合起来，保证在企业、交通、民航、通信等领域，实现国防潜力的积蓄。在农田、水利建设中，要为战场建设创造有利条件。20世纪70年代，毛泽东又强调指出："党政军民学，东西南北中，党是领导一切的。"在这里，包含着毛泽东对在党的统一领导下，动员全党、全军和全国人民建设国防、保卫国防所作的新思考，具有很强的针对性。

（二）以民为本的国防思想

民者，国之本也。毛泽东具有强烈的民本思想，这在他的国防思想中也有明显的体现。保护人民利益，是毛泽东国防思想的核心，也是新中国国防建设的根本出发点。晚清和民国时，我国国防能力很弱，受尽列强的欺凌和侵略，国家利益和人民的生命财产经常受到侵犯。鉴于沉痛的历史教训，毛泽东在领导新中国国防建设事业的过程中，自始至终地贯穿着保护人民利益这条主线。

毛泽东十分注重运用马克思主义阶级分析方法研究影响人民利益的基本因素，揭示国防建设的战略地位。1949年6月，毛泽东发表《论人民民主专政》，在该文中他强调指出，由于帝国主义还存在，国内反动派和剥削阶级还存在，我们现在的任务是要加强武装力量建设，强化人民的国家机器，即加强人民军队、人民警察和人民法庭的建设，"借以巩固国防和保护人民利益"①。在新中国成立后的二十多年的国防建设实践中，毛泽东反复强调，并始终如一地坚持一个基本思想：没有巩固的国防，便没有人民的福利，没有国家的富强。因此，"国防不可不有"，"我们一定要加强国防"，必须加强人民的陆海空军，保卫国家领土主权完整，反对任何帝国主义国家的侵略，巩固国家政权，保卫社会主义建设的顺利进行，为人民的安居乐业创造和平的环境条件。

毛泽东的国防思想，以保护人民利益为根本出发点，坚持对不同时期内影响人民利益的各主要因素进行辩证分析，进而正确地确定并适时调整国防建设的战略地位和重点。

在新中国成立前的战争年代，毛泽东创立了人民战争思想。新中国成立后，毛泽东把人民战争思想的基本原理运用于指导国防建设，确立了在党的统一领导下，动员全民办国防的基本指导原则。

毛泽东关于动员全民办国防的思想，还具体体现在国家的有关法律法令之中。由中国共产党起草并经政协第一届全体会议通过的具有临时宪法作用的《共同纲领》的第八条规定："中华人民共和国国民均有保卫祖国，应征兵役的义务。"第十条规定："中华人民共和国中央人民政府应努力巩固和加强人民武装力量，使其能够有效地执行保卫中国的独立和领土主权的完整，保卫中国人民的革命成果和一切合法权益。"第二十三条规定："中华人民共和国实行民兵制度，保卫地方秩序，建立国家动员基础，并准备在适当时机实行义务兵役制。"1954年颁布的《中华人民共和国宪法》，对上述有关规定在作了部分文字修正后，作为国家根本大法的正式条文确定了下来。此后，我国的宪法虽几经修改，但其中关于在党的集中、统一领导下，动员、依靠全国人民保卫国防、建设国防的思想和原则始终未变。20世纪50年代末至60年代，毛泽东多次强调，军队必须放在党委的领导和监督之下；各级党委和政府的领导同志要亲自过问和落实国防建设问题；第一书记要亲自抓军事，不能只管抓钱，不管国防；地方的同志要和军队的同志结合起来，共同努力，不断地把国防建设事业推向前进。根据毛泽东的指示，1958年4月中共中央作出规定，省军区、

---

① 《毛泽东选集》第4卷，人民出版社1991年版，第1476页。

军分区、人武部是地方党委的军事工作部，受同级地方党委领导，地方党委书记兼任同级军事机构的政治委员。这个规定，是坚持党对军队的绝对领导原则的具体体现，也是对毛泽东关于要在党的集中、统一领导下，动员全党、全军和全国人民建设国防、保卫国防的思想的具体落实。

发动和依靠广大人民群众，是我党一贯的工作路线，也是毛泽东人民战争思想的重要原则。在建设国防、保卫祖国、抵御外敌入侵这个事关国家命运的重大问题上，毛泽东强调要发动和依靠全国军民，作好反侵略战争准备。在边防工作问题上，毛泽东反复强调发动、依靠边疆地区广大群众建设和保卫边疆的重要性。我国的边疆地区大多是少数民族较集中的地区，团结、依靠边疆地区的少数民族广大群众，是巩固边疆、建设边疆、稳定边疆、巩固国防的重要环节。

20世纪60年代中期，毛泽东根据对当时国际形势和我国国家安全环境的判断，提出了"备战备荒为人民"的号召，从作好反侵略战争准备方面集中体现了他的人民国防人民办、人民国防为人民的重要国防战略思想。1966年他就"备战备荒为人民"这一战略口号作了进一步阐释：第一是备战。人民军队总得先有饭吃，先有衣穿，才能打战。否则，虽然有枪炮，无所用之。第二是备荒。遇到荒年，地方无粮、棉、油等储备，依赖国家接济，总不是长久之计。一遇战争，困难更大。第三是国家积累不可太多，要为一部分人民至今口粮还不够吃，衣被甚少着想；再则要为全体人民分散储备以为备战备荒之用着想。

国防建设是为了保护人民利益；国防建设要动员、依靠全国人民。这些观点正是毛泽东以民为本的国防思想的体现。它也说明毛泽东的国防思想是代表中国最广大人民的根本利益的。

（三）关于国防建设与经济建设的关系问题

怎样正确处理国防建设与经济建设的关系问题，是关系到国家的生死存亡、兴衰治乱的重大问题。新中国建立后，我国面临的情况是：一方面，国家财政严重困难，经济建设任务繁重；另一方面，"二战"后冷战双方对峙，中国国家安全形势严峻，国防建设亟待加强。国防建设与经济建设构成了新中国一对较为突出、复杂、棘手的矛盾。怎样解决这个矛盾？如何统筹兼顾经济建设与国防建设？毛泽东和党中央对此作了认真思考，根据国内外形势的发展变化，审时度势，确定了国防建设要与经济建设相适应并协调发展的指导思想。其基本内容包括以下三个方面。

1. 国防建设和经济建设是中国的"两件大事",要"一手抓经济,一手抓国防"

国防建设和经济建设是国家建设的两个重要方面。它们之间是辩证的关系,二者既互相区别,又互相联系,互相影响,互相作用,互相制约。国防建设和国家安全是经济建设和国家发展的保障,经济建设和国家发展又为国防建设和国家安全提供必要的物质基础。国防建设如果脱离了国民经济的发展,势必影响和制约国家经济建设;反之,只顾经济建设,忽视国防建设,不把经济实力向国防实力作一定的转化,势必影响国防建设,危及国家安全。

正确认识国防建设与经济建设的相互关系,必须把二者联系起来,用唯物辩证法来进行考察。国防建设与经济建设相互联系的观点,最早提出于1950年。1950年6月28日,中央人民政府人民革命军事委员会和政务院根据毛泽东的有关指示,联合作出了《关于人民解放军1950年的复员工作的决定》,其中指出:"复员工作的原则,是服从国家经济建设与国防军建设的需要,并使二者联系起来。"1952年2月1日,毛泽东在《军委关于部队集体转业的命令》中说:"在新民主主义建设中,以及将来过渡到社会主义的建设中,国内外的敌人会千方百计地进行破坏和抵抗,我们还必须大力加强国防建设,巩固人民民主专政,巩固国防,来保障祖国的建设;而发展工农业生产,又是加强国防建设的物质基础。"[①] 20世纪60年代,周恩来在讲到"四化"各方面的相互关系时明确提出:"我们的四个现代化,要同时并进,相互促进,不能等工业现代化以后再来进行农业现代化、国防现代化和科学技术现代化。"[②] 早在革命战争年代,毛泽东就十分关注经济力量对革命战争的重要作用。在《井冈山的斗争》一文中,他就把经济力量作为工农武装割据存在和发展的重要条件之一。[③] 抗日战争结束前,又提出"战争不但是军事的和政治的竞赛,还是经济的竞赛"[④] 的著名观点。新中国建立之初,百废待兴,毛泽东及时确

---

① 《毛泽东文集》第6卷,人民出版社1999年版,第223页。
② 《周恩来选集》下卷,人民出版社1984年版,第412页。
③ 参见《毛泽东选集》第1卷,人民出版社1991年版,第57页。
④ 毛泽东:《游击区也能够进行生产》,《毛泽东选集》第3卷,第1024页。

定了"一手抓经济，一手抓国防"的建设方针。1950年9月25日，毛泽东明确指出："中国必须建立强大的国防军，必须建立强大的经济力量，这是两件大事。"毛泽东把经济建设和国防建设当作国家建设的"两件大事"，并提出"一手抓经济，一手抓国防"的建设方针，充分体现了他对国防的重视程度。对此，我们今天有必要认真借鉴。

2. 要加强国防，一定要首先加强经济建设

1956年4月毛泽东在《论十大关系》一文中指出："只有经济建设发展得更快了，国防建设才能够有更大的进步。""我们一定要加强国防，因此，一定要首先加强经济建设。"① 毛泽东认为，经济建设是国防建设的基础，经济的发展是国防进步的条件。加强国防，前提是增强国家的经济实力。强大的国防，需要强大的经济基础。

毛泽东认为，没有基础工业，便没有巩固的国防，其中，重工业是建设的重点。国防工业离不开重工业的支撑。毛泽东一贯认为，在经济建设中，有了基础工业，无论农业还是国防都比较好办。他比喻说："两个拳头，一个屁股。农业是一个拳头，国防是一个拳头。要使拳头有劲，屁股就要坐稳。屁股就是基础工业。"② 在基础工业中，毛泽东十分强调钢铁工业的作用。他指出：有了钢，有了现代化的工业，现代化国防工业就好办了。对钢铁工业的重视，充分体现了毛泽东对国防的重视。1964年5月27日，毛泽东在与刘少奇、周恩来、邓小平等谈到加强"三线建设"设想时，风趣地说：如果建设攀枝花没有钱，我拿出工资。同年6月6日，在中央工作会议上，他在提出搞三线工业基地建设时强调：三线建设的开展，首先要把攀枝花钢铁工业基地以及与此相联系的交通、煤、电建设起来，建设要快，但不要毛躁。攀枝花搞不起来，我睡不着觉。你们不搞攀枝花，我就骑着毛驴去那里开会，没有钱，拿我的稿费去搞。③

毛泽东强调科学技术是国防工业建设的关键。20世纪中叶，科学技术在军事领域得到了空前的应用，引起了武器的一轮又一轮的改进；科学技术一经应用于经济建设，便产生了巨大的经济效益。对此，毛泽东十分警觉地意识到："如果不在今后几十年内，争取彻底改变我国经济和技术

---

① 《毛泽东选集》第5卷，人民出版社1977年版，第271、272页。
② 《毛泽东在听取国家计委领导小组汇报时的讲话（1964年5月10日）》。
③ 《党的文献》1996年第3期。

远远落后于帝国主义国家的状态，挨打是不可避免的。"[1] 因此，必须努力发展原子能技术，发展电子技术，赶超世界先进的科学技术水平。毛泽东在《论十大关系》一文中指出："我们现在已经比过去强，以后还要比现在强，不但要有更多的飞机和大炮，而且还要有原子弹。在今天的世界上，我们要不受人家欺负，就不能没有这个东西。"[2] 1958年6月，毛泽东在军委会议上说："搞一点原子弹、氢弹，我看有十年功夫完全可能。"[3] 后来他又提出："我们也要搞人造卫星。"[4] 在毛泽东的战略思想指导下，我国从20世纪50年代起就不失时机地注意发展新兴科学技术，加快国防现代化建设步伐。历史证明，毛泽东的战略决策是正确的、成功的。

农业是立国之本，不论是进行工业建设，还是进行国防建设，都不能忽视生活资料尤其是粮食的生产。国以民为本，民以食为天。农业是生产粮食的产业，关系到国家的生存、稳定和发展，自然也与国防有直接的关系。毛泽东指出："全党一定要重视农业。农业关系国计民生极大。要注意，不抓粮食很危险。不抓粮食，总有一天要天下大乱。"[5]

3. 把国防建设纳入国家建设的整体规划之中，大力加强国防建设

要处理好国防建设与经济建设的关系，必须将国防建设纳入国家建设的整体规划之中，大力加强国防建设，使国防建设与经济建设协调发展。对此，毛泽东作过一些极为重要的论述和指示。毛泽东的有关指示得到了认真的贯彻执行。1959年12月31日，中共中央、国务院发出《关于经济建设与国防建设关系中若干问题的指示》，要求在集中力量发展经济的同时，必须对国防建设给予足够的重视，明确提出把国防建设纳入国家建设规划之中。

毛泽东要求党和政府的各级领导及有关部门，把国防现代化作为国家奋斗目标的重要组成部分，把经济建设同国防建设有机结合起来，通盘考虑。毛泽东在反复要求降低军政费用，支援经济建设的同时，也非常重视

---

[1] 毛泽东：《把我国建设成为社会主义的现代化的强国》，《毛泽东著作选读》下册，人民出版社1986年版，第848—849页。

[2] 《毛泽东选集》第5卷，人民出版社1977年版，第271页。

[3] 《人民日报》1967年6月18日。

[4] 《人民日报》1970年4月26日。

[5] 《毛泽东选集》第5卷，人民出版社1977年版，第360页。

国家在国防建设方面必要的经费和技术等的投入。20世纪50年代末，他还要求军队方面提出关于国防建设的长期规划和年度规划，交由国家计委统一平衡，全面安排。

国防建设依赖于经济建设，国防建设服从并服务于经济建设大局，并不是说可以忽视国防建设，更不是说要等国家经济建设完全搞好了才搞国防建设。民富不等于国强，一个经济强国并不一定是军事强国，一个军事强国并不一定就是经济强国。一个国家的经济实力如果不能及时地转变为军事实力，那么它就不可能成为一个军事强国。一个国家虽然经济发展了，但是军事落后，国防落后，仍然避免不了挨打的命运。宋朝就是经济发展，仍然挨打的典型例子。正因为如此，毛泽东很早就提出"一手抓经济，一手抓国防"的方针，并采取抓住重点带动全局的有效措施，既发展了国防工业，又带动了国民经济的发展。

一段时间以来，我国在经济发展的同时，国防没有受到应有的重视。现在国民经济快速增长，国防经费却仅占国内生产总值（GDP）的1.4%。[①] 2003年我国的国防经费总额为1853亿元，约合224亿美元，占国内生产总值（GDP）的1.69%，占国家财政的7.8%。根据2002年中国国防白皮书，我国国防经费绝对额只有美国的5.9%，日本的50.4%，英国的58.6%。2002年我国的军人人均军费为8192美元，而美国为24万美元，英国为11万美元，法国和德国都是10万多美元。[②] 中国的国家安全令人担忧。

党的十八大以来，以习近平同志为总书记的党中央非常重视国防建设，逐步开展了军队和国防建设改革。习近平指出："国防和军队改革是全面改革的重要组成部分，也是全面深化改革的重要标志。""改革是要更好坚持党对军队的绝对领导，更好坚持人民军队的性质和宗旨，更好坚持我军的光荣传统和优良作风。要牢牢把握能打仗、打胜仗这个聚焦点。坚持以军事斗争准备为龙头，坚持问题导向，把改革主攻方向放在军事斗争准备的重点难点问题上，放在战斗力建设的薄弱环节上。要牢牢把握军队组织形态现代化这个指向。没有军队组织形态现代化，就没有国防和军队现代化。要深入推进领导指挥体制、力量结构、政策制度等方面改革，

[①] 杨帆：《新时期中国国家安全的基本原则》，《战略与管理》2004年第2期。
[②] 姜鲁鸣：《当前制约协调发展的主要问题》，《学习时报》2004年10月18日。

为建设巩固国防和强大军队提供有力制度支撑。"① 2014年4月15日，习近平主持召开中央国家安全委员会第一次会议并发表重要讲话，他强调指出："当前我国国家安全内涵和外延比历史上任何时候都要丰富，时空领域比历史上任何时候都要宽广，内外因素比历史上任何时候都要复杂，必须坚持总体国家安全观，以人民安全为宗旨，以政治安全为根本，以经济安全为基础，以军事、文化、社会安全为保障，以促进国际安全为依托，走出一条中国特色国家安全道路。贯彻落实总体国家安全观，必须既重视外部安全，又重视内部安全，对内求发展、求变革、求稳定、建设平安中国，对外求和平、求合作、求共赢、建设和谐世界；既重视国土安全，又重视国民安全，坚持以民为本、以人为本，坚持国家安全一切为了人民、一切依靠人民，真正夯实国家安全的群众基础；既重视传统安全，又重视非传统安全，构建集政治安全、国土安全、军事安全、经济安全、文化安全、社会安全、科技安全、信息安全、生态安全、资源安全、核安全等于一体的国家安全体系；既重视发展问题，又重视安全问题，发展是安全的基础，安全是发展的条件，富国才能强兵，强兵才能卫国；既重视自身安全，又重视共同安全，打造命运共同体，推动各方朝着互利互惠、共同安全的目标相向而行。"②

（四）毛泽东的国防思想的启示

毛泽东的国防思想批判地继承了中国传统的军事学说，创造性地应用、丰富和发展了马克思列宁主义关于战争、军队和国防的学说，是毛泽东思想的重要组成部分。

毛泽东的国防思想，对于今天和未来的中国国防建设，仍然具有重要的借鉴和指导意义。

在新的形势下，特别是在中国面临日益严重的安全威胁和挑战的形势下，学习和研究毛泽东的国防思想，具有重要的现实意义。

通过对毛泽东的国防思想的学习和研究，我们可以得到以下启示：

第一，中国必须建立强大的国防。这是中华民族和中国国家的生存、发展、安全所必需的。

---

① 《人民日报》2014年3月16日。
② 《人民日报》2014年4月16日。

第二，必须正确处理国防建设与经济建设的关系，统筹国防建设与经济建设协调发展，不能为求得经济的一时发展而忽视国防建设。

第三，经济发展并不一定等于国防建设的发展和军事实力的强大，要将经济实力科学地、及时地、有效地转化为国防能力和军事实力。

第四，可以通过加强国防建设，发展军事工业来带动国民经济的发展。可以把军事工业作为带动国民经济发展的一个龙头产业来发展。并且，发展军事工业还会带动科学技术的发展。

第五，今天中国的高层领导人，要像毛泽东重视国防那样来重视国防建设，万万不可忽视国防建设。

五 毛泽东文化思想的党史文化价值

毛泽东的文化思想，是毛泽东思想的重要组成部分，也是党史文化的重要组成部分，其内涵十分丰富，其历史文化价值已为历史所证明。对于建设和发展新民主主义文化和社会主义文化，毛泽东的文化思想，发挥了重要的领导、指导作用；对于推动当代中国党史文化建设和发展，推动社会主义文化大发展大繁荣，推动社会主义文化强国建设，毛泽东的文化思想，仍然具有重要的指导、整合、借鉴价值。

中国共产党的历史和思想理论，有关党的文献或文本，九十多年来人们关于党的历史叙事、理论阐释、宣传、纪念活动、学术研究、文学艺术创作等，构成了党史文化。党史文化对于近代、现代、当代和未来的中国文化，具有文化经典的意义。党史文化是中国共产党领导全国各族人民，进行社会主义建设，进行政治治理、政治动员和社会动员的重要政治、文化资源。党史文化为中国共产党的领导和政治治理提供了重要的合法性依据和历史依据，提供了丰富的政治资源和文化资源。对党史文化遗产的继承，意味着对政权合法性的继承，对中国共产党的政统、法统和道统的继承。

关于党史文化的"宏大叙事"（grand narrative），是国家与社会的公共记忆，是进行社会动员和政治动员的重要象征符号。党史文化的理论话语作为党的意识形态的重要组成部分，有利于加强党的合法性，有利于培养公民对党和国家的认同感。这些对于限制在近几十年来中国的市场化取向改革中出现的社会消极因素和丑恶现象更是具有重要的意义；对于中国社会近几十年来出现的道德危机与思想危机或许也有一定的补救作用。

弘扬党史文化,对于近几十年来出现的解构党的意识形态的市侩主义和历史虚无主义论调具有反击作用。例如,可以反击"告别革命""躲避崇高""告别理想"等市侩主义、历史虚无主义的论调;对拜金主义、享乐主义也有限制作用。

毛泽东一向重视、强调马克思列宁主义对文化的指导和无产阶级(共产党)对文化的领导。近代中国革命选择马克思列宁主义和毛泽东思想作为指导思想,取得了新民主主义革命的胜利。特别值得一提的是,毛泽东在《新民主主义论》中所阐明的"文化领导权"问题。毛泽东说:"在'五四'以前,中国的新文化运动,中国的文化革命,是资产阶级领导的,他们还有领导作用。在'五四'以后,这个阶级的文化思想却比较它的政治上的东西还要落后,就绝无领导作用,至多在革命时期在一定程度上充当一个盟员,至于盟长资格,就不得不落在无产阶级文化思想的肩上。"① 新民主主义的文化,"只能由无产阶级的文化思想即共产主义思想去领导,任何别的阶级的文化思想都是不能领导了的。所谓新民主主义的文化,一句话,就是无产阶级领导的人民大众的反帝反封建的文化"②。这是"由于现时中国革命不能离开中国无产阶级的领导,因而现时的中国新文化也不能离开中国无产阶级文化思想的领导,即不能离开共产主义思想的领导"③。毛泽东还指出,在新民主主义革命时期,"中国新的国民文化的内容,既不是资产阶级的文化专制主义,又不是单纯的无产阶级的社会主义,而是以无产阶级社会主义文化思想为领导的人民大众反帝反封建的新民主主义"④。党史文化,是党领导的,以马克思列宁主义、毛泽东思想和中国特色社会主义理论体系为指导的,民族的、科学的、大众的文化。弘扬和建设党史文化,必须把握党史文化的这个性质。

根据上述论述,毛泽东关于"文化领导权"的基本观点可概括为:无产阶级必须掌握文化领导权,共产党必须掌握文化领导权;中国的新文化,新民主主义文化,中国的新文化运动,中国的文化革命,中国的社会

---

① 毛泽东:《新民主主义论》,《毛泽东选集》第2卷,人民出版社1991年版,第698页。
② 同上。
③ 同上书,第705页。
④ 同上书,第706页。

主义文化,要以无产阶级社会主义文化思想为领导,要由共产党来领导。无产阶级的领导,或者无产阶级文化思想的领导,或者共产主义思想的领导,也就是中国共产党的领导。

毛泽东关于"文化领导权"问题的论述,在今天仍然有着特别重要的现实意义。文化领导权是不同的阶级和许多政治集团激烈争夺的对象。一方面,这种斗争不仅存在于资本主义国家与社会主义国家之间,也存在于第三世界国家之间。另一方面,文化领导权的斗争不仅存在于新民主主义革命时期和社会主义革命时期,社会主义建设时期也依然存在。对于今天的中国来说,能否在进行改革开放和发展社会主义市场经济的同时发展社会主义文化,能否加强中国共产党对国家和社会的文化领导权,不仅关系到社会主义在中国的命运,而且还会直接影响社会主义国家与资本主义国家的力量对比。弘扬党史文化,建设党史文化,也必须坚持党的领导。今天的文化建设,包括党史文化建设,必须加强党的领导。试问,如果没有共产党的领导,没有马克思列宁主义、毛泽东思想的指导,能抵抗西方的文化霸权吗?能抵抗西方的文化侵略吗?能主导意识形态的话语权吗?答案是否定的。

新中国成立后坚持马克思列宁主义在文化领域的指导地位,是近现代中国历史和文化发展的必然选择。由于我国的社会主义社会是从半殖民地半封建社会、新民主主义社会转型而来,在思想文化领域不可避免地存在着传统文化中的糟粕的影响,存在着各种错误倾向,而且西方资本主义国家不断对我国思想文化领域进行渗透和侵袭,因此,必须坚持马克思列宁主义在思想文化领域的指导地位,必须对广大人民群众进行马克思列宁主义的思想政治教育。同时,还必须在思想文化领域坚持不懈地对传统文化中的糟粕和现实中的各种错误倾向进行批判,开展积极的思想斗争,批评和抵制各种反马克思列宁主义的错误思想。"毫无疑问,我们应当批评各种各样的错误思想。不加批评,看着错误思想到处泛滥,任凭它们去占领市场,当然不行。有错误就得批判,有毒草就得进行斗争。"[①] 只有这样,才能坚持和巩固马克思列宁主义在思想文化领域的指导地位,使马克思列宁主义、毛泽东思想成为国家的思想文化主流。毛泽东认为,要坚持马克思列宁主义在社会主义事业中的指导地位,首要的和根本的问题是坚持马

---

① 《毛泽东文集》第7卷,人民出版社1999年版,第232—233页。

克思列宁主义在思想文化领域的指导地位。在思想文化领域能不能坚持以马克思列宁主义为指导，直接关系到社会主义文化的性质和发展方向，直接关系到社会主义政治、经济的性质和发展方向，直接关系到社会主义事业的兴衰成败。

改革开放以来，马克思主义虽然仍然在文化领域（包括意识形态）占有指导地位，但仍然还有非马克思主义的文化存在，也有反马克思主义的文化存在，马克思主义仍然面临许多斗争、冲击和挑战。马克思主义文化与非马克思主义文化、反马克思主义文化之间的斗争、交锋从来就没有停止过，某些时候还会非常激烈。今天，文化的多元性、多样性、多变性更趋复杂，文化的传统性、现代性、后现代性的交织、冲突日益激烈，社会转型和变迁、经济全球化、市场化带来的文化焦虑、文化危机更加严重。在这样的形势下，建设中国特色社会主义文化，建设党史文化，建设文化强国，更要坚持以马克思列宁主义、毛泽东思想和中国特色社会主义理论体系为指导。

在改革开放的过程中，随着政党和国家意识形态的重构，随着社会和文化的变迁，意识形态发挥的动力作用已逐渐减弱，并已出现意识形态困局（ideology dilemma）；经济增长和物质利益曾经是改革的动力，而现在这种动力作用也正在减弱。改革开放以前，以马克思列宁主义、毛泽东思想为主流的意识形态和道德激励以及权威人物的个人魅力是中国共产党执政的合法性基础。改革开放以后，党执政的合法性基础主要是经济增长和物质利益激励，这也导致许多官员追求经济政绩，从而又导致了目前的政绩困局（performance dilemma）、生态困局和发展困局。经济不可能永远高速增长。利益是永恒的也是脆弱的。主要靠经济增长和物质利益构建的执政合法性基础是不够的，也是非常脆弱的，还必须靠文化（包括意识形态）。党的十七届六中全会通过的《中共中央关于深化文化体制改革推动社会主义文化大发展大繁荣若干重大问题的决定》强调"以马克思列宁主义、毛泽东思想、邓小平理论和'三个代表'重要思想为指导，深入贯彻落实科学发展观"，"以建设社会主义核心价值体系为根本任务"，是一项重构意识形态、重构合法性基础、重构改革新动力的"顶层设计"。马克思列宁主义、毛泽东思想和党史文化能为今天的文化建设、意识形态重构和创新提供丰富的、深厚的思想文化资源，同样也能为全面深化改革提供新的共识、新的动力。

为促进我国社会主义文化的发展和繁荣，正确处理文化科学领域的是非问题，1956年4月，毛泽东在中央政治局扩大会议上正式提出了"百花齐放、百家争鸣"的方针。他说："艺术问题上的百花齐放，学术问题上的百家争鸣，我看应该成为我们的方针。"① 以后，他又在《关于正确处理人民内部矛盾的问题》中，对这个方针作了详尽的阐述。他说："百花齐放、百家争鸣的方针，是促进艺术发展和科学进步的方针，是促进我国的社会主义文化繁荣的方针。艺术上不同的形式和风格可以自由发展，科学上不同的学派可以自由争论。利用行政力量，强制推行一种风格，一种学派，禁止另一种风格，另一种学派，我们认为会有害于艺术和科学的发展。艺术和科学中的是非问题，应当通过艺术界科学界的自由讨论去解决，通过艺术和科学的实践去解决，而不应当采取简单的方法去解决。"② 这个方针的基本点就是在学术上实行民主讨论，在艺术上实行自由发展，通过批评和自我批评，来发展正确的和先进的东西，纠正错误的和落后的东西，用真善美克服假丑恶；对于科学上、艺术上的是非，应当保持谨慎的态度，提倡自由讨论，不要轻率地作结论，采取这种态度可以使科学和艺术得到比较好的发展和进步。

毛泽东认为"百花齐放、百家争鸣"方针可以推广为一切工作的方法。他说："百花齐放、百家争鸣这个方针不但是使科学和艺术发展的好方法，而且推而广之，也是我们进行一切工作的好方法。这个方法可以使我们少犯错误。有许多事情我们不知道，因此不会解决，在辩论中间，在斗争中间，我们就会明了这些事情，就会懂得解决问题的方法。各种不同意见辩论的结果，就能使真理发展。"③ 毛泽东还特别强调指出："百花齐放、百家争鸣，这是一个基本性的同时也是长期性的方针，不是一个暂时性的方针。""领导我们的国家可以采用两种不同的办法，或者说两种不同的方针，这就是放和收。"④ "我们采取放的方针，因为这是有利于我们国家巩固和文化发展的方针。"⑤ 今天建设中国特色社会主义文化，也应

---

① 毛泽东：《在中共中央政治局扩大会议上的总结讲话》，《毛泽东文集》第7卷，人民出版社1999年版，第54页。
② 《毛泽东文集》第7卷，人民出版社1999年版，第229页。
③ 同上书，第279页。
④ 同上书，第278页。
⑤ 同上书，第279页。

当采取"放"的方针。党的十七届六中全会通过的《中共中央关于深化文化体制改革推动社会主义文化大发展大繁荣若干重大问题的决定》，继续把"坚持百花齐放、百家争鸣"规定为必须遵循的重要方针之一。发展文学艺术、科学（包括哲学社会科学），要认真实行"百花齐放、百家争鸣"方针，采取"放"的方针，允许自由讨论、自由争鸣。同时，政治问题也是可以自由讨论的。文学艺术、学术、政治问题都可以自由讨论，正是人民民主有所发展进步的体现。不同学派、不同观点、不同思想、不同思潮、不同主义的自由讨论、自由争鸣，有利于学术的发展和繁荣，有利于社会主义民主建设，有利于中国特色社会主义文化建设，有利于中国化马克思主义的发展，有利于政党和国家意识形态的重构与创新，有利于形成新的改革共识和新的改革动力，也有利于弘扬党史文化、建设党史文化。

　　怎样正确处理发展社会主义文化同继承中国传统文化和吸收外国文化的关系？1964年2月，毛泽东提出了"古为今用、洋为中用"的方针。"古为今用"是对待我国历史和传统文化的正确方针。毛泽东认为，对于中华民族丰富的文化遗产，我们必须用马克思列宁主义的方法给予批判的继承。1960年12月，他在同古巴妇女代表团和厄瓜多尔代表团谈话时指出："对中国的文化遗产，应当充分地利用，批判地利用。中国几千年的文化，主要是封建时代的文化，但并不全是封建主义的东西，有人民的东西，有反封建的东西。要把封建主义的东西和非封建主义的东西区别开来……我们应当善于进行分析，应当批判地利用封建主义的文化，而不能不批判地加以利用。"[①] 也就是说，对中国传统文化要进行具体分析，既要继承，又要批判，不可全盘否定，也不可无批判地兼收并蓄，而应在批判地继承的基础上创造和发展社会主义的新文化。"洋为中用"是对待外国文化的正确方针。毛泽东多次提出"向外国学习"的问题，主张凡是外国好的东西统统拿过来，不好的东西就要排斥。他说："对于外国文化，排外主义的方针是错误的，应当尽量吸收进步的外国文化，以为发展中国新文化的借镜；盲目搬用的方针也是错误的，应当以中国人民的实际需要为基础，批判地吸收外国文化。"[②] 他还强调指出："我们的方针是，

---

① 《毛泽东文集》第8卷，人民出版社1999年版，第225页。
② 《毛泽东选集》第3卷，人民出版社1991年版，第1083页。

一切民族、一切国家的长处都要学,政治、经济、科学、技术、文学、艺术的一切真正好的东西都要学。但是,必须有分析有批判地学,不能盲目地学,不能一切照抄,机械搬用。他们的短处、缺点,当然不要学。"①总之,要辩证地对待外国文化,既不能全面肯定,又不能全面否定;既不能一概排斥,也不能全盘西化。要在批判地吸收外国文化的基础上建设社会主义新文化。毛泽东的"古为今用、洋为中用"的方针对于我们今天弘扬党史文化、建设党史文化同样具有重大的指导意义。

毛泽东提出的"百花齐放、百家争鸣"和"古为今用、洋为中用"这两个方针,是符合我国社会主义文化建设规律的,是独具匠心的。尽管在具体执行的过程中,有过失误,并遭遇到种种阻力,但这两个方针的贯彻执行,促进了我国社会主义文化的发展和繁荣。历史证明,每当我们认真坚持这些方针时,文化科学、文学艺术事业就兴旺发达;每当丢掉这些方针时,文化科学、文学艺术事业就会衰败。例如,20世纪50年代后期和60年代初期,我国文学艺术曾出现过繁荣的景象,哲学社会科学也出现过百家争鸣的气象。这两个方针对今天的社会主义文化建设,仍然具有指导作用。

为了帮助人民发展对于各种问题的自由讨论,毛泽东提出了在我国人民政治生活中判断言论和行动是非的六条标准(也即"辨别香花和毒草的标准")。毛泽东强调,这六条标准中,最重要的是社会主义道路和党的领导两条。在近几十年来的文化领域中有很多香花,毒草也不少,但对毒草却很少有必要的有力的批判。在哲学社会科学领域,论著很多,争鸣却很少。

弘扬党史文化,建设党史文化,必须坚持以马克思列宁主义、毛泽东思想和中国特色社会主义理论体系为指导,必须加强和改善党的领导,坚决反对任何歪曲和丑化党的历史的错误倾向,确保党史文化建设沿着正确的道路前进;必须坚持"百花齐放、百家争鸣"的方针,促进党史文化的理论创新、思想创新、学术创新,推动党史文化大发展大繁荣。

---

① 毛泽东:《论十大关系》,《毛泽东文集》第7卷,人民出版社1999年版,第41页。

六　毛泽东思想的当代价值

毛泽东思想是中国化的马克思主义，是马克思主义中国化的光辉成果，是马克思列宁主义普遍原理与中国革命和建设实践相结合的产物，是马克思列宁主义在中国的运用和发展，是被实践证明了的关于中国革命和建设的正确的理论原则和经验总结，是中国共产党集体智慧的结晶。

毛泽东思想是中国共产党的指导思想。在毛泽东的领导和毛泽东思想的指导下，中国革命找到了正确的道路，取得了反对帝国主义、封建主义、官僚资本主义的新民主主义革命的胜利，建立了中华人民共和国，实现了中华民族和中国国家的独立，实现了人民解放，实现了中国大陆的空前的强有力的统一；进行社会主义改造，废除私有制，确立社会主义制度，建设社会主义社会，实现了中国历史上最深刻最伟大的社会变革，取得了光辉巨大的成就。党的十八大报告特别强调指出："以毛泽东同志为核心的党的第一代中央领导集体带领全党全国各族人民完成了新民主主义革命，进行了社会主义改造，确立了社会主义基本制度，成功实现了中国历史上最深刻最伟大的社会变革，为当代中国一切发展进步奠定了根本政治前提和制度基础。在探索过程中，虽然经历了严重曲折，但党在社会主义建设中取得的独创性理论成果和巨大成就，为新的历史时期开创中国特色社会主义提供了宝贵经验、理论准备、物质基础。"[①] 党的十八大报告还强调指出，马克思列宁主义、毛泽东思想"是党必须长期坚持的指导思想"。《中共中央关于全面深化改革若干重大问题的决定》在规定全面深化改革的指导思想时说："全面深化改革，必须高举中国特色社会主义伟大旗帜，以马克思列宁主义、毛泽东思想、邓小平理论、'三个代表'重要思想、科学发展观为指导。"[②]

毛泽东思想是中国共产党的思想理论基础，是社会主义中国国家意识形态的基础和核心。像中国共产党这样的政党，不能没有自己的思想理论体系。更何况中国共产党是非常重视思想理论建设的。毛泽东和毛泽东思想与中国共产党、中华人民共和国是紧密融合在一起的，不容分割，也不

[①] 《人民日报》2012 年 11 月 18 日。
[②] 《人民日报》2013 年 11 月 16 日。

容否定。否定了毛泽东和毛泽东思想，就等于否定了中国共产党，就等于否定了中华人民共和国。近几十年来，那些不断掀起"非毛化"浪潮的人，否定、攻击毛泽东思想，贬低、辱骂甚至造谣诬蔑毛泽东的人，他们也是明白这个道理的。正是因为他们也明白这个道理，他们才那样做。那些否定、攻击、诬蔑毛泽东和毛泽东思想的人，其中不少是反马克思主义、反社会主义、反共、反华的积极分子。近几年一些"非毛化"人士的表演，就可以证明这一点。

否定毛泽东和毛泽东思想，等于否定了中国新民主主义革命和社会主义革命的必要性，等于否定了中国共产党执政的历史、理论依据和合法性，等于否定了中国共产党和中华人民共和国的"道统"。因此，坚持、继承、捍卫和发展毛泽东思想，就是坚持、继承、捍卫和发展中国共产党和中华人民共和国的"道统"。

毛泽东对"什么是社会主义，怎样建设社会主义"的问题是作了深刻的、科学的探索和阐释的，形成了关于社会主义的一系列核心理念和思想。

毛泽东的人民民主专政、人民民主政治、关于正确处理人民内部矛盾的问题、反对官僚主义、反对腐败、加强人民监督等思想、理念和相关的制度、措施，对于保障中华人民共和国的存在、发展、稳定、强大、廉洁是发挥了关键的、重大的作用的，对今天和未来的中国政治文明建设和政治体制改革具有重要的指导作用和借鉴价值。如毛泽东强调指出的"国家机关的改革，最根本的一条，就是联系群众"，对政治体制改革，就具有重要的指导和借鉴价值。

毛泽东关于社会主义要解放生产力，发展生产力的思想；关于社会主义要消灭剥削，消灭私有制，消除两极分化，实现共同富裕的思想；关于社会主义经济建设要综合平衡、稳步前进，统筹兼顾、适当安排，独立自主、自力更生的思想；关于经济管理制度、体制的思想（如"两参一改三结合"）；关于公正平等、分配公平、按劳分配的思想，等等，对今天和未来中国的经济建设和社会建设，具有根本的指导作用。

毛泽东关于文化建设的主张，如"百花齐放、百家争鸣"，"古为今用、洋为中用"的方针，文学艺术要为人民大众服务的观点，知识分子要与工农群众相结合的观点，关于德智体全面发展的教育方针，关于"辨别香花和毒草的标准"（判断言论和行动是非的六条标准），等等，对于今天和将来推动社会主义文化大发展大繁荣,建设社会主义文化强国,繁荣发展哲学社会科学和文学艺术,具有根本的指导作用。在十七届六中全会通过的《中共中央关于深化文化体制改革推动社会主义文化大发展大繁荣若干重大问题的决定》中,特别强调要"以马克思列宁主义、毛泽东思想、邓小平理论和'三个代表'重要思想为指导"①。

毛泽东关于军队建设和国防建设的思想,如坚持党对军队的绝对领导,人民战争思想,建设强大的陆军、空军、海军的思想,军事战略战术思想,正确处理国防建设和经济建设关系的思想,等等,对今天和未来的军队建设和国防建设,具有重要的指导作用和借鉴价值。

毛泽东关于党的建设的思想,如着重从思想上建党,把思想建设放在党的建设的首位;"两个务必";反对官僚主义,反对腐败,密切联系群众;加强思想政治工作;民主集中制;培养和造就无产阶级革命事业接班人(其中如接班人的五个条件);防止和反对"和平演变",等等,对于今天和未来推进党的建设新的伟大工程,提高党的领导水平和执政能力,提高党的建设科学化水平,仍然具有根本的、重大的指导作用和借鉴价值。

毛泽东领导我们党和人民完成了两件大事。第一件大事,完成了新民主主义革命,实现了民族独立、人民解放。第二件大事,完成了社会主义革命,确立了社会主义制度,进行了社会主义建设。毛泽东为这两件大事作出的伟大历史贡献,是不容否定的,也是否定不了的。在中国几千年的封建社会中,实行的是私有制,在土地制度方面,实行土地私有制。中华民国没有废除私有制,更没有废除土地私有制。1949 年中华人民共和国成立,1956 年社会主义改造基本完成,私有制包括土地私有制在中国大陆基本上被废除了,社会主义制度在中国基本上确立了。"这是我国几千年来最深刻、最伟大的社会变革。"②胡锦涛指出:"我们党紧紧依靠人民完成了社会主义革命,确立了社会主义基本制度。我们创造性地实现由新民主主义到社会主义的转变,使占世界人口四分之一的东方大国进入社会

---

① 《人民日报》2011 年 10 月 26 日。
② 江泽民:《在庆祝中国共产党成立七十周年大会上的讲话》,《人民日报》1991 年 7 月 2 日。

主义社会，实现了中国历史上最广泛最深刻的社会变革。"① 习近平指出："新民主主义革命的胜利，社会主义基本制度的确立，为当代中国一切发展进步奠定了根本政治前提和制度基础。"②

废除私有制，确立社会主义制度，是伟大的制度创新。我们认为，秦始皇统一中国，建立统一的中央集权国家，实行统一的中央集权帝制，是中国历史上第一次伟大的、杰出的制度创新；孙中山推翻清王朝，推翻皇帝制度，建立民主共和制度，是第二次伟大的、杰出的制度创新；毛泽东建立中华人民共和国，进行社会主义改造，废除私有制（包括废除土地私有制），在中国建立社会主义制度，是第三次伟大的、杰出的制度创新。这三次制度创新都推动了中国历史的巨大进步。毛泽东的制度创新，其最杰出、最伟大之处正在于废除私有制，实行公有制。这种创新，其伟大意义是毋庸置疑的。

中华人民共和国的毛泽东时代，是人类历史上最伟大的时代之一。毛泽东是人类历史上最伟大的历史人物之一。毛泽东思想是人类历史上最伟大的思想之一。毛泽东是中华民族最伟大的民族英雄之一。这些都是中国人民和中国共产党最宝贵的财富，今天和未来都必须珍惜、爱护这最宝贵的财富。胡锦涛《在纪念辛亥革命100周年大会上的讲话》强调指出："实现中华民族伟大复兴任重道远。我们要紧紧抓住并切实用好我国发展的重要战略机遇期，以马克思列宁主义、毛泽东思想、邓小平理论和'三个代表'重要思想为指导，深入贯彻落实科学发展观，继续解放思想，坚持改革开放，推动科学发展，促进社会和谐，为实现中华民族伟大复兴继续团结奋斗。"③

习近平《在纪念毛泽东同志诞辰120周年座谈会上的讲话》指出："毛泽东同志是伟大的马克思主义者，伟大的无产阶级革命家、战略家、理论家，是马克思主义中国化的伟大开拓者，是近代以来中国伟大的爱国者和民族英雄，是党的第一代中央领导集体的核心，是领导中国人民彻底改变自己命运和国家面貌的一代伟人。""毛泽东同志毕生最突出最伟大

---

① 胡锦涛：《在庆祝中国共产党成立90周年大会上的讲话》，《人民日报》2011年7月2日。

② 习近平：《在纪念毛泽东同志诞辰120周年座谈会上的讲话》，《人民日报》2013年12月27日。

③ 《人民日报》2011年10月10日。

的贡献，就是领导我们党和人民找到了新民主主义革命的正确道路，完成了反帝反封建的任务，建立了中华人民共和国，确立了社会主义基本制度，取得了社会主义建设的基础性成就，并为我们探索建设中国特色社会主义的道路积累了经验和提供了条件，为我们党和人民事业胜利发展、为中华民族阔步赶上时代发展潮流创造了根本前提，奠定了坚实的理论和实践基础。"①

马克思列宁主义、毛泽东思想能为今天的文化建设、意识形态重构和创新提供丰富的、深厚的思想文化资源，同样也能为全面深化改革提供新的共识、新的动力。人民群众不仅需要物质利益得到改善，更需要理论、思想和精神，更需要公正和平等。

今天和未来，中国共产党必须坚持和发展毛泽东思想，以马克思列宁主义、毛泽东思想和中国特色社会主义理论体系为指导。如果不以毛泽东思想为指导，党的思想理论体系就有了一个重大的缺口，就会发生质变。毛泽东思想在当代最重要的价值，就是毛泽东思想作为当代中国的指导思想的价值。

七　继续推进马克思主义中国化的几个问题

胡锦涛在纪念党的十一届三中全会召开 30 周年大会上的重要讲话中明确提出了"继续推进马克思主义中国化"的战略任务。这对于我们在新的历史时期与时俱进，高举中国特色社会主义伟大旗帜，坚持中国特色社会主义道路和中国特色社会主义理论体系，不断丰富和发展马克思主义，继续推进马克思主义基本原理同中国具体实际的结合，具有特别重大而深远的意义。

（一）推动科学发展、促进社会和谐是继续推进马克思主义中国化的两个重要结合点

党的十六大以来，党中央提出了贯彻落实科学发展观和构建社会主义和谐社会的重大战略思想，推动了中国特色社会主义事业的新发展，推进了马克思主义中国化。

---

① 《人民日报》2013 年 12 月 27 日。

党的十七大报告明确指出，"科学发展、社会和谐是发展中国特色社会主义的基本要求"。这一论断说明，在新时期、新阶段坚持高举中国特色社会主义伟大旗帜，继续推进马克思主义中国化，必须围绕科学发展和社会和谐来进行。

推动科学发展、促进社会和谐是我国当前和今后一段时间的两个重大问题。继续推进马克思主义中国化，要着眼于马克思主义理论的运用，把推动科学发展、促进社会和谐作为马克思主义基本原理与中国具体实际相结合的两个重要结合点，深入研究和回答推动科学发展、促进社会和谐的重大理论和现实问题，不断把党带领人民推动科学发展、促进社会和谐的成功经验上升为理论，不断丰富和发展马克思主义，不断赋予当代中国马克思主义鲜明的实践特色、民族特色、时代特色。

科学发展观是中国特色社会主义理论体系的重要组成部分，是马克思主义中国化的最新成果。科学发展观是立足于我国基本国情、深入分析新世纪新阶段我国发展的新的阶段性特征、认真总结我国发展实践、借鉴国外发展的经验、为适应新的发展要求、解决新的发展问题而提出来的。自科学发展观提出以来，不适应不符合科学发展观要求的思想观念有了一定转变，但尚未根本转变，有的领导干部口头上喊着"深入贯彻落实科学发展观""深入学习实践科学发展观"的口号，实际上却仍然在盲目崇拜GDP，盲目崇拜市场经济，盲目崇拜生产力，只顾发展经济而不考虑全面发展，只顾自己的政绩而不从根本上解决环境污染问题；影响和制约科学发展的突出问题尚未从根本上得到解决，有利于科学发展的体制机制还不完善，领导科学发展、促进社会和谐的能力还有待进一步提高，党的工作和党的建设离科学发展观的要求仍然有一定的差距，把马克思主义基本原理同推动科学发展、促进社会和谐实践的结合仍需进一步推进。在继续深化改革、扩大开放的过程中，仍然存在着严重的违背科学发展观要求的现象。有的地方、有的干部借改革开放之名，行谋取私利之实，疯狂掠夺、侵吞、贪污国家财产；有的盲目上项目、铺摊子，大搞重复建设，污染环境，过度开发资源，与国家博弈、与中央博弈，并毫无扩大内需之功。这些严峻的现实表明，推动科学发展和促进社会和谐是我国目前的当务之急。

推动科学发展，要求我们积极构建社会主义和谐社会。党的十七大报告指出："社会和谐是中国特色社会主义的本质属性。科学发展和社会和谐是内在统一的。没有科学发展就没有社会和谐，没有社会和谐也难以实现科学发展。"科学发展和社会和谐二者之间的关系是辩证的关系，二者相互制约、相互影响、相互联系、相互促进。

社会和谐是马克思主义中国化的题中应有之义。实现社会和谐是马克思主义的崇高理想，是中国共产党不懈追求的社会理想。当前，我国经济社会的发展正处于关键时期。随着改革开放和社会主义市场经济的深入发展，我国在取得巨大成就的同时，也产生了一系列不和谐的社会现象，如物质文明与精神文明的不和谐，人与自然的不和谐，社会财富分配方面的不和谐，城乡之间的不和谐，区域发展之间的不和谐，贫富之间的不和谐，理论与实践的不和谐，等等。这些不和谐现象的存在，严重影响制约着我们正在进行的中国特色社会主义建设、小康社会建设、现代化建设，也严重影响和制约着改革开放和科学发展，并对中国共产党的执政地位构成严峻挑战。继续推进马克思主义中国化，必须用马克思主义的立场、观点和方法来认识和解决中国目前存在的一系列不和谐的问题，积极探索社会主义和谐社会建设的过程和规律，坚持把马克思主义基本原理与促进社会和谐的具体实际相结合，及时地研究新情况，解决新问题，总结新经验，提出新理论，丰富和发展马克思主义。

（二）马克思主义经典作家关于科学发展、社会和谐的思想

科学发展观、社会主义和谐社会理论继承了马克思主义的人民群众主体性思想和社会协调发展理论。马克思主义认为，人是社会历史发展的实践主体，人民群众是历史的创造者，是社会物质财富和精神财富的创造者，是实现社会变革的决定性力量。马克思主义认为："历史活动是群众的活动，随着历史活动的深入，必将是群众队伍的扩大。"[1] 促进和实现人的全面而自由的发展，是社会发展的基本原则和最终目标。社会发展与人的发展是辩证统一的。马克思、恩格斯对资本主义制度作了深刻的批判，追求共产主义社会这一"以每一个个人的全面而自由的发展为基本原则的社会形式"[2]。在共产主义社会中，"代替那存在着阶级和阶级对立

---

[1] 《马克思恩格斯文集》第1卷，人民出版社2009年版，第287页。
[2] 《马克思恩格斯文集》第5卷，人民出版社2009年版，第683页。

的资产阶级旧社会的，将是这样一个联合体，在那里，每个人的自由发展是一切人的自由发展的条件"①。

"人们为了能够'创造历史'，必须能够生活。"② 物质资料的生产是每日每时都要进行的历史活动，人们在生产中不仅同自然界发生关系，还结成一定的社会关系。恩格斯指出："无论不从事生产的社会上层发生什么变化，没有一个生产者阶级，社会就不能生存。可见，这个阶级在任何情况下都是必要的，虽然定会有一天它将不再是一个阶级，而是包括整个社会。"③ 这说明，物质生产实践是人类社会生存和发展的必要条件和基础。科学发展观中的"发展是第一要义"，就是对这一历史唯物主义基本观点的坚持和发展。

科学发展观的基本要求是全面协调可持续，它的理论来源和理论基础是辩证唯物主义和历史唯物主义全面的、联系的、发展的观点。唯物辩证法认为，发展不仅仅是经济的发展，而是经济、政治、文化、社会、生态环境等全面、协调、可持续的发展。联系是指事物与事物之间、事物内部各个要素之间的相互影响、相互制约和相互作用。联系是客观的，又是普遍的。发展是指前进性、上升性的运动和变化，是由简单到复杂，由低级到高级的运动。唯物辩证法是"最完备最深刻最无片面性的关于发展的学说"④。唯物辩证法是关于世界普遍联系和永恒发展的一般规律的科学，是认识世界和改造世界的根本方法。科学发展观坚持了唯物辩证法的基本观点。唯物辩证法和形而上学是两种根本对立的发展观。唯物辩证法和形而上学的对立主要表现在三个方面。第一，唯物辩证法用全面、联系的观点看待世界，形而上学则用片面、孤立的观点看待世界。第二，唯物辩证法用发展变化的观点看待世界，形而上学则用静止不变的观点看待世界。第三，唯物辩证法认为，矛盾是事物发展的动力，形而上学则否认矛盾的存在。唯物辩证法和形而上学的根本分歧和斗争焦点在于是否承认矛盾是事物发展的动力。

马克思主义关于人与自然和谐相处、协调发展的思想是科学发展观追

---

① 《马克思恩格斯文集》第 2 卷，人民出版社 2009 年版，第 53 页。
② 《马克思恩格斯文集》第 1 卷，人民出版社 2009 年版，第 531 页。
③ 《马克思恩格斯全集》第 25 卷，人民出版社 2001 年版，第 534 页。
④ 《列宁专题文集·论辩证唯物主义和历史唯物主义》，人民出版社 2009 年版，第 334 页。

求可持续发展和促进社会和谐的重要理论依据。马克思主义认为，人是社会的主体，是自然界的一部分，人类社会的生存与发展，与自然息息相关，人、自然、社会之间是相互联系、相互作用、相互影响、相互制约的辩证关系，人类和自然界是一个有机整体，人类只有与自然和谐相处，才能实现可持续发展。人类之所以能够开发利用自然资源，是因为人类能够自觉地正确认识和运用自然规律。"我们每走一步都要记住：我们决不像征服者统治异族人那样支配自然界，决不像站在自然界之外的人似的去支配自然界——相反，我们连同我们的肉、血和头脑都是属于自然界和存在于自然界之中的；我们对自然界的整个支配作用，就在于我们比其他一切生物强，能够认识和正确运用自然规律。"[①] 人类必须善待自然，遵循自然规律，否则必然会遭到大自然的无情报复。恩格斯早在一百多年前就警告人们："不要过分陶醉于我们人类对自然界的胜利。对于每一次这样的胜利，自然界都对我们进行报复。每一次胜利，起初确实取得了我们预期的结果，但是往后和再往后却发生完全不同的、出乎预料的影响，常常把最初的结果又消除了。"[②]

马克思主义经典作家用阶级斗争理论分析社会历史，对阶级压迫和剥削及资本奴役劳动、资本主义生产方式的非人道性质、物质拜物教、商品拜物教、货币拜物教、人对自然的破坏、资本主义对殖民地资源和原料的破坏与掠夺等不和谐现象，都进行了深刻的分析、批判和谴责。这些理论也是我们今天推动科学发展、促进社会和谐的理论依据。

（三）围绕推动科学发展、促进社会和谐来继续推进马克思主义中国化

科学发展观，是以胡锦涛同志为总书记的党中央，适应新的发展要求、针对不科学发展的现象提出来的。2003年4月，胡锦涛在广东考察时，提出了"全面的发展观"思想，要求做到集约发展、协调发展、全面发展、系统发展、可持续发展，切实维护广大人民群众利益。同年8月28日至9月1日，胡锦涛在江西考察时，明确使用了"科学发展观"的概念，要求"牢固树立协调发展、全面发展、可持续发展的科学发展

[①] 《马克思恩格斯文集》第9卷，人民出版社2009年版，第560页。
[②] 同上书，第559—560页。

观"。之后，党的十六届三中全会通过的《中共中央关于完善社会主义市场经济体制若干问题的决定》指出："坚持以人为本，树立全面、协调、可持续的发展观，促进经济社会和人的全面发展。"2004年5月，胡锦涛总书记在江苏考察工作结束时讲话指出："要解决中国的发展问题，实现又快又好发展，必须牢固树立和认真落实科学发展观。"2004年9月，党的十六届四中全会作出的《中共中央关于加强党的执政能力建设的决定》指出："坚持以人为本、全面协调可持续的科学发展观，更好地推动经济社会发展。"2007年10月，胡锦涛在党的十七大报告中系统地阐明了科学发展观的科学内涵、精神实质和根本要求。2012年11月，胡锦涛在党的十八大报告中对科学发展观作了进一步的阐明。十八大报告指出："科学发展观是马克思主义同当代中国实际和时代特征相结合的产物，是马克思主义关于发展的世界观和方法论的集中体现，对新形势下实现什么样的发展、怎样发展等重大问题作出了新的科学回答，把我们对中国特色社会主义规律的认识提高到新的水平，开辟了当代中国马克思主义发展新境界。科学发展观是中国特色社会主义理论体系最新成果，是中国共产党集体智慧的结晶，是指导党和国家全部工作的强大思想武器。科学发展观同马克思列宁主义、毛泽东思想、邓小平理论、'三个代表'重要思想一道，是党必须长期坚持的指导思想。"[1]

2002年11月，党的十六大报告提出了实现社会更加和谐的要求。2004年9月，党的十六届四中全会通过的《中共中央关于加强党的执政能力建设的决定》指出，要"不断提高构建社会主义和谐社会的能力"。这里，党中央提出了一个新理念：社会主义和谐社会。2005年2月，胡锦涛在省部级主要领导干部提高构建社会主义和谐社会能力专题研讨班开班式上的重要讲话中指出："我们所要建设的社会主义和谐社会，应该是民主法治、公平正义、诚信友爱、充满活力、安定有序、人与自然和谐相处的社会。"[2] 2005年10月，党的十六届五中全会把构建社会主义和谐社会确定为贯彻落实科学发展观必须抓好的一项重大任务，提出了工作要求和政策措施。2006年10月，党的十六届六中全会通过的《中共中央关于

---

[1] 胡锦涛：《坚定不移沿着中国特色社会主义道路前进　为全面建成小康社会而奋斗——在中国共产党第十八次全国代表大会上的报告》，《人民日报》2012年11月18日。
[2] 《人民日报》2005年2月20日。

构建社会主义和谐社会若干重大问题的决定》明确指出社会和谐是中国特色社会主义的本质属性，提出了构建社会主义和谐社会的指导思想、目标任务和原则。2007年10月，党的十七大报告再次强调："社会和谐是中国特色社会主义的本质属性。"社会和谐是中国特色社会主义的本质属性这个重大命题，深化了我们党对社会主义本质问题的认识，是马克思主义中国化的一个重要结论。

党的十六大以来，我们党把马克思主义基本原理与中国的具体实际相结合，深入贯彻落实科学发展观，继续解放思想，坚持改革开放，推动科学发展，促进社会和谐，取得了显著成绩。但是，不科学发展的行为现象、不适应不符合科学发展观要求的思想观念仍然不同程度地存在，继续推动科学发展、促进社会和谐的战略任务仍然十分艰巨。这就要求我们高举中国特色社会主义伟大旗帜，继续把马克思主义的基本原理和中国的具体实际结合起来，围绕推动科学发展和促进社会和谐来继续推进马克思主义中国化，用马克思主义中国化的最新成果来指导推动科学发展和促进社会和谐的实践，在实践中检验和发展马克思主义中国化的最新成果。

首先，要运用马克思主义的基本原理来分析推动科学发展和促进社会和谐的实践中出现的新情况、新问题。科学发展观是马克思主义关于发展的世界观和方法论的集中体现，为我们正确认识和处理当代中国的经济、政治、文化、社会问题，推动科学发展，促进社会和谐，提供了立场、观点和方法。在推动科学发展，促进社会和谐的伟大实践中，不可避免地会出许多新问题、新矛盾，会遇到许多障碍和困难。这要求我们必须坚持马克思主义，以马克思主义的世界观和方法论为指导，深入研究和回答重大理论和现实问题，扎实推进党的思想理论建设，把继续推进马克思主义中国化落实到推动科学发展、促进社会和谐的实践之中。

其次，要用马克思主义的唯物辩证法来观察中国的发展问题。要辩证地看待发展生产力、发展市场经济、发展GDP等问题，不能盲目崇拜生产力、盲目崇拜市场经济、盲目崇拜GDP。深入贯彻落实科学发展观，推动科学发展，促进社会和谐，必须把唯物辩证法同推动科学发展、促进社会和谐的具体实际相结合，认真坚持唯物辩证法全面的、联系的、发展的观点，继续深入回答为谁发展、靠谁发展、实现什么样的发展、怎样发展的重大理论和实际问题，认真坚持以人为本、全面协调可持续、统筹兼顾，切实推动科学发展、和谐发展。

再次，要发扬马克思主义的科学精神、革命精神和批判精神，对市场经济条件下和经济全球化背景下的发展问题、经济问题、社会问题、生态问题、阶级问题等进行分析、批判，作出马克思主义的回答。例如，对目前存在的贫富差距问题，不公平、不正义问题，国外资本主义的掠夺剥削问题，重大突发事件问题，国际金融危机问题，等等，必须正视，不能回避，要深入分析、批判。回答好这些问题，是继续推进马克思主义中国化的题中应有之义。

最后，要在推动科学发展、促进社会和谐的实践中不断丰富和发展科学发展观。科学发展观是一个完整的科学体系，也是发展的和开放的科学体系。科学发展观是真理，同样要在实践中检验和发展。科学发展观来自实践，又指导实践进一步发展，同时也要接受实践的检验、人民的检验、历史的检验。实践永无止境，创新永无止境。在推动科学发展、促进社会和谐的实践中，要不断总结吸收国内外新的发展经验和理论成果，不断总结吸收各国优秀文明成果，使科学发展观得到不断的丰富和发展。科学发展观的不断丰富和发展，是中国特色社会主义理论体系的丰富和发展，也是中国化马克思主义的丰富和发展。

（四）在高举中国特色社会主义伟大旗帜的实践中，继续推进马克思主义中国化

要继续推进中国社会的发展和进步，就必须继续推进马克思主义中国化。马克思主义中国化，就是把马克思主义基本原理同中国具体实际相结合，形成和发展中国化的马克思主义。继续推进马克思主义中国化，必须高举中国特色社会主义伟大旗帜。中国特色社会主义伟大旗帜，是当代中国发展进步的旗帜，是全党全国各族人民团结奋斗的旗帜。高举中国特色社会主义伟大旗帜，最根本的就是要坚持中国特色社会主义道路、中国特色社会主义理论体系、中国特色社会主义制度，不断实现马克思主义基本原理与中国具体实际的新结合。

在中国，只能坚持走中国特色社会主义道路，而不能走资本主义道路。这是中国近现代历史发展的必然选择和必然结果。中国特色社会主义道路，是我们党在长期的社会主义革命、建设和改革开放的伟大实践中，历经曲折、复杂、艰辛的探索而逐步开辟出来的，是一条实现中华民族伟

大复兴、国家繁荣富强和人民共同富裕的康庄大道。党的十八大报告指出："中国特色社会主义道路，就是在中国共产党领导下，立足基本国情，以经济建设为中心，坚持四项基本原则，坚持改革开放，解放和发展社会生产力，建设社会主义市场经济、社会主义民主政治、社会主义先进文化、社会主义和谐社会、社会主义生态文明，促进人的全面发展，逐步实现全体人民共同富裕，建设富强民主文明和谐的社会主义现代化国家。"① 当代中国的历史再次证明，只有社会主义才能救中国，只有中国特色社会主义才能发展中国、振兴中国。资本主义道路不能挽救蒋家王朝，也不能挽救许多独立后的亚洲、非洲、拉丁美洲的国家和人民。这些搞资本主义的国家今天仍然是帝国主义、殖民主义操纵的全球化的受害者。美国等西方国家目前的金融危机、经济危机再一次暴露了资本主义的基本矛盾和新自由主义的根本错误。中国特色社会主义道路，是科学社会主义与中国社会主义建设、改革开放的具体实际相结合的产物，是马克思主义中国化的科学成果。

中国特色社会主义理论体系，是马克思主义基本原理与中国社会主义建设和改革开放的具体实际相结合的产物，是马克思主义中国化的最新成果。党的十八大报告指出："中国特色社会主义理论体系，就是包括邓小平理论、'三个代表'重要思想、科学发展观在内的科学理论体系，是对马克思列宁主义、毛泽东思想的坚持和发展。"② 继续推进马克思主义中国化，既要坚持马克思主义基本原理和科学社会主义基本原则，又要"坚持解放思想、实事求是、与时俱进，坚持以我国改革开放和现代化建设的实际问题、以我们正在做的事情为中心，着眼于马克思主义理论的运用，着眼于对实际问题的理论思考，着眼于新的实践和新的发展，深入研究和回答重大理论和现实问题，不断把党带领人民创造的成功经验上升为理论，不断赋予当代中国马克思主义鲜明的实践特色、民族特色、时代特色，不断推动当代中国马克思主义大众化，让当代中国马克思主义放射出更加灿烂的真理光芒"③。

---

① 胡锦涛：《坚定不移沿着中国特色社会主义道路前进 为全面建成小康社会而奋斗——在中国共产党第十八次全国代表大会上的报告》，《人民日报》2012年11月18日。

② 同上。

③ 胡锦涛：《在纪念党的十一届三中全会召开30周年大会上的讲话》，《人民日报》2008年12月19日。

高举中国特色社会主义伟大旗帜,坚持中国特色社会主义道路、中国特色社会主义理论体系、中国特色社会主义制度,继续推进马克思主义中国化,还必须坚持与形形色色的反中国特色社会主义和反马克思主义思潮作斗争。例如,对否定党的领导、反对马克思主义、否定中国特色社会主义的错误观点和思潮,对在本质上是反对社会主义制度的新自由主义,必须坚决抵制、批判、斗争。同时,还要坚决抵制其他各种错误和腐朽思想的影响,绝不放任各种腐朽的、有害于人民的东西自由泛滥。如果不同反中国特色社会主义和反马克思主义的思潮作斗争,我们党在思想上、意识形态上就会被侵蚀,政治上就会腐败变质,组织就会松懈瓦解,江山、旗帜就会变色。苏联和东欧社会主义国家的变故就是深刻、惨痛的教训。

(五)在深入贯彻落实科学发展观的实践中继续推进马克思主义中国化

科学发展观,是对党的三代中央领导集体关于发展的重要思想的继承和发展,是马克思主义关于发展的世界观和方法论的集中体现,是既同马克思列宁主义、毛泽东思想、邓小平理论和"三个代表"重要思想一脉相承又与时俱进的科学理论,是我国经济社会发展的重要指导方针,是发展中国特色社会主义必须坚持和贯彻的重大战略思想。在新的发展阶段继续全面建设小康社会、发展中国特色社会主义,实现中华民族伟大复兴,必须坚持以马克思列宁主义、毛泽东思想、邓小平理论、"三个代表"重要思想和科学发展观为指导。

深入贯彻落实科学发展观,要不断深化对科学发展观的认识,不断丰富科学发展观的内涵,不断完善落实科学发展观的政策体系;要坚持党的思想路线,一切从实际出发,理论联系实际,实事求是,在实践中检验真理和发展真理。科学发展观是真理,同样要在实践中检验和发展。

在当前和今后一段时间里,随着我国经济体制深刻变革、社会结构深刻变动、利益格局深刻调整、思想观念深刻变化,我国的发展既蕴含着巨大的发展潜力和发展空间,也承受着来自贫富差距、贪污腐败、农民农村农业问题、人口资源环境、公共安全等方面的巨大压力。这使我们深入贯彻落实科学发展观,既面临着前所未有的宝贵机遇,也面临着各种严峻挑战。因此,深入贯彻落实科学发展观,必须坚持马克思主义唯物辩证法,坚持马克思主义的科学精神和批判精神，着眼于把握发展规律、创新发展理念、转变发展方式、破解发展难题，不断开拓科学发展的新境界、新局面，继续推进马克思主义中国化。

科学发展观来自实践，又指导实践进一步发展，同时也要接受实践的检验、人民的检验、历史的检验。"科学发展取得了多大成效、是否真正实现了，人民群众感受最真切、判断最准确。推动科学发展，必须紧紧依靠人民群众，做到谋划发展思路向人民群众问计，查找发展中的问题听人民群众意见，改进发展措施向人民群众请教，落实发展任务靠人民群众努力，衡量发展成效由人民群众评判。"① 一个地方是否真正贯彻落实科学发展观，人民群众心里最清楚。为什么人民群众心里最清楚？一个重要的检验指标就是看那个地方的生态环境是有所好转还是污染越来越重。

在深入贯彻落实科学发展观的实践中继续推进马克思主义中国化，要坚持马克思主义的群众观点和群众路线。马克思主义认为，人民群众不仅是社会物质财富和精神财富的创造者，而且是进行社会变革的主体和决定性力量。群众路线既是党的领导方法和工作方法，也是党的历史观和价值观。胡锦涛强调指出："相信谁、依靠谁、为了谁，是否始终站在最广大人民的立场上，是区分唯物史观和唯心史观的分水岭，也是判断马克思主义政党的试金石。""建设中国特色社会主义的根本目的是不断实现好、维护好、发展好最广大人民的根本利益，党的理论、路线、纲领、方针、政策和工作必须以符合最广大人民的根本利益为最高衡量标准。"② 这是在新的历史时期，对群众观点和群众路线的新概括，也是深入贯彻落实科学发展观的重要指导原则。把科学发展观的核心概括为"以人为本"，坚持了马克思主义的群众观点和群众路线，正确地回答了为谁发展、靠谁发展、发展成果如何分配的问题。

在新的历史时期，人民群众是推动科学发展的实践主体，其实践是创立科学发展观的源泉，是马克思主义中国化的源泉。马克思主义中国化的每一次重大发展和飞跃，都是在人民群众的实践基础之上，通过对人民群

---

① 胡锦涛：《努力把贯彻落实科学发展观提高到新水平》，《求是》2009 年第 1 期。
② 胡锦涛：《在"三个代表"重要思想理论研讨会上的讲话》，《人民日报》2003 年 7 月 2 日。

众的实践活动及其经验的认识、总结、创造而实现的。深入贯彻落实科学发展观，继续推进马克思主义中国化，必须尊重人民群众的实践活动，必须尊重人民群众的首创精神，虚心向人民群众学习，一切从人民的利益出发，全心全意为人民服务，一切向人民群众负责，一切为了群众，一切依靠群众，从群众中来，到群众中去。

（六）在全面深化改革的实践中继续推进马克思主义中国化

改革开放是党在新的时代条件下带领人民进行的新的伟大革命，是决定当代中国命运的关键抉择，是发展中国特色社会主义、实现中华民族伟大复兴的必由之路；只有社会主义才能救中国，只有改革开放才能发展中国、发展社会主义、发展马克思主义。改革开放是推动当代中国发展进步的强大动力。三十多年改革开放的伟大实践，开辟了中国特色社会主义道路，形成了中国特色社会主义理论体系，发展了中国特色社会主义制度，推进了马克思主义中国化。

在改革开放的历史进程中，我们党把坚持马克思主义基本原理同推进马克思主义中国化结合起来，把坚持四项基本原则同坚持改革开放结合起来，始终坚持改革开放的正确方向，使改革开放取得了巨大的成就，中国社会有了巨大的进步，社会主义旗帜在中国高高飘扬。

党的十八届三中全会通过了《中共中央关于全面深化改革若干重大问题的决定》，使中国的改革开放进入新时期、新阶段。

新时期、新阶段的改革开放，必须继续推进马克思主义中国化，高举中国特色社会主义伟大旗帜，坚持中国特色社会主义道路、中国特色社会主义理论体系、中国特色社会主义制度，坚持改革开放的正确方向。在新的改革开放中，我们要继续坚持马克思主义的思想路线，不断探索和回答什么是马克思主义、怎样对待马克思主义，什么是社会主义、怎样建设社会主义，建设什么样的党、怎样建设党，实现什么样的发展、怎样发展等重大理论和实际问题，继续推进马克思主义中国化。

在新的改革开放中继续推进马克思主义中国化，必须把马克思主义基本原理同中国具体实际相结合。"结合"必须坚持马克思主义基本原理，坚持实事求是，理论联系实际，理论和实践相结合。这就要求我们必须学习掌握和运用马克思主义基本原理，高举马克思主义旗帜。马克思主义基本原理同中国具体实际相结合的过程，一方面是在实践中学习掌握马克思主义基本原理，用马克思主义基本原理指导实践的过程；另一方面，又是在总结实践经验的基础上深化对马克思主义基本原理的认识并丰富和发展马克思主义的过程。

在新的改革开放中继续推进马克思主义中国化必须坚持马克思主义基本原理。坚持马克思主义基本原理，就是要坚持马克思主义的基本立场、观点和方法，也就是要坚持辩证唯物主义和历史唯物主义的世界观和方法论，坚持高举中国特色社会主义伟大旗帜，坚持马克思主义崇高的社会理想，坚持马克思主义的政治立场，坚持一切从实际出发，理论联系实际，实事求是，在实践中检验真理和发展真理的马克思主义理论品质，坚持马克思主义在意识形态领域的指导地位，坚持马克思主义的批判精神、科学精神和创新精神。

在新的改革开放中继续推进马克思主义中国化，必须继续保持中国作风和中国气派。马克思主义中国化，就是要使马克思主义基本原理与中国实际相结合，使马克思主义在内容和形式上都具有中国的民族特点和民族形式、中国的风格和中国的特色，成为具有中国作风和中国气派的马克思主义。毛泽东思想、邓小平理论、"三个代表"重要思想、科学发展观都是马克思主义中国化的光辉典范，都具有鲜明的中国作风和中国气派。在新的时期继续推进马克思主义中国化，要继续保持马克思主义中国化的中国作风和中国气派，就要扎根于中国优秀文化的土壤，继续吸取中国优秀传统文化的精华，体现中国文化的精、气、神，就要不断总结改革开放的经验和教训，进行理论升华和创新，使当代中国的马克思主义具有更加鲜明的民族特色，从而更好地为新的改革开放提供理论指导。

在新的改革开放中继续推进马克思主义中国化，必须科学地、正确地认识把握中国实际（国情）和世界形势（世情）。首先，要正确认识当前中国社会的主要矛盾和其他社会矛盾。目前和将来一段时期，既是我国改革发展的重要机遇期，也是多种社会矛盾集中出现的时期。我们必须正确认识和处理这些社会矛盾。其次，要正确认识世界形势，正确认识当代资本主义和帝国主义。国际风云变幻无穷，要及时、正确、科学把握形势。当代资本主义、帝国主义有了许多发展变化，但其掠夺、侵略、敌视马克思主义和社会主义的本性没有改变。霸权主义和强权政治依然存在，影响世界和平发展的不稳定因素并未减少，世界经济发展明显不平衡，世界经济危机随时都有可能爆发，帝国主义的侵略战争随时都有可能爆发。要树立世界眼光，培养战略思维，把中国放在当代世界的全局中考察，既要了解当今世界现实，又要认清世界的未来趋势，不断提高应对国际局势和处理国际事务的能力。

第 四 章

党的建设研究

一 治心为上 思想建党

把思想理论建设放在首位，特别注重从思想上建党，是中国共产党自身建设的一个优良传统、根本原则和基本经验。今天，我们加强和改进新形势下党的建设，必须发扬这个优良传统，坚持这个根本原则，运用这个基本经验。

（一）思想理论建设的重大意义

党的十七大报告指出："思想理论建设是党的根本建设，党的理论创新引领各方面创新。"马克思主义政党自诞生以来就一贯重视思想理论建设。从思想上建党是马克思主义党的学说和党的建设的一条根本原则。看一个政党是否先进，是不是工人阶级的先锋队、人民的先锋队，主要应看它的理论和纲领是不是马克思主义的，是不是代表社会的公平和正义，是不是代表最广大人民的根本利益，是不是代表广大中下层人民的利益。列宁有句名言："只有以先进理论为指南的党，才能实现先进战士的作用。"[①] 恩格斯说："我们党有个很大的优点，就是有一个新的科学的观点作为理论的基础。"[②] 列宁是非常重视理论的，他说："没有革命的理论，就不会有革命的运动。"[③] 毛泽东把马克思主义的基本原理同中国共产党的革命和建设的具体实践相结合，把马克思主义的建党学说成功地运用到

[①] 《列宁专题文集·论无产阶级政党》，人民出版社2009年版，第71页。
[②] 《马克思恩格斯选集》第2卷，人民出版社1995年版，第39—40页。
[③] 《列宁专题文集·论无产阶级政党》，人民出版社2009年版，第70页。

中国共产党的建设实践中,把党的思想理论建设放在首位,纠正、克服、改造了党内存在的各种非无产阶级思想,把中国共产党建设成了一个团结统一、纪律严明、英勇善战的革命政党,领导新民主主义革命、社会主义革命取得了伟大胜利,领导社会主义建设取得了巨大成就。

  党的思想理论建设是党的政治建设、组织建设、作风建设、制度建设、反腐倡廉建设的灵魂和基础。思想理论上的正确和统一是政治正确和组织统一的基础。如果思想理论上出现了错误和混乱,政治路线就会偏离正确方向,组织就会出现混乱和分裂,甚至变质。"思想上政治上的路线正确与否是决定一切的。"特别注重从思想上建党,把党的思想理论建设放在首位,是毛泽东对党的建设的独创性重大贡献。毛泽东明确指出:"掌握思想领导是掌握一切领导的第一位。"① 中国共产党成立九十多年来,克服千难万险,不断发展壮大,取得一个又一个胜利,靠的就是党员的思想觉悟、思想政治理论水平,靠的就是党员对党的忠诚,靠的就是共产主义的理想信念。今天,治国必先治党,治党必先治心。治心就是要特别注重从思想上建党,把党的思想理论建设放在首位。治心,就是要在思想上进行整治。一个政党、一个民族、一个国家、一个社会,出大问题往往是人心上出问题。而人心上出问题,往往与不重视思想道德建设有直接关系。片面、单纯追求经济、物质、生产力这类发展,与战争年代存在的"单纯军事观点"一样是错误的。全面建成小康社会、全面深化改革、全面推进依法治国、全面从严治党,也必须克服、纠正党内存在的单纯追求经济、物质、生产力这类发展的错误思想。

  思想建党,就是以马克思列宁主义、毛泽东思想、中国特色社会主义理论体系去教育和改造党员和干部,纠正、克服各种非马克思主义思想、反马克思主义思想,抵制各种腐朽思想的侵袭和腐蚀。

  党的思想理论建设是保持党的性质不变的首要和必要的条件。马克思主义政党只有重视和加强思想理论建设,才能制定出符合社会发展规律、代表最广大人民根本利益的纲领和路线方针政策;只有重视和加强思想理论建设,以马克思主义武装全党,提高全党马克思主义水平,才能保证党的性质不被改变。世界上一些共产党丧失执政党地位,亡党亡国,与不重视甚至削弱思想理论建设是有直接关系的。20世纪80年代以后,一些社

----

① 《毛泽东文集》第2卷,人民出版社1993年版,第435页。

会主义国家的共产党在执政几十年后丧失了执政地位，有的还导致了国家解体。总结国际共产主义运动的经验教训，可以得到这样的历史经验：无产阶级政党政治上出问题，往往是从不重视思想理论建设，导致思想理论上发生错误和混乱开始的。苏东剧变的一个重要原因，就是党没有把思想理论建设放在首位，放弃马克思列宁主义的指导地位，歪曲、丑化党的历史，造成党内思想极大混乱，使党丧失了精神支柱和凝聚力，结果导致亡党亡国。中国共产党的领导人认真吸取了苏东剧变的教训。江泽民强调在新的发展时期，仍然要把党的思想理论建设放在首要位置，党必须在理论上更加成熟，在思想上更加统一，在政治上更加坚强。胡锦涛在党的十七大报告中明确提出："思想理论建设是党的根本建设，党的理论创新引领各方面创新。"党的十八大报告强调指出："对马克思主义的信仰，对社会主义和共产主义的信念，是共产党人的政治灵魂，是共产党人经受住任何考验的精神支柱。要抓好思想理论建设这个根本，学习马克思列宁主义、毛泽东思想、中国特色社会主义理论体系，深入学习实践科学发展观，推进学习型党组织创建，教育引导党员、干部矢志不渝为中国特色社会主义共同理想而奋斗。"中国共产党成立九十多年来，执政六十多年来，之所以能够取得执政党地位并保持继续执政、保持马克思主义政党性质不变、保持国家的社会主义性质不变，是因为中国共产党坚持了毛泽东提出的注重从思想上建党，把思想理论建设放在首位的原则。

（二）思想理论建设的基本经验

中国共产党在长期的革命、执政和建设实践中，特别注重从思想上建党，把党的思想理论建设放在首位，以思想理论建设为根本，不断总结和运用思想理论建设正反两方面的经验教训，形成了我们党在思想理论建设方面的基本经验。

必须坚持和捍卫马克思主义，必须从实际出发学习和运用马克思主义基本原理，着力用马克思主义中国化最新成果武装全党。要坚持以马克思列宁主义、毛泽东思想、邓小平理论和"三个代表"重要思想为指导，深入贯彻落实科学发展观，用发展着的马克思主义指导客观世界和主观世界的改造。要搞马克思主义，不要搞修正主义；要搞科学社会主义，不要搞民主社会主义；要走社会主义道路，不要走资本主义道路。要以思想理论建设为根本建设，坚持党的思想路线，解放思想、实事求是、与时俱进、坚持真理、修正错误，不断推进马克思主义中国化、时代化、大众化。

从思想上建党，必须开展积极的思想斗争，提高党员干部的思想理论敏锐性。毛泽东认为，开展积极的思想斗争，是促进党内和革命团体内部的团结并使之有利于战斗的武器，每个共产党员都应拿起这个武器去解决党内的矛盾和斗争。毛泽东指出："党内不同思想的对立和斗争是经常发生的，这是社会的阶级矛盾和新旧事物的矛盾在党内的反映。党内如果没有矛盾和解决矛盾的思想斗争，党的生命也就停止了。"① 社会主义与资本主义在意识形态领域的斗争是长期的。共产党员的思想改造也是长期的。当今世界，仍然存在着社会主义与资本主义两种制度的对立和斗争，这种对立和斗争必然要反映到意识形态领域的对立和斗争中。国际、国内存在的反社会主义、反马克思主义思想，党内存在的非马克思主义思想和反马克思主义思想，对党和国家的危害极大。因此，必须自觉划清马克思主义同反马克思主义的界限，积极开展思想斗争，在斗争中坚持和发展马克思列宁主义、毛泽东思想和中国特色社会主义理论体系。在党的思想理论建设史上，我们党十分重视对封建主义思想、资产阶级思想、各种非无产阶级思想、各种反马克思主义思想、各种腐朽思想的斗争和批判。

必须重视和加强思想政治工作。思想政治工作既包括党内的思想教育，也包括党对群众的思想教育。思想政治工作是经济工作和其他一切工作的生命线。思想政治工作的根本任务，就是根据党在各个历史时期的政治路线，对广大党员和人民群众进行马克思列宁主义和党的路线、方针、政策的宣传、动员、教育，以保证党员和群众的行动和各项工作沿着正确方向前进。毛泽东曾深刻地指出："思想工作和政治工作，是完成经济工作和技术工作的保证，它们是为经济基础服务的。思想和政治又是统帅，是灵魂。只要我们的思想工作和政治工作稍微一放松，经济工作和技术工作就一定会走到邪路上去。"② 思想政治工作能够保证革命、建设、改革和发展的正确方向，并能够为革命、建设、改革和发展提供精神动力。思想政治工作是党的思想理论建设的主要内容。对广大党员和人民群众进行马克思主义思想政治教育，有利于提高人们的思想政治理论水平，防止和

---

① 毛泽东：《矛盾论》，《毛泽东选集》第 1 卷，人民出版社 1991 年版，第 306 页。
② 《毛泽东文集》第 7 卷，人民出版社 1999 年版，第 351 页。

克服各种反动腐朽思想的侵蚀，有利于帮助人们掌握科学的思想方法和工作方法，有利于党员在思想上入党。

（三）今天加强思想理论建设要注意的问题

今天，在新的形势下加强党的思想理论建设，必须注意以下几个问题。

必须认真坚持把思想理论建设放在首位，注重从思想上建党，坚持用发展着的马克思主义武装全党，教育干部，使马克思主义成为全体共产党员共同的信仰。今天的中国社会，经济成分和经济利益、思想文化、价值观念已经多样化、多元化，这不可避免地给党内带来了许多非马克思主义的影响，甚至使不少的共产党员思想混乱，丧失了马克思主义信仰。因此，今天加强党的思想理论建设，必须坚持马克思主义，使马克思主义真正成为全体共产党员的真正的、共同的信仰。

要用马克思主义的唯物辩证法来观察中国的问题，要发扬马克思主义的科学精神、革命精神和批判精神，对市场经济条件下和经济全球化背景下的发展问题、经济问题、社会问题、生态问题、阶级问题等进行分析，作出马克思主义的回答。列宁说："马克思认为他的理论的全部价值在于这个理论'按其本质来说，它是批判的和革命的'。"[①] 要辩证地看待发展生产力、发展经济、发展 GDP 等问题，不能盲目崇拜生产力、盲目崇拜 GDP。在当前和今后一段时间里，随着我国经济体制深刻变革、社会结构深刻变动、利益格局深刻调整、思想观念深刻变化，我国的发展既蕴含着巨大的发展潜力和发展空间，也承受着来自贫富差距、贪污腐败、农民农村农业问题、人口资源、生态环境、公共安全等方面的巨大压力。这使我们加强党的思想理论建设，既面临着前所未有的宝贵机遇，也面临着各种严峻挑战。因此，加强党的思想理论建设，必须坚持马克思主义唯物辩证法，坚持马克思主义的科学精神和批判精神，着眼于把握发展规律、创新发展理念、转变发展方式、破解发展难题，继续深入回答什么是马克思主义、怎样对待马克思主义，什么是社会主义、怎样建设社会主义，实现什么样的发展、怎样发展、为谁发展、靠谁发展等重大理论和实际问题。例如，对目前存在的压迫、剥削问题，贫富差距问题，不公平、不正义问

---

① 《列宁选集》第 1 卷，人民出版社 1995 年版，第 81 页。

题，国外资本主义的掠夺剥削问题，重大突发事件问题，生态环境问题，国际金融危机问题等，必须正视，不能回避，要深入分析、批判。回答好这些问题，是加强党的思想理论建设的题中应有之义。

今天，要注重从思想上建党，必须坚持马克思主义，捍卫马克思主义，必须开展积极的思想斗争，坚持与形形色色的反马克思主义思想作斗争。例如，对否定党的领导、反对马克思主义的错误观点和思潮，对在本质上是反对社会主义制度的新自由主义，必须坚决抵制、批判、斗争。同时，还要坚决抵制其他各种错误和腐朽思想的影响，绝不放任各种腐朽的、有害于人民的东西自由泛滥。如果不同反马克思主义的思潮作斗争，我们党在思想上、意识形态上就会被侵蚀，在政治上就会腐败变质，组织就会松懈瓦解，江山、旗帜就会变色。苏联和东欧社会主义国家的变故就是深刻、惨痛的教训。

要运用马克思主义的基本原理来分析推动科学发展和促进社会和谐的实践中出现的新情况、新问题。科学发展观是马克思主义关于发展的世界观和方法论的集中体现，为我们正确认识和处理当代中国的经济、政治、文化、社会、生态等问题，推动科学发展，促进社会和谐，提供了立场、观点和方法。在推动科学发展、促进社会和谐的伟大实践中，不可避免地会出现许多新问题、新矛盾，会遇到许多障碍和困难。这要求我们坚持马克思主义，以马克思主义的世界观和方法论为指导，深入研究和回答重大理论和现实问题，扎实推进党的思想理论建设。

二 "党的建设的核心价值"解读

2008年6月30日，胡锦涛在抗震救灾先进基层党组织和优秀共产党员代表座谈会上发表的重要讲话中指出："必须坚持立党为公、执政为民，始终把实现好、维护好、发展好最广大人民的根本利益作为党的建设的核心价值。"[①] 在这篇重要讲话中，胡锦涛首次明确提出了"党的建设的核心价值"，并阐明了它的科学内涵。这是党的建设理论的重大创新和发展。

[①] 胡锦涛：《在抗震救灾先进基层党组织和优秀共产党员代表座谈会上的讲话》，《人民日报》2008年7月1日。

中国共产党的价值体系，是马克思列宁主义的价值体系与中国的具体实践相结合的价值体系。在这个体系中居于核心地位、起主导和统领作用、反映党的本质规定、代表党的崇高理想和追求的价值就是党的建设的核心价值。实现好、维护好、发展好最广大人民的根本利益，最深刻地反映了中国共产党的价值观，体现了党立党为公、执政为民的公共性，代表了党的崇高理想和追求，在党的价值体系中居于核心地位，起主导和统领作用，是党的建设的核心价值。

"全心全意为人民服务是党的根本宗旨，是党的全部价值所在。""党始终坚持人民利益高于一切、重于一切、大于一切，始终把实现好、维护好、发展好最广大人民的根本利益作为党的庄严使命。"[①] 党的建设的核心价值，是以最广大人民的根本利益作为价值主体的价值观。它以实现好、维护好、发展好最广大人民的根本利益作为党自身价值实现的最高标准，并要求把党的建设的价值目标追求和实现融入全心全意为人民服务的事业之中。党的建设的核心价值观的提出，确立了以最广大人民的根本利益为价值核心、一切从最广大人民的根本利益出发的价值选择和判断取向，确立了以最广大人民的根本利益能否实现好、维护好、发展好作为检验党的建设的理论和实践的核心价值标准，为新时期、新阶段以改革创新精神全面推进党的建设新的伟大工程提供了新的思想理论指南，是对党的建设工作的新要求，具有重要的指导意义。党的各级组织、干部和广大党员一定要深入学习领会，牢固树立党的建设的核心价值观并认真实践。

首先，党的建设的核心价值，是实现好最广大人民的根本利益。中国共产党是实现中国最广大人民的根本利益的工具。为了实现好最广大人民的根本利益，必须坚持党的全心全意为人民服务的根本宗旨，坚持一切从人民的利益出发，把人民的利益放在首位，诚心诚意为人民谋利益，不断实现好广大人民群众日益增长的物质、文化和政治愿望。

中国共产党始终代表中国最广大人民的根本利益，尤其是要代表中下层工农群众的根本利益。实现好最广大人民的根本利益，尤其是要实现好中下层工农群众的根本利益。要特别关注城乡低收入群众和贫困人口的利益实现问题。要通过扩大就业和促进再就业、完善社会保障制度、增加中

---

① 胡锦涛：《在抗震救灾先进基层党组织和优秀共产党员代表座谈会上的讲话》，《人民日报》2008年7月1日。

下层工农群众福利、缩小贫富差距等措施，使中下层工农群众的基本利益得到实现，基本生活得到保障。

实现好最广大人民的根本利益，要实现好最广大人民的经济利益、政治利益和文化利益。实现好最广大人民的经济利益，要围绕人民群众最现实、最直接、最关心的经济、物质利益来落实，要坚持社会主义社会的公平正义原则，维护分配正义，缩小贫富差距，限制、惩治少数富裕阶层对广大中下层民众的非法经济剥削和掠夺。

在实现好最广大人民的经济利益的同时，要实现好最广大人民的政治利益。要坚定不移地发展社会主义民主政治，通过保证人民充分行使民主选举、民主监督、民主管理、民主决策的权利来实现好最广大人民的政治利益。在深化经济体制改革的同时，必须深化政治体制改革，扩大社会主义民主，建设社会主义法治国家，发展社会主义政治文明。

人民群众的利益是具体的，实现好最广大人民的根本利益，不是喊空洞的口号，而是要切实解决好最广大人民的工作、生活、教育、医疗、文化、人权等实际问题。广大人民是不是真正拥护共产党，党的事业的兴衰成败，归根到底取决于中国最广大人民的根本利益是否得到实现、得到维护、得到发展。

其次，党的建设的核心价值，是维护好最广大人民的根本利益。党的方针政策的制定和贯彻，基本着眼点就是要维护最广大人民的根本利益，切实关注民生，维护社会公平正义，促进社会和谐，推动科学发展。维护好最广大人民的根本利益，要坚持党的群众路线，真诚倾听群众呼声，真实反映群众愿望，真情关心群众疾苦，多为群众办好事、办实事，做到权为民所用，情为民所系，利为民所谋。我国目前正处在一个发展机遇期和矛盾凸显期并存的关键时刻，广大人民的根本利益、公共利益与少数人的私人利益之间的矛盾和问题更复杂、更突出，人民内部矛盾不断出现，少数人损害广大人民的根本利益、公共利益的现象不断发生，国家公共权力腐化、社会公共资源私化的现象比较严重。这些对维护好最广大人民的根本利益是严峻的挑战。要从最广大人民的根本利益出发，正确处理广大人民的根本利益、公共利益与少数人的私人利益之间的矛盾，依法惩治少数人对广大人民的根本利益、公共利益的非法损害、掠夺。维护好广大人民的根本利益，要特别注意维护广大中下层工农群众的基本利益和公共利益。在市场经济的形势下，广大中下层工农群众的利益是比较分散的、弱小的，最容易遭到损害、掠夺和超经济剥削。在我国现阶段，社会的大多数人口仍然是工人与农民。党要维护好最广大人民的根本利益，首先就要维护好工人、农民的利益。如何对待工农群众，不仅是政治文明进步水平的反映，而且是党的根本宗旨和核心价值的体现。扶助农工，维护农工基本的经济、政治、文化权利，是党义不容辞的责任和使命。对人民内部各阶层、各群体的各种利益要统筹兼顾。当前，要增加农民收入，切实减轻农民负担，进一步完善城镇社会保障体系，积极扶助城镇贫困群众、农村贫困群众、受灾地区群众、农民工群体等困难群众。同时要高度关注并切实解决大学毕业生、毕业研究生的就业和下岗职工的再就业等社会热点和难点问题。要维护好最广大人民的根本利益，必须坚定不移地发展社会主义民主政治，在政策上、法律上尊重和维护人民群众的各方面利益，依法维护最广大人民的根本利益不被侵犯、掠夺，保护人民群众的一切合法收入、合法财产，遏制国家公共权力腐化、社会公共资源私化、贫富两极分化的现象。要积极发展基层民主，保障人民享有更多更切实的民主权利，拓宽民意的表达渠道，健全正确处理各种矛盾和冲突的体制机制。

再次，党的建设的核心价值，是发展好最广大人民的根本利益。发展是我们党执政兴国的第一要务。科学发展观的第一要义是发展。最广大人民的根本利益，不仅要在发展中得到实现和维护，而且要在实现和维护中得到发展。

发展好最广大人民的根本利益，要认真贯彻落实科学发展观，坚持以人为本，符合全面、协调、可持续的基本要求，采用统筹兼顾的根本方法，促进人民的全面发展，做到发展为了人民、发展依靠人民、发展成果由人民共享。

发展好最广大人民的根本利益，既要降低经济增长、社会发展、改革开放的成本和风险，又要保证改革发展的成果、利益能够公正、公平、公开地分配，还要防止少数人非法得到、占有社会大量财富，而只承担很少的成本和风险，广大人民群众得到、占有的社会财富很少，但承担了巨大的成本和风险这种极不公平的现象愈演愈烈。

发展好最广大人民的根本利益，要注意广大人民的经济、政治、文化利益的全面、协调和可持续发展，不能盲目、片面发展经济而忽视政治、文化利益，更不能以牺牲政治、文化利益为代价来换取经济的一时发展。在今后的改革开放过程中，要积极防止出现为了生产力的片面发展、经济的片面增长（如 GDP 的增长）而不顾最广大人民的根本利益的不科学发展现象；要限制、惩治那些只发展自己的"政绩"，而不发展人民的利益的官员。

发展好最广大人民的根本利益，必须坚持统筹兼顾。要从最广大人民的根本利益出发，统筹兼顾人民群众各方面的利益，着力解决关系最广大人民的切身利益的突出问题，促进最广大人民的根本利益全面、协调、可持续发展。

发展好最广大人民的根本利益，是实现好、维护好最广大人民的根本利益的基础；维护好最广大人民的根本利益，是实现好、发展好最广大人民的根本利益的保障；实现好最广大人民的根本利益，是维护好、发展好最广大人民的根本利益的目的。党执政的合法性来自中国最广大人民的承认和支持。实现好、维护好、发展好最广大人民的根本利益，是党获得执政的合法性的必然要求。坚持社会主义公有制的中国共产党更应强化其作为执政党的公共性。是否实现好、维护好、发展好最广大人民的根本利益，是检验我们党是否立党为公、执政为民的根本标准，也是检验党的建设工作是否取得成效，党是否得到人民信任、承认、拥护和支持的根本尺度。"中国共产党人最博大的爱就是爱人民，最深切的爱也是爱人民，最真挚的爱还是爱人民。""只要始终做到心中装着人民、工作依靠人民、一切为了人民，我们就一定能够获得取之不尽、用之不竭的力量源泉，永远立于战无不胜、攻无不克的不败之地。"[①] 以改革创新精神全面推进党的建设新的伟大工程，要牢固树立党的建设的核心价值观，进一步引导广大党员干部遵守并实践党的宗旨，实现好、维护好、发展好最广大人民的根本利益。

三　新的指导思想的确立

党的十八大报告对过去十年（2002—2012）的工作作了基本的总结。十八大报告指出，总结十年奋斗历程，最重要的就是我们坚持以马克思列宁主义、毛泽东思想、邓小平理论、"三个代表"重要思想为指导，勇于

[①] 胡锦涛：《在抗震救灾先进基层党组织和优秀共产党员代表座谈会上的讲话》，《人民日报》2008 年 7 月 1 日。

推进实践基础上的理论创新,围绕坚持和发展中国特色社会主义提出一系列紧密相连、相互贯通的新思想、新观点、新论断,形成和贯彻了科学发展观。这是对十年历史经验的深刻总结。十八大报告对科学发展观作了新的总结和升华。报告指出,科学发展观是马克思主义同当代中国实际和时代特征相结合的产物,是马克思主义关于发展的世界观和方法论的集中体现,对新形势下实现什么样的发展、怎样发展等重大问题作出了新的科学回答,把我们对中国特色社会主义规律的认识提高到新的水平,开辟了当代中国马克思主义发展新境界。十八大首次把科学发展观确立为党必须长期坚持的指导思想,确立了科学发展观的历史地位。报告明确指出,科学发展观同马克思列宁主义、毛泽东思想、邓小平理论、"三个代表"重要思想一道,是党必须长期坚持的指导思想。这是我们党面对新形势、新任务,实现指导思想与时俱进的鲜明体现,也鲜明地回答了一些人在指导思想上的疑惑。

科学发展观为什么能够作为我们党的指导思想?这是因为:

第一,从指导思想的源流来看,科学发展观是既同马克思列宁主义、毛泽东思想、邓小平理论和"三个代表"重要思想一脉相承又与时俱进的科学理论,是党的思想建设、组织建设、作风建设、反腐倡廉建设、制度建设的理论基础。坚持以科学发展观为指导思想,实质上就是坚持马克思列宁主义、毛泽东思想、邓小平理论和"三个代表"重要思想。

第二,从理论内容来看,科学发展观丰富和发展了党的指导思想,具有作为指导思想的本质内涵和特征,它更加成熟,更有理性,更有智慧,不仅包括党的建设的基本理论,还包括现阶段经济、政治、文化、社会、生态、军事、外交等各个方面的基本问题,全面体现了党的基本理论、基本路线、基本纲领、基本经验,是一个系统的科学的理论体系。

第三,从实践效果来看,通过对科学发展观的贯彻落实,我们已取得了巨大的成果。实践证明,最近十年,我们取得的一系列新的历史性成就,与贯彻落实科学发展观是分不开的。

第四,从政治认同来看,科学发展观通过学习、宣传和贯彻落实的实践,已为全党和全国各族人民所熟悉和掌握,其基本的思想观点已深入人心,获得了广泛的政治认同。

十八大把科学发展观确立为党的指导思想,并要求全党把科学发展观贯彻到我国社会主义现代化建设的全过程，体现到党的建设各方面。这是一个历史性的决策，也是一个历史性的贡献，有利于全党增强贯彻落实科学发展观的自觉性和坚定性，对于全面建成小康社会必然会产生极其重要的作用。

第 五 章

群众路线研究

一 联系群众要直接

　　密切联系群众是我们党的三大优良传统作风之一。这个作风现在在一些干部身上发扬得不理想。一些地方党群、干群关系不好，就是因为一些干部的官僚主义、享乐主义、拜金主义、个人主义、自私自利思想太严重，没有直接联系群众，没有真正做到密切联系群众。要真正做到密切联系群众，就必须直接联系群众。直接联系群众，就要直接深入群众，直接服务群众，直接造福群众。

　　直接深入群众，使群众能够直接联系领导。一些领导干部虽然也到农村、到工厂、到学校去，但他们并没有真正深入群众，原因在于他们没有直接深入群众。不少领导干部也去基层考察调研，但常常是前呼后拥，考察、调研的路线、时间、对象早已安排好，甚至"群众"怎样回答领导的问题都早已准备好。在这种情况下，往往不是领导回答群众提出的问题，而是群众回答领导提出的问题。如果被调研、被联系的"群众"是早已安排好的，领导干部自然就难以了解群众的真实情况。在这种场景下，想见领导的群众却见不到领导，被安排见到领导的群众讲的又往往是套话、官话。领导干部如此深入基层、深入实际、深入群众，虽然深入了，但不是直接深入。因为领导在这种场景下，所谓"深入"，是被动地"深入"，是被领导与群众之间的中间环节安排的深入，而不是主动地"深入"，因此也就不可能直接深入群众。在不少地方，群众连县、乡这些基层领导都很难见到。不少地方的农民群众，只是在电视里见到市县领导，从来就没有真正见过他们的"父母官"。现在有的农村，农民们连村干部都很少见得到了。可以说今天的干部，特别是领导干部，直接联系群众、直接深入群众的实在是太少了。直接参加劳动的干部更是罕见。干部参加劳动，参加群众的生产劳动，有利于干部直接联系群众，有利于干部了解群众，有利于干部培养和增强与群众的感情，有利于克服官僚主义，还有利于干部强身健体。领导干部要直接联系群众，就必须直接深入群众，与群众一起劳动，使群众能够直接联系领导干部，这样才能真正做到密切联系群众，才能听到真话，看到实情。

直接服务群众，使群众能够直接得到实惠。为谁服务的问题是个最根本的政治立场问题。中国共产党的根本宗旨就是全心全意为人民服务。为人民服务，是领导干部一切职责中最根本的职责。领导干部服务的对象，是他所直接领导的人民群众，而不是身边的极少数人。一些地方人民内部矛盾突出，群体性事件频发，与那些地方的领导干部不向人民群众负责，不为人民群众服务，只为少数利益集团服务有直接关系。一些地方的领导干部，为了少数利益集团的利益，置人民群众的根本利益于不顾，置党群关系、干群关系于不顾，严重损害人民群众的基本人权和根本利益。如一些地方的领导干部之所以敢冒死人的风险去非法拆迁、非法征地、非法掠夺国家和人民的利益，就是因为这些人早就视为人民服务的根本宗旨为敝屣，置人民群众的根本利益和基本人权于不顾。

领导干部必须践行党的根本宗旨，全心全意为人民服务，密切联系群众，直接服务群众。直接服务群众，就要运用人民赋予的权力为人民群众办好事、办实事，坚决做好有利于人民群众的事，坚决不做不利于人民群众的事。对那些祸害人民群众的事，要敢抓敢管。如一些地方黑、黄、赌、毒泛滥成灾，治安不良，人民群众意见很大，但有关的领导干部就是不管。多年弛禁，积重难返，领导干部不真抓实管是不行的。

直接服务群众，要切实解决群众最关心、最直接、最现实的问题。如群众的衣食、住行、就学、就医、就业等问题，就需要我们的领导干部直接去为群众解决。领导干部深入群众，深入基层，了解了群众的意见、呼声，就要帮群众切实解决问题。只有解决了群众想解决的问题，才是直接为群众服务。直接服务群众，要认真切实解决群众反映强烈的教育、医疗、环境污染、安全生产、社会治安、食品药品安全、企业改制、征地拆迁、涉农利益、涉法涉诉等方面的突出问题，并使群众直接得到问题解决后的实惠。

直接造福群众，使群众能够直接感到幸福。经济发展了，社会物质财富增长了，蛋糕做大了，效率提高了，但社会矛盾增多了，贫富差距拉大了，不公平现象增多了，某些群众的幸福感降低了。这些都对我们的群众工作提出了新的挑战和要求。领导干部要直接联系群众，与群众同甘苦、共患难、心连心，真心诚意地为人民谋幸福，切实办好顺民意、得民心、解民忧、惠民生的实事，直接造福群众。一些领导干部为了自己的所谓政绩和升官发财的目的，官商勾结，乱上项目，盲目招商引资，以掠夺、牺牲国家和群众的利益为代价，严重破坏了处于小康社会的人民群众的幸福生活。

要把为人民谋幸福作为想问题、作决策、办事情的出发点和落脚点，不断提高人民群众的物质生活和精神生活水平，提高人民群众对社会公正平等的认可度。毛泽东同志曾指出："一切空话都是无用的，必须给人民以看得见的物质福利。"[1] 领导干部要不讲空话、大话，要多为人民群众办好事、办实事，直接造福群众。在改革的过程中，的确存在借改革之名砍掉或者降低群众福利、使部分群众不能享受改革的成果而幸福感降低的现象。直接造福群众，要直接保障和提高人民群众的福利。分配不公、收入差距拉大，也使一部分群众的幸福感降低了。直接造福群众，要注重维护和实现公平正义包括分配的公平正义，依法保障人民群众的经济、政治、文化、社会等权益。领导干部直接联系群众，要直接了解群众最盼、最急、最忧、最怨的问题，尤其是要直接了解群众最怨的问题。群众的不平之气、怨恨之气多了，说明社会的公平正义没有维护好、实现好，也说明直接联系群众的工作没有做好。直接造福群众，要注重化解群众的不平之气、怨恨之气。

二　知识分子也要密切联系群众

经世致用是中国古代知识分子的优良传统。密切联系群众是中国共产党的三大优良传统作风之一。今天，中国共产党仍然继续倡导密切联系群众的优良传统作风。

中国古代知识分子素有"内圣外王""经世""入世""治国平天下""修己以安百姓""以天下为己任"的思想主张和使命抱负。他们以民为

---

[1] 《毛泽东文集》第2卷，人民出版社1993年版，第467页。

本，以国家社稷为重，关心人民疾苦，积极体察民情，其中也不乏密切联系群众者。他们读书治学注重经世致用，注重理论和实践相结合，其中有不少人是大学问家和大政治家。

中国共产党的领导人一贯主张知识分子要实事求是，理论联系实际，理论和实践相结合，密切联系群众，走与工农群众相结合的道路。毛泽东曾明确指出："知识分子如果不和工农民众相结合，则将一事无成。"[①]"知识分子不跟工人、农民结合，就不会有巨大的力量，是干不成大事业的；同样，在革命队伍里要是没有知识分子，那也是干不成大事业的。只有知识分子跟工人、农民正确地结合，才会有无攻不克、无坚不摧的力量。"[②] 毛泽东如此强调知识分子要与工农群众相结合，是非常具有战略眼光的。知识分子走与工农群众相结合的道路，密切联系群众，是非常必要的。近几十年来，相当多的知识分子没有走与工农群众相结合的道路，其成就又如何呢？其弊端倒是很多。那些为拿文凭、评职称、结课题而撰写的论著，其水平如何，当其事者，心中有数。许多论文，是有文无论。许多著作，是无著无作，署名却是"著"，实际上，应当署名为"编"或者"编著"。

知识分子密切联系群众，有助于克服本本主义、教条主义，有助于培养、确立、运用马克思主义的立场、观点和方法。知识分子深入到群众中，深入到实际中，深入基层，深入底层社会，才能了解国情、民情，了解中国底层社会的实际情况。

知识分子密切联系群众，理论联系实际，理论和实践相结合，可以得到自己亲自调查、亲身感受得来的第一手的实证材料，可以增强学者们非常看重的实证性、学术性。

今天中国有些知识分子，口里宣称自己追求所谓"纯学术"，还要"祛意识形态""祛政治"，而实际上，这些"知识分子"的论著往往缺乏学术性，却并不缺乏意识形态。只不过他们的意识形态是非马克思主义的意识形态，甚至是反马克思主义的意识形态。而这些要"祛意识形态""祛政治"的"知识分子"，不是一个又一个，一批又一批地成了反马克思主义、反毛泽东思想、反社会主义、反共、反华的积极分子吗？有的知

[①] 《毛泽东选集》第2卷，人民出版社1991年版，第559页。
[②] 《毛泽东文集》第2卷，人民出版社1993年版，第256页。

识分子不反映、不代表人民群众的利益，而是少数资本利益集团的代言人。这些也正是他们的立场、世界观、意识形态的明证。同样也是他们不了解中国的实际、不密切联系群众的结果。他们不密切联系群众，不走与工农群众相结合的道路，对中国的工农群众自然没有什么感情。他们往往与资本利益集团相结合，自然要做资本利益集团的代言人。在他们身上，哪里还有什么"纯学术"，哪里还有什么"学理性""学术性"。

知识分子密切联系群众，要了解、调查、研究群众最关心、最切身、最现实的问题。如目前群众反映强烈的教育、医疗、环境污染、社会治安、安全生产、食品药品安全、企业改制、资本剥削、征地拆迁、分配、腐败、涉农利益、涉法涉诉等方面的问题，就需要知识分子深入到群众中去了解，去调查研究，去反映群众的呼声，去做群众的代言人，去为人民群众服务。又如今天中国的经济、社会、政治、文化、军事、国防、外交、边疆、民族等重大问题，也需要知识分子通过密切联系群众，深入群众，深入实际，深入底层去了解，去调查研究，并给予科学的解释、回答。

知识分子密切联系群众，可以增强知识分子的批判性。今天许多知识分子的学术的或理论的成果，严重缺乏批判性，特别是严重缺乏马克思主义的批判性。知识分子要有批判性，一方面要掌握批判的理论，另一方面必须对批判的对象有深入的、直接的了解和研究。因此，知识分子一方面要掌握马克思列宁主义、毛泽东思想、中国特色社会主义理论体系，同时还要了解、借鉴当代国外的马克思主义理论；另一方面，知识分子要走出书斋、走出学校、走出科研院所，密切联系群众，走与工农群众相结合的道路，深入实际，深入群众，深入底层，深入民间，了解底层的经济、社会、政治、文化、生态、卫生、生活等问题。知识分子要发扬马克思主义的科学精神、革命精神和批判精神，对市场经济条件下和经济全球化背景下的发展问题、经济问题、政治问题、文化问题、社会问题、生态问题、阶级问题等进行分析、批判，作出马克思主义的回答。例如，对目前存在的贫富差距问题，不公平、不正义问题，国外资本主义的掠夺剥削问题，重大突发事件问题，国际资本主义危机问题等，必须正视，不能回避，要深入分析、批判。

知识分子密切联系群众，到民间去，到工农群众中去，参加工农群众的实践活动，参加劳动，可以接地气、强底气、养文气。古人讲"文以气为主""文者气之所形""为文必在养气"。今天许多知识分子写文章,不考虑"气"的问题,许多论著,是有文无论,有文无气。在人民群众中,有丰富的实践经验、知识、智慧。知识分子到群众中去,了解、学习、吸取群众的经验、知识、智慧,进行总结、综合、升华,形成更好的知识、学问、理论,写成文章,服务群众,有利于发动群众、组织群众,有利于群众掌握理论,有利于群众的觉悟、解放和幸福,也有利于自身培养文气。

三 坚持党的群众路线 加强和创新社会管理

党正确对待人民群众的立场和观点,是建立在辩证唯物主义和历史唯物主义的基本原理之上的。历史唯物主义认为,人民群众不仅是社会物质财富和精神财富的创造者,而且是社会变革的决定性力量。这既是历史唯物主义的群众观,也是马克思主义政党对待群众的根本立场。"人民,只有人民,才是创造世界历史的动力。"[①] 今天,人民群众是创造历史、推动历史进步的动力,也是推动改革的动力。毛泽东告诫我们:"必须明白:群众是真正的英雄,而我们自己则往往是幼稚可笑的,不了解这一点,就不能得到起码的知识。"邓小平指出:"群众是我们力量的源泉,群众路线和群众观点是我们的传家宝。"江泽民强调:"在任何时候任何情况下,与人民群众同呼吸共命运的立场不能变,全心全意为人民服务的宗旨不能忘,坚信群众是真正英雄的历史唯物主义观点不能丢。"胡锦涛明确提出:"相信谁、依靠谁、为了谁,是否始终站在最广大人民的立场上,是区分唯物史观和唯心史观的分水岭,也是判断马克思主义政党的试金石。"胡锦涛在《在庆祝中国共产党成立90周年大会上的讲话》中指出:"每一个共产党员都要把人民放在心中最高位置,尊重人民主体地位,尊重人民首创精神,拜人民为师,把政治智慧的增长、执政本领的增强深深扎根于人民的创造性实践之中。""只有我们把群众放在心上,群众才会把我们放在心上;只有我们把群众当亲人,群众才会把我们当亲

---

① 《毛泽东选集》第3卷,人民出版社1991年版,第1031页。

人。"① 今天，我们党必须更加自觉地坚持历史唯物主义的群众观点和群众路线。今天，人民群众还是建设中国特色社会主义民主政治的决定性力量。中国共产党要成为廉洁的执政党，完成革命、改革和建设的任务，实现自己的社会理想，构建社会主义和谐社会，推动中国社会不断进步，就必须坚持党的群众路线，积极发展中国特色社会主义民主政治。

"群众路线"是中国共产党的发明创造。一切为了群众，一切依靠群众，从群众中来，到群众中去的观点，集中概括了党的群众路线。"共产党的路线，就是人民的路线。"群众路线是党的根本的领导方法和工作方法。全心全意为人民服务是党的根本宗旨。中国共产党从全心全意为人民服务的宗旨出发，必然一切向人民群众负责。要相信人民群众能够自己解放自己。承认人民群众是历史的创造者，是推动社会发展的根本力量，就要承认人民群众的解放和幸福只有靠群众自己去争取才能得到，群众是自己命运的主人。

社会管理是指协调社会关系、解决社会问题、维护社会秩序、促进社会进步等方面的管理行为。胡锦涛强调指出："我们加强和创新社会管理，根本目的是维护社会秩序、促进社会和谐、保障人民安居乐业，为党和国家事业发展营造良好社会环境。社会管理的基本任务包括协调社会关系、规范社会行为、解决社会问题、化解社会矛盾、促进社会公正、应对社会风险、保持社会稳定等方面。"②

通过新中国建立六十多年来的建设发展特别是改革开放以来三十多年的建设发展，我国的经济建设取得了巨大成就，综合国力明显上升，国内生产总值高速增长，已成为世界第二大经济体。但是，在经济建设取得巨大成就的同时，社会矛盾和问题明显增多，发展中不平衡、不协调、不可持续问题依然突出，贫富两极分化问题依然没有得到有效解决，公有制和非公有制的矛盾日益突出，影响民心的不平等、不公正问题不断增多，资本原始积累、资本掠夺剥削问题严重，反腐败斗争的形势仍然严峻，非法征地、拆迁引发的社会冲突有增无减，侵占、掠夺群众切身利益的事件不

---

① 胡锦涛：《在庆祝中国共产党成立 90 周年大会上的讲话》，《人民日报》2011 年 7 月 2 日。

② 胡锦涛：《扎扎实实提高社会管理科学化水平　建设中国特色社会主义社会管理体系》，《人民日报》2011 年 2 月 20 日。

绝于耳，等等。这些矛盾和问题的存在，充分说明在新时期加强和创新社会管理，坚持党的群众路线是多么的必要和重要！

加强和创新社会管理，要牢牢把握最大限度激发社会活力、最大限度增加和谐因素、最大限度减少不和谐因素的总要求，以解决影响社会和谐稳定的突出问题为突破口，提高社会管理科学化水平，完善党委领导、政府负责、社会协同、公众参与的社会管理格局。要坚持党委的领导核心作用，总揽全局、把握方向、整合力量、统筹各方，提高引领社会、组织社会、管理社会、服务社会的能力。要充分发挥政府的主导作用，强化社会管理和公共服务职能，建设服务型政府，提高服务型管理能力，在服务中实施管理，在管理中体现服务。要切实发挥人民团体、基层自治组织、各类民间社会组织和企事业单位的协同作用，推进社会管理的科学化、规范化、专业化、社会化和法制化。要广泛动员和组织群众依法有序参与社会管理，培养公民意识，履行公民义务，实现自我管理、自我服务、自我发展。

党和国家公共权力部门进行的社会管理，不是对人民的统治，而是为人民服务。为人民服务是社会管理的本质。社会管理说到底是做群众工作。习近平强调指出："一切社会管理部门都是为群众服务的部门，一切社会管理工作都是为群众谋利益的工作，一切社会管理过程都是做群众工作的过程。"[①] 群众利益高于一切，群众利益无小事。群众工作要从群众的需要出发，想群众之所想，急群众之所急，相信群众，依靠群众，组织群众，发动群众，为群众谋利益。这样才会得到群众的拥护。也只有做好群众工作，才能够做好社会管理工作。群众路线是社会管理的基础和有效途径。坚持党的群众路线，加强和创新社会管理，要注意把握以下几个问题。

首先，要坚持马克思主义群众观。马克思主义群众观是根据辩证唯物主义和历史唯物主义世界观和方法论，正确认识人民群众的历史地位和作用等问题形成的理论观点，是马克思主义政党对待人民群众的基本立场、基本观点和基本方法，是党的群众工作的理论基础。我们党依据马克思主义群众观，把群众观化为领导方法和工作方式，逐步形成党的群众路线。

---

① 习近平：《群众工作是社会管理基础性经常性根本性工作》，《人民日报》2011年2月24日。

共产党的政治是人民的政治。"一切问题的关键在政治,一切政治的关键在民众,不解决要不要民众的问题,什么都无从谈起。"[①] 加强和创新社会管理,做好群众工作,必须坚持一切为了群众,一切依靠群众,从群众中来,到群众中去的群众路线。毛泽东同志曾深刻地揭示:"所谓正确处理人民内部矛盾问题,就是我党从来经常说的走群众路线的问题。共产党员要善于同群众商量办事,任何时候也不要离开群众。党群关系好比鱼水关系。如果党群关系搞不好,社会主义制度就不可能建成;社会主义制度建成了,也不可能巩固。"[②] 当前,我们面临的国际国内形势错综复杂,我国既处于发展的重要战略机遇期,又处于社会矛盾凸显期,社会管理领域存在的问题也不少。广大人民的根本利益、公共利益与少数人的私人利益之间的矛盾和问题更复杂、更突出,人民内部矛盾不断出现,少数人损害广大人民的根本利益、公共利益的现象不断发生,国家公共权力腐化、社会公共资源私化、贫富两极分化的现象比较严重。这些对加强和创新社会管理是严峻的挑战。要加强和创新社会管理,做好群众工作,坚持马克思主义群众观和党的群众路线,不能停留在口号上,要有切实有效的行为,要让人民群众明显地觉得党和政府是认真坚持马克思主义群众观和群众路线的。要一切从人民的利益出发,而不是从少数资本集团的利益出发。要一切向人民群众负责,而不是向少数利益集团负责。要相信人民群众能够自己解放自己,群众是自己命运的主人,要尊重群众的首创精神。要虚心向群众学习,热心为群众服务,诚心受群众监督。遇事要同群众商量,甘当群众的小学生。先做群众的学生,然后做群众的先生。加强和创新社会管理,必须深入群众,直接联系群众,了解情况,向群众学习,教育群众,组织发动群众参与社会管理。"要坚持思想上尊重群众、感情上贴近群众、工作上依靠群众,把群众满意不满意作为加强和创新社会管理的出发点和落脚点。"[③] 没有人民群众的真正自觉参与,社会管理是不可能做好的。群众工作和社会管理是相辅相成的。要充分发挥人民群众在参

[①] 毛泽东:《一切政治的关键在民众》,《毛泽东文集》第3卷,人民出版社1996年版,第202页。

[②] 毛泽东:《一九五七年夏季的形势》,《建国以来毛泽东文稿》第6册,中央文献出版社1992年版,第547页。

[③] 胡锦涛:《扎扎实实提高社会管理科学化水平 建设中国特色社会主义社会管理体系》,《人民日报》2011年2月20日。

与社会管理和和谐社会建设中的主体作用。

其次,要切实贯彻党的全心全意为人民服务的根本宗旨,不断实现好、维护好、发展好最广大人民的根本利益。中国共产党代表中国最广大人民的根本利益,要把实现好、维护好、发展好最广大人民的根本利益作为出发点和落脚点,作为党的建设的核心价值。我们党的根基在人民、血脉在人民、力量在人民。得人心者得天下,失人心者失天下。一个执政党,如果得不到人民群众的支持和拥护,就会失去执政的基础,更谈不上合法性,一切工作就很难做好,甚至可能走向失败和丧失执政党地位。坚持全心全意为人民服务的根本宗旨,就要把群众呼声当作第一信号,把群众需要当作第一选择,把群众利益当作第一考虑,把群众满意当作第一标准,深怀爱民之心,恪守为民之责,善谋富民之策,多办利民之事,切实做到权为民所用、情为民所系、利为民所谋。这样,也就一定能做好新形势下的群众工作。要在加强和创新社会管理的过程中,实现好、维护好、发展好最广大人民的根本利益。党要实现好、维护好、发展好最广大人民的根本利益,首先就要实现好、维护好、发展好工人、农民的利益。如何对待工农群众,不仅是政治文明进步水平的反映,而且是党的根本宗旨和核心价值的体现。扶助农工,维护农工基本的经济、政治、文化权利,是党义不容辞的责任和使命。对人民内部各阶层、各群体的各种利益要统筹兼顾。加强和创新社会管理,要充分发挥人民群众的积极性,察民情、听民声、顺民意、谋民利、办民事、得民心。经过三十多年的改革开放,尽管人民群众的生活水平总体上有了较大的提高,但收入处于中低水平的底层群众仍占大多数。因此,我们党实现好、维护好、发展好最广大人民的根本利益,就必须从这个基本国情、基本民情出发。中国共产党代表中国最广大人民的根本利益,要特别注重代表广大底层工农群众的利益。改善民生,要注重提高底层工农群众的生活水平。要特别关注城乡低收入群众和贫困人口的利益实现问题。要通过扩大就业和促进再就业、完善社会保障制度、增加中下层工农群众福利、缩小贫富差距等措施,使中下层工农群众的基本利益得到实现,基本生活得到保障。要特别注重实现好、维护好、发展好广大底层工农群众的根本利益。社会管理是否得到加强和有所创新,群众工作是否做好,党群、干群关系是否密切,关键要看最广大人民群众的根本利益是否得到较好的实现、维护和发展。新形势下党的群众工作的总目标,就是实现好、维护好、发展好最广大人民群众的根本利益。人民群众的利益是具体的，实现好、维护好、发展好最广大人民群众的根本利益，不是空洞的口号，而是要切实解决好最广大人民的工作、生活、教育、医疗、文化、人权等实际问题。广大人民是不是真正拥护共产党，党的事业的兴衰成败，归根到底取决于中国最广大人民的根本利益是否得到实现、得到维护、得到发展。

再次，要注重维护和促进社会公平正义。中国共产党是马克思主义政党并且是执政党，维护社会的公平正义（包括公正与平等）是它的基本的和重要的职责。"公平正义，就是社会各方面的利益关系得到妥善协调，人民内部矛盾和其他社会矛盾得到正确处理，社会公平和正义得到切实维护和实现。"[1] 公正与平等是社会主义的基本精神，也是社会主义的本质。公正与平等是现代社会的基本理念和基本价值准则。没有公正与平等的社会是非常危险的社会，没有公正与平等就没有社会主义。追求公正与平等是中国历史上早就存在的理念和思想，也是中国共产党意识形态中的重要理念和思想。市场经济只能解决经济关系中的部分不平等问题，实现有限的平等。市场经济同样会导致新的经济的和社会的不平等。这些新产生的经济的、社会的甚至还有政治的不平等问题，在现代社会，主要应当由执政党、政府这些公共权力部门来解决。在改革开放的过程中，一部分人、一部分地区先富了起来，不同群体、地区间的差距不断扩大。要坚持社会主义社会的公平正义原则，维护分配正义，缩小贫富差距，限制、惩治少数富裕阶层对广大中下层民众的非法经济剥削和掠夺。加强和创新社会管理，做好群众工作，必须正确认识和处理当代中国社会存在的不平等、不公正问题，把维护和促进社会公平正义作为党治国理政的重要工作来做。要以共同富裕为目标，扩大中等收入者比重，提高低收入者收入水平，努力使工人、农民、知识分子和其他群众共同享受到改革开放和经济社会发展的成果。加强和创新社会管理，要把维护和促进社会公平正义作为重要的政策导向。今天，中国的许多社会矛盾和问题，如贫富差距、社会治安等问题，其产生的重要原因之一就是社会不平等和不公正。一个社会的不平等、不公正问题如果特别严重，就极有可能引发社会冲突或社会动乱。因此，加强和创新社会管理，必须用制度、法律、体制等来保障社会公平正义。

---

[1] 《十六大以来重要文献选编》，中央文献出版社2006年版，第706页。

贫富差距过大，就是社会不公正、不平等的明显体现，必然会导致社会差别扩大、社会心理失衡，引发社会矛盾，给社会管理带来严重的压力和冲击。因此，加强和创新社会管理，就要保障人民群众安居乐业，正确处理人民内部矛盾，正确协调处理公与私的矛盾和贫与富的矛盾。

坚持社会主义公有制的中国共产党更应强化其作为执政党的公共性。维护和促进社会公平正义，要荡涤今天中国社会存在的污泥浊水，严厉打击贪腐、黑恶势力，抵制歪风邪气，弘扬社会正气，形成社会良好风尚，保持社会良好秩序。

四　党的先进性和纯洁性建设与党的群众路线教育实践活动

党的十八大明确提出，围绕保持党的先进性和纯洁性，在全党深入开展以为民务实清廉为主要内容的党的群众路线教育实践活动。这也就是说，要把党的先进性和纯洁性建设融进党的群众路线教育实践活动全过程。

（一）突出党的先进性，把党的先进性建设融进党的群众路线教育实践活动全过程

马克思主义认为，先进性是马克思主义政党的灵魂，是党的建设的核心问题。所谓"先进"，是进步、优秀、先锋、先导、先行的意思，是指事物所处的最优状态。所谓"先进性"，指的是一事物相比较于其他事物所表现出来的优秀品质。所谓政党的先进性，是指一定阶级、阶层和集团中的先进分子组成的政治集团在思想上和行动上的先进表现。共产党的先进性是党的先锋队性质的直接体现。可以说，党的先进性就是党的先锋性。《中国共产党章程》规定，"中国共产党是中国工人阶级的先锋队，同时是中国人民和中华民族的先锋队"，党是"先锋队"，不是"全民党"。党的先进性建设，必须突出党的先锋性。

马克思主义政党的先进性，包括思想理论的先进性，纲领、路线和方针政策的先进性，党的阶级基础的先进性，党的领导体制和工作机制的先进性，党员队伍的先进性，中央领导集体和核心的先进性，党的实践的先进性，等等。有了先进性，党就有生命力、创造力、凝聚力和战斗力，就

能得到人民的信任和拥护；失去了先进性，党就失去了生存和发展的基础，失去了执政的合法性，党的生命也就停止了。我们党之所以能够团结带领全国各族人民不断取得革命、建设、改革和发展的伟大成就，创造光辉的历史，归根到底就是始终保持了马克思主义政党的先进性。

坚持和发展党的先进性是马克思主义政党自身建设的根本任务和永恒课题。列宁在创建和领导俄国布尔什维克党的过程中特别重视党的先进性建设，他强调指出："党是阶级的先进觉悟阶层，是阶级的先锋队。"① 它"吸收了这个阶级的一切优秀代表，集中了经过顽强的革命斗争的教育和锻炼的、完全觉悟的和忠诚的共产主义者"②。列宁还强调，马克思主义政党的先进性，首先要看其理论、路线、纲领的正确性，同时也要看它在无产阶级运动中的实际表现和作用。毛泽东曾强调："共产党员在政府工作中，应该是十分廉洁、不用私人、多做工作、少取报酬的模范。共产党员在民众运动中，应该是民众的朋友，而不是民众的上司，是诲人不倦的教师，而不是官僚主义的政客。共产党员无论何时何地都不应以个人利益放在第一位，而应以个人利益服从于民族的和人民群众的利益。因此，自私自利，消极怠工，贪污腐化，风头主义等等，是最可鄙的；而大公无私，积极努力，克己奉公，埋头苦干的精神，才是可尊敬的。"③ 胡锦涛指出，先进性是马克思主义政党的根本特征，也是马克思主义政党的生命所系、力量所在。党的先进性建设是马克思主义政党自身建设的根本任务。④ 这些论断对于我们认识党的先进性的科学内涵，加强党的先进性建设和开展党的群众路线教育实践活动具有重要的指导意义和借鉴价值。

今天，党的先进性和先进性建设都面临着严峻的形势。党的十八大报告指出，精神懈怠危险、能力不足危险、脱离群众危险、消极腐败危险更加尖锐地摆在全党面前。在党的群众路线教育实践活动中，要紧紧围绕保持党的先进性和纯洁性，以为民务实清廉为主要内容，切实加强全体党员马克思主义群众观点教育，教育引导党员、干部树立群众观点，弘扬优良作风，解决突出问题，保持清廉本色，使党员、干部思想进一步提高、作

---

① 《列宁全集》第 24 卷，人民出版社 1990 年版，第 38 页。
② 《列宁专题文集·论无产阶级政党》，人民出版社 2009 年版，第 342 页。
③ 毛泽东：《中国共产党在民族战争中的地位》，《毛泽东选集》第 2 卷，人民出版社 1991 年版，第 522 页。
④ 《人民日报》2005 年 1 月 15 日。

风进一步转变,党群干群关系进一步密切,为民务实清廉形象进一步树立。要把马克思主义群众观点教育的成果转化到执行党的群众路线的实践之中,着力解决人民群众反映强烈的突出问题,使我们党继续得广大人民群众的支持和拥护。

(二) 突出党的纯洁性,把党的纯洁性建设融进党的群众路线教育实践活动全过程

纯洁性是马克思主义政党的本质特征和本质要求,保持党的纯洁性是马克思主义政党的本质要求。列宁在创建俄国工人阶级政党的过程中特别注重党的纯洁性,强调"徒有其名的党员,就是白给,我们也不要。世界上只有我们这样的执政党,即革命工人阶级的党,才不追求党员数量的增加,而注意党员质量的提高和清洗'混进党里来的人'"①。在同机会主义分子的斗争中,他曾一针见血地指出:"我们的任务是要维护我们党的坚定性、彻底性和纯洁性。我们应当努力把党员的称号和作用提高,提高,再提高。"②

中国共产党从革命党发展成为执政党之后,仍然有必要继续发扬光荣的革命传统,继续保持党的纯洁性。党在长期执政的过程中,特别是在改革开放和发展社会主义市场经济的过程中,党的纯洁性面临多种挑战、考验和风险,保持党的纯洁性任务艰巨、使命崇高、意义重大。

保持党的纯洁性,首先要保持党员、干部思想纯洁。一个党员,只有思想纯洁,才能保持其党性的纯洁。治党治国,治心为上。习近平说:"保持党在思想上的纯洁性,是保证党的正确政治方向和党的团结统一的思想基础。思想是导向,是灵魂。如果我们的党员和党的领导干部思想不纯洁,理想信念不可能坚定,是非认识必然模糊,政治立场很容易动摇。"③ 习近平指出,思想纯洁是马克思主义政党保持纯洁性的根本,道德高尚是领导干部做到清正廉洁的基础。我们要教育引导广大党员、干部坚定理想信念、坚守共产党人精神家园,不断夯实党员干部廉洁从政的思想道德基础,筑牢拒腐防变的思想道德防线。要抓好思想理论建设、抓好

---

① 《列宁专题文集·论无产阶级政党》,人民出版社 2009 年版,第 222 页。
② 同上书,第 349 页。
③ 习近平:《扎实做好保持党的纯洁性各项工作》,《学习时报》2012 年 3 月 5 日。

党性教育和党性修养、抓好道德建设，教育引导广大党员、干部认真学习和实践马克思列宁主义、毛泽东思想、中国特色社会主义理论体系，牢固树立正确的世界观、权力观、事业观，模范践行社会主义荣辱观，以理论上的坚定保证行动上的坚定，以思想上的清醒保证用权上的清醒，不断增强宗旨意识，始终保持共产党人的高尚品格和廉洁操守。① 列宁有句名言："我们把党看做我们时代的智慧、荣誉和良心。"② 这也就是说，共产党应当是时代的智慧、荣誉和良心。今天，中国共产党如果保持了足够的、充分的智慧、荣誉和良心，就能够成为当代中国社会良知的代表。

其次，要保持党员、干部队伍纯洁。要把好党员入口关，提高党员质量，坚决处置不合格分子。党内存在的腐败严重破坏了党的纯洁性和纯洁性建设。有些尚未关进笼子的权力，被党和人民的敌人③掌握，这使党受到了严重伤害，党的部分躯体上已长了腐败的毒瘤。对那些丧失信仰、不守纪律、祸害群众、道德败坏、极端自私的不合格分子，必须及时处理，否则，就会玷污党的纯洁性，损害党的形象，贻误党的事业。习近平强调指出："对于党员和党的干部中那些屡经教育仍不悔悟和改正的人，要按照党章和其他党内法规的规定予以严肃处理，对那些无可救药的蜕化变质分子、腐败分子要坚决从党的队伍中清除出去。"④ 加强党的纯洁性建设，必须有壮士断腕的决心和勇气，必须做一个割除腐败毒瘤的大手术，清除害群之马，这样才能使党的纯洁性继续存在下去，党的纯洁性建设也才具有基础，因为如果党本身丧失了纯洁性，纯洁性建设就无从谈起。腐败不除，国无宁日，党无前途，民无幸福。

再次，要保持党员、干部作风纯洁。执政党之元气，全在党风；党风之本，实系纪纲。汉末的应劭说："为政之要，辨风正俗最其上也。"⑤ 苏轼说过："国家所以存亡，在道德之浅深，而不在乎强与弱；历数所以长短，在风俗之厚薄，而不系乎富与贫。"党的作风关系党和国家的生死存亡。党的作风建设是党的建设的重要组成部分，是党密切联系群众的重要

---

① 《习近平在中共中央政治局第五次集体学习时强调积极借鉴我国历史上优秀廉政文化不断提高拒腐防变和抵御风险能力》，《人民日报》2013年4月21日。
② 《列宁全集》第32卷，人民出版社1985年版，第89页。
③ 腐败分子是党和人民的敌人。
④ 习近平：《扎实做好保持党的纯洁性各项工作》，《学习时报》2012年3月5日。
⑤ 吴树平：《风俗通义校释》，天津人民出版社1980年版，第2页。

保证，也是保持党的纯洁性的重要途径。党的作风好，党就能保持先进性和纯洁性，党群关系、干群关系就好。党的作风不好，党就必然脱离人民群众、失去人民群众的信任和支持，党的先进性和纯洁性就会逐渐丧失。党风对政风、民风有重大影响。要聚焦作风建设，集中解决形式主义、官僚主义、享乐主义和奢靡之风这"四风"问题，对作风之弊、行为之垢来一次大排查、大检修、大扫除，使党风、政风和社会风气得到明显好转。只有认真整治不良作风，党的先进性和纯洁性才能继续保持。

第四，要大力保持党员、干部清正廉洁。习近平说，当前的反腐败斗争形势极为严峻复杂。要认真深入开展反腐败斗争，坚决惩治和有效预防腐败，建设廉洁政治，永葆党的纯洁性。要认真落实为民务实清廉要求。为民，就是要坚持人民创造历史、人民是真正英雄，坚持以人为本、人民至上，坚持立党为公、执政为民，坚持一切为了群众、一切依靠群众，从群众中来、到群众中去。务实，就是要求真务实、真抓实干，发扬理论联系实际之风；坚持问政于民、问需于民、问计于民，发扬密切联系群众之风；谦虚谨慎、戒骄戒躁，厉行勤俭节约、反对铺张浪费，发扬艰苦奋斗之风。清廉，就是要自觉遵守党章，严格执行廉政准则，主动接受监督，自觉净化朋友圈、社交圈，带头约束自己的行为，增强反腐倡廉和拒腐防变自觉性，严格规范权力行使，把权力关进制度的笼子，坚决反对一切消极腐败现象，做到干部清正、政府清廉、政治清明。[①] 干部要做到清正廉洁，一方面，党员干部要加强自身的道德修养，常修为政之德，常思贪欲之害，常怀律己之心。另一方面，要健全现有的规章制度，严明党纪国法，赏罚分明，不能使党纪国法成为"稻草人""纸老虎"。

开展以为民务实清廉为主要内容的党的群众路线教育实践活动，也是培养、构建党和人民群众的"情感结构"（structure of feeling）[②] 的情感工作。通过认真开展以为民务实清廉为主要内容的党的群众路线教育实践活动，人民群众与党的意识形态、组织机构、党员干部、符号体系等方面关系的"情感结构"会发生积极的改变。

[①] 《党的群众路线教育实践活动实施意见》。
[②] 又译作"感觉结构"，是英国马克思主义者雷蒙德·威廉斯提出的概念。

第 六 章

社会主义研究

一 社会主义是什么？什么不是社会主义？

社会主义是公正平等的社会，严重缺乏公正平等的社会不是社会主义社会。"马克思主义执政党必须承担的一个重要职责就是维护社会的公正、平等和正义。今天的中国更需要公正与平等。公正与平等是社会主义的基本精神，也是社会主义的本质。公正与平等是现代社会的基本理念和基本价值准则。没有公正与平等的社会是非常危险的社会，没有公正与平等就没有社会主义。"[①] 社会主义社会必须维护公正平等，或者说必须维护公平正义。公正与平等不仅是社会主义的本质，而且是社会主义的核心价值。不能盲目追求所谓"效率"。不能为了所谓"效率"而牺牲社会公正和平等。没有公正、平等的效率对社会是非常有害的。今天中国的物质财富增长了，经济发展了，为什么在人民大众中反而存在很多怨气、怨恨，就是因为今天的中国社会存在严重的不平等、不公正问题。一个社会的怨气、怨恨多了，这个社会就必然不稳定。一个社会的不平等、不公正问题如果特别严重，就极有可能引发社会冲突或社会动乱。没有公正、平等的增长和发展不能促进社会进步，只能使社会倒退。

公正、平等、平均思想是中国文化的基本精神之一。中国伟大的思想家孔子，就是平等、平均思想的主张者之一。他说："丘也闻有国有家者，不患寡而患不均，不患贫而患不安。盖均无贫，和无寡，安无倾。"（《论语·季氏》）中国历史上公正、平等、平均思想经久不息，并深刻影响了中国人的传统伦理道德观念，其思想的源泉就在孔子这里。孔子之前

---

① 张巨成：《构建和谐社会的传统文化底蕴》，《光明日报》2006 年 12 月 21 日。

的晏婴也主张"权有无，均贫富"(《晏子春秋·问上》)。《礼记·礼运篇》中的大同思想，也是主张公正、平等的思想。《吕氏春秋·贵公》说："圣王之治天下也，必先公。公则天下平矣，平得于公。"傅玄说："唯公然后可以正天下"(《傅子·问政》)。"治国平天下"是儒家最高、最根本的政治理想。朱熹说："平天下，谓均平也。"在中国的广大农民群众中，平等、平均的思想是普遍存在的，历史上有多次大规模的农民起义，都以平等、平均作为口号或纲领。历史上的农民起义领袖曾提出过"等贵贱、均贫富"的平等、平均纲领，并影响深远。由此可见平等、平均的魅力。中国民间有句俗话说："一碗水要端平。"这句俗话说明在中国民间普遍存在公正与平等的理念和思想。中国共产党作为中国的执政党，要端平这碗水。

社会主义是生态环境良好的社会，生态环境污染严重的社会不是社会主义社会。今天中国生态环境的严重污染是发展主义的政绩观和利益集团的贪婪导致的。

从社会主义的本质来看，生态文明也是社会主义的本质属性。消灭剥削，消除两极分化是社会主义本质的根本内容。根据目前的情况来看，在社会主义初级阶段，消灭剥削是不可能的，但一定要限制剥削。剥削越严重，两极分化必然越严重。限制剥削，限制资本，避免资本统治一切，限制、打击疯狂追逐利润和剩余价值的资本对自然界的大肆掠夺和疯狂破坏、对底层劳动大众的残酷剥削和无情掠夺，是建设生态文明的题中应有之义。

从发展观的角度来看，生态文明是对传统的盲目发展生产力、片面追求经济增长速度的发展观的纠正。[1] 改革开放以来，我国经济社会发展取得了巨大的成就，但由于经济增长过度依赖资源消耗的传统发展模式，一些地区的发展以牺牲环境为代价，盲目、片面发展经济和生产力，盲目、片面追求GDP高速增长，一些人拜金主义、享乐主义思想比较严重，造成了非常严重的环境污染和生态危机。发达国家上百年工业化过程中不同阶段逐步出现的环境问题，在我国已经集中出现。土地、水、气候、能源、矿产、荒漠化与石漠化等问题越来越严重。建设生态文明，是解决中国的生态危机、实现科学发展的必然选择，是关系中华民族生死存亡的根

---

[1] 张巨成：《努力实现人与自然和谐发展》，《人民日报》2011年2月9日。

本大计。

全球的生态危机的根源是资本主义制度。追求利润和剩余价值是资本主义生产的最重要的目的。资本主义生产的扩张和掠夺、资本家个人的自私与贪婪的本性，必然导致对生态环境的严重破坏。当代资本主义的危机不仅表现在经济领域，而且表现在生态领域。生态危机实质上是资本主义的制度危机。今天，资本主义国家凭借其强大的经济、军事力量，不仅向发展中国家输出商品和资本，掠夺发展中国家的资源、能源和劳动力，同时还向发展中国家输出、转嫁生态危机，破坏发展中国家的生态环境。今天的中国，也是资本主义制度导致的生态危机的受害者。资本主义制度不可能解决生态危机问题，只有社会主义制度才能够最终解决生态危机问题。我国建设社会主义生态文明，要进一步加强和完善社会主义制度，充分体现社会主义的公正、平等原则，消除贫富两极分化，限制剥削，逐步达到共同富裕。同时，要进一步建立和完善建设社会主义生态文明的体制机制。在社会主义政治、经济、文化、社会的体制机制中，要有建设生态文明的内容。要加快立法步伐，进一步建立健全生态环境保护法律体系，加大加重对违法行为的处罚力度，重点整治违法排污企业；要建立健全严格的环境保护目标责任制，科学、民主的决策机制和依法从严的环境治理机制。

社会主义是生产力较为发达甚至高度发达的社会，但社会主义社会不能单纯地、片面地发展生产力，更不能为了生产力的一时发展而不惜以破坏生态环境为代价。要历史地、辩证地、理性地看待生产力。搞社会主义要解放生产力，发展生产力，但不能片面地、盲目地发展生产力。不发展生产力是错误的，搞"唯生产力"论也是错误的。发展生产力不是终极目的，人的发展才是终极目的。必须走出近几十年来的生产力崇拜、GDP崇拜、市场经济神话的误区。对"以经济建设为中心"，要理性地、辩证地、科学地认识。经济领域可以以经济建设为中心，政治文明领域、精神文明领域、生态文明领域不能以经济建设为中心。例如，军队、警察、政府、公安、检察、法院等公共权力部门，中小学校、高等院校、医院等，就不能以经济建设为中心。认真贯彻落实科学发展观，要求各领域、各部门各司其职，否则必然会导致失调、混乱。不能为了一时的经济增长而置自然生态环境、社会生态环境的破坏于不顾。

贫穷不是社会主义，社会主义应当是富裕的。那么，富裕就一定是社会主义吗？不一定。富裕、生产力发达不一定就是社会主义。是不是社会主义社会，还要看社会财富的分配是否公正合理，还要看公正平等的实现程度。共同富裕不但是社会主义的目的，而且是社会主义的原则。还要看与其相配套的生产关系和上层建筑（包括意识形态）。单纯地、一般地讲"解放生产力，发展生产力"，资本主义也有这个功能。马克思曾经讲过，资产阶级的历史使命就是无所顾忌地按照几何级数推动生产力的发展。他在《路易·波拿巴的雾月十八日》一文中明确指出："资产阶级的自由竞争解放了民族工业生产力。"在《资本论》第1卷中，马克思明确指出，资本家"狂热地追求价值的增殖，肆无忌惮地迫使人类去为生产而生产，从而发展社会生产力，去创造社会生产的物质条件"①。如果只是单纯地强调"解放生产力，发展生产力"，就区分不了社会主义与资本主义的本质。社会主义与资本主义的本质区别，就在于它们的生产关系、上层建筑的不同。

认真贯彻落实科学发展观，就不能盲目地、片面地、单纯地发展经济、发展生产力。洋务运动时期和清朝灭亡前夕，中国的生产力发展非常快，并且是空前发展，但由于清王朝的严重腐败，空前发展的生产力并不能挽救积重难返的清王朝的灭亡命运。这一历史教训，值得我们认真吸取。

社会主义社会不能陷入发展主义的陷阱。一个国家、一个社会不可能永远都在发展，要有休息、休整的时间或者阶段。这也就是说，一个国家、一个社会的发展要适度，不能过度，要留有余地。如果过度发展，必然会透支未来的发展资源，必然会破坏生态环境，必然导致发展的不可持续。如果过度发展，也会使社会有发展而无进步，甚至倒退。经济不可能永远高速增长。面对发展主义的危机，适当放缓经济发展速度，让经济均衡发展、协调发展、平等发展、公正发展，可能是一种较好的选择。不能为了经济发展而置社会的公正、平等于不顾。

社会主义是人民享有基本的或者较高福利的社会，人民缺乏基本的福利保障的社会不是社会主义社会。在一般情况下，在具有基本的经济、物质等条件下，社会主义社会要为人民提供基本的甚至较高的福利保障。社

---

① 马克思：《资本论》第1卷，人民出版社1975年版，第649页。

会主义国家更应当是福利国家。社会主义国家不能以改革的名义，发展经济、发展生产力的名义，提高效率的名义去降低人民的福利。社会主义国家的改革，更应当逐步增加、改善人民的福利，使人民能够公平分享改革的成果。社会主义社会要为人民提供基本的生活、教育、医疗、住房、养老、救济、文化等福利保障，而不是把这些福利保障市场化、私有化，变成少数人营利的工具。

社会主义是具有较高水平的民主和法治的社会，人民缺乏基本的民主权利的社会不是社会主义社会。人民民主是社会主义的生命，没有民主就没有社会主义。民主是社会主义的本质特征，是社会主义的题中应有之义。发展社会主义民主政治是社会主义的本质要求。发展社会主义民主政治是国家长治久安的根本措施。历史证明，保持国家和社会的稳定、发展和进步，最根本、最靠得住的办法是实行民主政治。切实保障人民的民主权利，有力打击犯罪分子的各种违法犯罪行为，严厉惩罚各种腐败行为，及时妥善处理和协调社会矛盾、社会不和谐现象、人民内部矛盾，涤荡社会污泥浊水，加强和创新社会管理，切实保障人民群众生命财产安全等，这些问题要得到根本解决，就必须发展社会主义民主政治。只有发展社会主义民主政治，才能保证国家与社会的长治久安，才能维护国家的统一和安全，才能保持政权的稳定、政治路线和政策的稳定、经济社会制度的稳定。发展社会主义民主政治，可以提高党和国家的干部的民主意识，从而对遏制腐败、澄清吏治、反对官僚主义产生积极作用。

不论是公有制还是私有制，都不能有严重的腐败。腐败是任何社会形态和任何社会制度的天敌。腐败既能使私有制变成最坏的制度，也能使公有制变成最坏的制度。社会主义更应当是廉洁社会，更应当建设廉洁政治，更应当做到干部清正、政府清廉、政治清明。

社会主义是社会秩序良好的社会，社会秩序混乱、治安不良，黄、赌、毒泛滥的社会不是社会主义社会。

社会主义是精神文明较好的社会，社会公德严重缺乏的社会不是社会主义社会。

中国特色社会主义不仅要有"中国特色"，更要有"社会主义特色"。不能用"中国特色"来淡化"社会主义特色"。习近平强调，中国特色社会主义是社会主义而不是其他什么主义，科学社会主义基本原则不能丢，丢了就不是社会主义。① 中国特色社会主义必须坚持科学社会主义的基本原则，才是社会主义。

今天，建设中国特色社会主义，可以学习当代发达资本主义国家的社会保障制度。发达资本主义国家的教育、医疗、住房、养老、救济等社会福利保障，劳工的权利和福利保障，都值得我们认真学习。

社会主义是共同富裕的社会，贫富两极分化的社会不是社会主义社会。习近平强调指出："实现共同富裕，是社会主义的本质要求。"② 贫富两极分化就是阶级分化，必然会产生新的资产阶级，必然会产生新的社会矛盾，与社会主义背道而驰。邓小平已明确认识到贫富两极分化的恶果，他早就警告说："社会主义的目的就是要全国人民共同富裕，不是两极分化。如果我们的政策导致两极分化，我们就失败了；如果产生了什么新的资产阶级，那我们就真是走了邪路了。"③ 贫富两极分化会导致阶级分化、社会分裂，会使社会矛盾尖锐化、复杂化。联系到近几年中国已出现贫富两极分化的严峻现实，邓小平当年的警告令人深思。

社会主义是城市和乡村统筹发展、协调发展的社会，城乡差距过大的社会不是社会主义社会。

社会主义是尊重、保护、继承和发展优良历史文化传统的社会，破坏历史文物古迹，不重视历史文化，为了发展所谓的"生产力"、所谓的"经济"可以破坏历史文物，可以破坏生态环境，可以破坏法制，可以无视人间道德的社会不是社会主义社会。

二 中国特色社会主义文化建设问题刍议

（一）中国特色社会主义文化的内涵

中华文化是中华民族自古以来所创造的精神体系。它包括中华传统文化和当代文化（或现代文化）。

一般把民国以前的中国文化称为中国传统文化。我们认为，可以把1949年中华人民共和国成立之前的中国文化称为中国传统文化，之后的

---

① 《人民日报》2013年1月6日。
② 《人民日报》2012年12月31日。
③ 《邓小平文选》第3卷，人民出版社1993年版，第110—111页。

称为当代文化（或现代文化）。中国传统文化以儒家文化为主流，当代中国文化以社会主义文化为主流。

弘扬中华文化，建设社会主义文化强国，建设中华民族共有精神家园，要全面认识祖国传统文化，取其精华，去其糟粕，使之与当代社会相适应，与现代文明相协调，保持民族性，体现时代性。

党的十七大提出了"弘扬中华文化，建设中华民族共有精神家园"的重大战略任务，充分体现了我们党的文化自觉和文化自信，这也正是对祖国传统文化中崇文重教精神的弘扬。党的十八大强调"扎实推进社会主义文化强国建设"，走中国特色社会主义文化发展道路，推动社会主义精神文明和物质文明全面发展。

弘扬中华文化，要弘扬中华传统文化的基本精神。中华传统文化的基本精神是传统文化的精华，主要有：以人为本、忠孝爱国、崇尚统一、中庸和谐、公正平等、崇文重教、自强不息、宽容开放、实事求是等精神。辉煌灿烂的中华文化经数千年风雨沧桑而至今从未中断，靠的就是这些基本精神的支撑和维系。

习近平指出："中国特色社会主义植根于中华文化沃土、反映中国人民意愿、适应中国和时代发展进步要求，有着深厚历史渊源和广泛现实基础。"[1] 中国特色社会主义文化是中华文化的当代形态，是对祖国优秀传统文化的继承和发展。中国特色社会主义文化，就是面向现代化、面向世界、面向未来的，民族的科学的大众的文化。中国特色社会主义文化建设，必须坚持马克思列宁主义、毛泽东思想和中国特色社会主义理论体系在意识形态领域的指导地位，建设面向现代化、面向世界、面向未来的，民族的科学的大众的文化；必须坚持社会主义先进文化前进方向，树立高度的文化自觉和文化自信，扎实推进社会主义文化强国建设，激发全民族文化创造活力，提高国家的文化、文明水平，提高人民思想道德素质和科学文化素质，提高国家文化软实力，增强文化整体实力和竞争力，保障人民基本文化权益；建设社会主义核心价值体系，增强社会主义意识形态的吸引力和凝聚力，倡导富强、民主、文明、和谐，倡导自由、平等、公正、法治，倡导爱国、敬业、诚信、友善，积极培育和践行社会主义核心价值观；牢牢掌握意识形态工作领导权和主导权，坚持正确导

---

[1] 《人民日报》2013年8月21日。

向，提高引导能力，壮大主流思想舆论；坚持为人民服务、为社会主义服务的方向和百花齐放、百家争鸣的方针，弘扬主旋律，提倡多样化；大力发展先进文化，支持健康有益文化，努力改造落后文化，坚决抵制腐朽文化。①

(二) 中国特色社会主义文化的主要特征

一是民族性。中国特色社会主义文化是中华民族的文化，也是中国国家的文化。中华民族是中国特色社会主义文化的创造主体。中国特色社会主义文化的民族性就是要继承和发扬中华民族的优秀传统文化，保持中华民族文化的本质和特色，反对帝国主义的文化霸权和文化侵略，抵制外国的腐朽落后文化，主张民族尊严和独立。这个民族性又包括文化交流中的民族主体意识，它并不排斥外来先进文化，而是主张学习、吸收外国的进步文化，但要批判地吸收，取其精华，去其糟粕。民族性不仅表现在吸收外来文化时的主体选择性上，而且还表现在消化外来文化的主体能力上。也就是说，即使是外国的优秀文化、先进文化，也不能全盘照搬过来，而必须结合中国的实际情况，经过中国人自己的消化，使之成为具有中国特色的文化，包括对马克思主义也必须采取这种态度。要采取中国的文化形式和话语表达方式来阐释马克思主义理论，使之成为具有中国风格和中国气派的马克思主义，并为中国广大人民所喜闻乐见。

二是科学性。中国特色社会主义文化的科学性，就是主张实事求是、追求客观真理、实现理论和实践的统一，正确反映自然界和人类社会的本质和发展规律，坚决反对一切非科学的迷信思想。要充分尊重和注意继承发展历史文化遗产，取其精华，去其糟粕，绝不能无批判地兼收并蓄。"我们必须尊重自己的历史，决不能割断历史。但是这种尊重，是给历史以一定的科学的地位，是尊重历史的辩证法的发展。"② 科学地、辩证地对待本民族的文化和其他民族的文化，正确处理民族性与科学性的关系，既要反对历史虚无主义和民族虚无主义，又要反对封建主义和资本主义。要大力发展科学技术，大力发展哲学社会科学，树立科学精神，掌握科学方法，提高广大人民群众的科学文化素质。

---

① 参见十七大报告和十八大报告。
② 《毛泽东选集》第2卷，人民出版社1991年版，第708页。

三是大众性。中国特色社会主义文化的大众性，就是主张文化的民主性，文化应当为广大人民群众服务，要把文化的提高和普及结合起来，提高全民族的文化素质。要力求做到政治和文化的统一，内容和形式的统一。中国特色社会主义文化不是贵族式的、特权阶级的文化，而是反映代表人民群众心声和利益的文化。人民群众是建设中国特色社会主义文化的主体力量，要充分尊重人民群众在文化建设中的创造精神，充分发挥人民群众的文化创造积极性。来源于人民大众，服务于人民大众，是中国特色社会主义文化的本质要求。中国特色社会主义文化建设必须坚持为人民服务、为社会主义服务，同时要大力发展公益性文化事业，充分实现人民群众的文化利益，切实保障人民群众享受文化成果的权利。发展中国特色社会主义大众文化，要坚持以马克思列宁主义、毛泽东思想和中国特色社会主义理论体系为指导，发展先进的、科学的、健康的大众文化，坚决抵制庸俗文化、腐朽文化。发展大众文化，最好不要用发展产业的办法来发展。文化不能产业化。产业化的文化已不是文化，而是产业、商业。文化产业化、商业化是文化的异化。

四是开放性。中国特色社会主义文化，是面向现代化、面向世界、面向未来的文化，因此，它具有海纳百川的开放性。改革开放是新时期最鲜明的特点。在经济全球化深入发展和我国对外开放不断扩大的形势下，中国文化走向世界，世界文化走向中国的文化大交流是当今世界的文化奇观。中国特色社会主义文化，向全世界展示了它的开放性和包容性。要积极适应世界文化交流、交融、交锋更加频繁的新趋势，进一步加强对外文化交流，吸收借鉴各国优秀文明成果，推动中华文化走向世界，增强中华文化的国际影响力。吸收借鉴不是盲目模仿，照抄照搬。要从我国国情和文化发展的实际情况出发，有分析、有批判、有选择地吸收借鉴，既要反对狭隘民族主义，又要反对全盘西化，坚决抵制腐朽的东西，切实维护国家文化安全。建设中国特色社会主义文化，弘扬中华文化，进行对外文化交流，党必须掌握文化领导权，抵制帝国主义的文化霸权和文化侵略。

（三）加强中国特色社会主义文化建设的重大战略意义

首先，加强中国特色社会主义文化建设是建设中国特色社会主义伟大事业和实现中华民族伟大复兴的必然要求。"中国特色社会主义是全面发展、全面进步的事业,是物质文明和精神文明相辅相成、协调发展的事业。物质贫乏不是社会主义,精神空虚也不是社会主义。"① 文化是人类在认识世界和改造世界实践中创造的精神成果。中国特色社会主义是经济、政治、文化、社会、生态、协调发展、全面发展、全面进步的整体。社会主义文化是社会主义的重要特征和组成部分,也是社会主义本质的重要体现。没有社会主义文化的发展和繁荣,社会主义的经济、政治也不会有长期的、稳定的发展和繁荣。从人类社会发展的长时段及其规律的视野来看,文化的发展和进步才是社会最重要、最关键的发展和进步。相对而言,物质、经济容易发展,也容易毁灭,文化的发展则比较艰难,也难于毁灭。经济的发展功在一时,文化的发展则功在千秋。文化中国比经济中国更有生命力。

其次,加强中国特色社会主义文化建设有利于增强民族凝聚力、创造力、竞争力,有利于提高国家的综合国力。社会主义文化滋养民族的生命力,激发民族的创造力,铸造民族的凝聚力,增强民族的认同感,是中华民族团结复兴、国家统一富强的强大精神支柱。当今世界,文化日益成为综合国力的关键因素,文化在国际竞争中的地位和作用越来越突出,文化的竞争和冲突越来越激烈。我国不仅在经济上、军事上面临严峻挑战,在文化上也面临严峻挑战。加强社会主义文化建设,能够提高民族的整体素质,增强人民群众的凝聚力、创造力、竞争力,培养高度的文化自觉和文化自信,形成昂扬向上的精神风貌,有利于提高国家的综合国力。

再次,加强中国特色社会主义文化建设,可以为社会主义社会的科学发展以及改革开放和现代化建设提供精神动力、智力支持和思想保证。改革开放和现代化建设,中国特色社会主义建设,实现中华民族伟大复兴,是伟大而艰辛的事业,没有笔直平坦的道路可走。克服千难万险,取得伟大胜利,需要勇气、智慧、力量、思想,需要广大人民群众的支持和参与,这些都与社会主义文化建设密切相关。社会主义文化建设通过培育和弘扬民族精神,增强民族自尊心、自信心、自豪感,可以提供精神动力;通过大力发展教育和科学(包括哲学社会科学),提高劳动

---

① 胡锦涛:《在纪念党的十一届三中全会召开30周年大会上的讲话》,《人民日报》2008年12月19日。

者的科学文化素质，可以提供智力支持；通过确立和巩固马克思主义的指导地位，培育和践行社会主义核心价值观，加强思想道德建设，可以提供思想保证。

第七章

政治体制改革研究

一 什么是政治体制改革？

　　什么是政治体制改革？政治体制改革是在坚持和维护我国社会主义国家根本性质、人民民主专政国体的前提下，完善和发展国体与政体，完善和发展政治制度和政治体制，调整和处理政治制度和政治体制运行中的关系和矛盾。马克思主义揭示的生产关系适合生产力状况的规律、上层建筑适合经济基础状况的规律，是马克思主义政党制定正确的战略、策略、方针、政策的理论依据。党的十八大报告回答了什么是政治体制改革、怎样推进政治体制改革的问题，精辟阐明了在新形势下继续积极稳妥推进政治体制改革的基本要求、基本目标、基本内容，对继续推进政治体制改革具有重要的指导意义。马克思主义的理论和实践告诉我们，政治体制属于上层建筑，它的改革和发展，必然要受到社会、经济、文化发展水平的制约。生产力与生产关系、经济基础与上层建筑要互相配套，党和国家的路线、方针、政策要互相配套，物质文明建设、政治文明建设、精神文明建设、社会文明建设以及生态文明建设要互相配套，经济体制改革、政治体制改革、文化体制改革、社会体制改革及其他各方面改革要互相配套，各项制度、举措之间及其内部构成要素之间要相互配套。[①] 没有生产力和文化、社会、经济的不断发展，政治体制是不可能取得切实发展的。在我国要使生产力和文化、社会、经济得到不断发展，就必须进行经济体制改革。而随着我国经济体制深刻变革、社会结构深刻变动、利益格局深刻调整、思想观念深刻变化，国家对政治体制改革也提出了更加迫切的要求。

---

① 张巨成：《说"配套"》，《人民日报》2010年7月26日。

不进一步推进政治体制改革，经济体制改革不可能最终取得成功。这正如邓小平所说的："现在经济体制改革每前进一步，都深深感到政治体制改革的必要性。不改革政治体制，就不能保障经济体制改革的成果，不能使经济体制改革继续前进，就会阻碍生产力的发展，阻碍四个现代化的实现。"[①] "我们所有的改革最终能不能成功，还是决定于政治体制的改革。"[②] 我国经济、政治、文化、社会发展的一般规律决定了继续积极稳妥推进政治体制改革的必要性和重要性。通过新中国六十多年的建设发展特别是改革开放以来三十多年的建设发展，我国的经济建设取得了巨大成就，综合国力明显上升，国内生产总值高速增长，已成为世界第二大经济体。但是，在经济建设取得巨大成就的同时，社会矛盾和问题明显增多，公与私的矛盾、贫与富的矛盾、官与民的矛盾错综复杂；发展中不平衡、不协调、不可持续问题依然突出；制约科学发展的体制机制障碍较多，深化改革开放和转变经济发展方式任务艰巨；城乡区域发展差距和居民收入分配差距依然较大，部分群众生活比较困难；一些领域消极腐败现象易发多发，反腐败斗争形势依然严峻；资本原始积累、资本掠夺剥削问题严重；贫富两极分化问题依然没有得到有效解决，部分群众期望受挫；非法征地、拆迁引发的社会冲突不断发生，侵占、掠夺群众切身利益的事件不绝于耳，等等。目前，我国的经济改革和社会发展已进入关键时期，既面临前所未有的机遇，也面对前所未有的挑战，一系列深层次的矛盾和问题有待解决。要推动中国社会和历史的进步，必须及时、有效地解决这些矛盾和问题。在这样关键的时刻，政治体制改革的必要性和重要性更为凸显。进一步推进政治体制改革，是解决中国目前的矛盾和问题的关键。党的十八大报告指出："政治体制改革是我国全面改革的重要组成部分。必须继续积极稳妥推进政治体制改革，发展更加广泛、更加充分、更加健全的人民民主。"在改革开放的过程中，随着政党和国家意识形态的重构，随着社会和文化的变迁，意识形态发挥的动力作用已逐渐减弱；经济增长和物质利益曾经是改革的动力，而现在这种动力作用也正在减弱。改革开放以前，以马克思列宁主义、毛泽东思想为主流的意识形态和道德激励以及权威人物的个人魅力是中国共产党执政的合法性的重要基础。改革开放

[①]《邓小平文选》第3卷，人民出版社1993年版，第176页。
[②] 同上书，第164页。

以后,党执政的合法性基础主要是经济增长和物质利益激励。经济不可能永远高速增长,主要靠经济增长和物质利益构建的执政合法性基础是不够的,也是非常脆弱的,还必须靠文化(包括意识形态)、靠政治体制改革。今天,有必要通过政治体制改革来重构意识形态、重构执政的合法性基础、重构改革的新共识和新动力。进一步推进政治体制改革,是党和国家兴旺发达和长治久安的重要保障,是我国全面建成小康社会的必然要求,也是发展社会主义民主政治、发展社会主义政治文明的必然要求。

二 怎样推进政治体制改革?

推进政治体制改革要注意把握以下几个方面。

推进政治体制改革,必须坚持以马克思列宁主义、毛泽东思想和中国特色社会主义理论体系为指导。首先,要运用马克思主义的基本原理来分析政治体制改革中出现的新情况、新问题。其次,要发扬马克思主义的科学精神、革命精神和批判精神,对政治体制改革进行分析、研究,作出马克思主义的回答。再次,要以马克思列宁主义、毛泽东思想和中国特色社会主义理论体系作为政治体制改革的理论基础,结合国情实际,构建社会主义政治核心价值观,形成政治体制改革共识,制定政治体制改革方案。最后,推进政治体制改革,必须以科学发展观为指导,体现政治体制改革的科学性、民主性、现代性。

推进政治体制改革,必须坚持党的领导。政治体制改革会涉及不同的阶层、阶级、集团及个人的利益,会遇到各种矛盾、问题和阻力。必须坚持党的领导、人民当家做主、依法治国有机统一。必须坚持并加强党的领导,充分发挥党总揽全局、协调各方的领导核心作用,更加注重改进党的领导方式和执政方式,提高党科学执政、民主执政、依法执政水平,保证党领导人民有效治理国家。正确处理党委和人大、政府、政协、群众团体的关系,改善党对人大、政府、政协、群众团体的领导方式。坚持党对政治体制改革的领导,要注重发挥我们党的理论优势、政治优势、组织优势、制度优势和密切联系群众的优势。改革的领导人,包括政治体制改革的领导人,必须具有崇高的历史使命感、高度的社会责任感和高尚的社会道德。

推进政治体制改革,必须坚持正确的政治方向。必须坚持我国社会主义国家的根本性质，必须坚持我国人民民主专政的国家政权性质。对人民实行民主，要以保证人民当家做主为根本，以增强党和国家活力、调动人民积极性为目标，扩大社会主义民主，加快建设社会主义法治国家，发展社会主义政治文明。要更加注重健全民主制度、丰富民主形式，保证人民依法实行民主选举、民主决策、民主管理、民主监督。人民民主是我们党始终高扬的光辉旗帜。要发展更加广泛、更加充分的人民民主，保障人民的知情权、参与权、表达权、监督权。全面推进依法治国，建设社会主义法治国家，更加注重发挥法治在国家和社会治理中的重要作用，维护国家法治的统一、尊严、权威，保证人民依法享有广泛权利和自由。坚持国家一切权力属于人民，从各个层次、各个领域扩大公民有序政治参与，最广泛地动员和组织人民依法管理国家事务和社会事务、管理经济和文化事业。

推进政治体制改革，必须坚持中国特色社会主义制度，坚定不移走中国特色社会主义政治发展道路。要坚持人民代表大会制度这一根本政治制度，坚持中国共产党领导的多党合作和政治协商制度、民族区域自治制度以及基层群众自治制度等基本政治制度，坚持中国特色社会主义法律体系，坚持以公有制为主体、多种所有制经济共同发展的基本经济制度，以及建立在这些制度基础上的经济体制、政治体制、文化体制、社会体制等各项具体制度，不断推进社会主义政治制度自我完善和发展。要支持和保证人民通过人民代表大会行使国家权力，健全社会主义协商民主制度，完善基层民主制度，全面推进依法治国，深化行政体制改革。要推进科学立法、严格执法、公正司法、全民守法，坚持法律面前人人平等，保证有法必依、执法必严、违法必究。弘扬社会主义法治精神，树立社会主义法治理念，实现国家各项工作法治化，保障公民合法权益。要把制度建设摆在突出位置，充分发挥我国社会主义政治制度优越性，积极借鉴人类政治文明有益成果，绝不照搬西方政治制度模式。积极推进社会主义民主政治制度化、法治化、规范化、程序化，为维护国家统一、政治安全、民族团结、社会稳定，促进文化、经济发展和社会进步，推进生态文明建设，全面建成小康社会，提供更加完善的政治和法律制度保障。"唯公然后可以正天下。"（《傅子·问政》）政治体制改革必须坚持社会主义的基本原则，必须体现社会主义的公正平等本质，维护社会公平正义，保证人民依法享有广泛权利和自由，保证人民群众在政治体制改革中普遍受益。

推进政治体制改革，必须坚持统一部署，自上而下，自下而上，上下互动，扎实推进。历史唯物主义认为，人民群众不仅是社会物质财富和精神财富的创造者，而且是社会变革的决定性力量。今天，人民群众是创造历史、推动历史进步的动力，也是推动改革的动力。继续积极稳妥推进政治体制改革，必须坚持解放思想、实事求是、与时俱进、求真务实，坚持党的群众路线，相信群众，依靠群众，充分调动广大人民群众的积极性和创造性，使人民群众的民主政治意识得到增强，民主政治期望得到满足，参政议政热情得到激发，积极参加社会主义民主政治建设，有秩序、有步骤地推进政治体制改革。健全权力运行制约和监督体系，加强党内监督、民主监督、法律监督、舆论监督，让人民监督权力，让权力在阳光下运行。对权力的制约和监督，要依靠人民群众，让人民群众监督党和政府，党和政府才不敢松懈，不敢腐败，即使出现了腐败现象，也完全可以依靠民主的力量、法制的力量、群众的力量来解决，这样才能把腐败减轻到最低程度，切实推进廉洁政治建设。

第 八 章

文化研究

一 中国民俗文化的特色与整合

民俗文化具有独特的社会功能,是影响社会历史进程的重要因素之一。研究我国民俗文化的范型(pattern)与规律、特色与整合(integration),具有重要的学术价值和社会政治价值。

(一) 我国民俗文化的特色

1. 农业性特色

中国自殷周到明清一脉相延的是"农业—宗法"社会。[①] 这样的社会类型使我国传统民俗文化具有强烈的农业性特色。中国素来"以农立国",历代帝王都有耕籍田、祀社稷、祈祷求雨、下劝农令的仪式。古代中国人口的绝大多数是以农业为职业的,这就决定了中国古代文化在很大程度上是一个农业社会的文化,中国若干传统民俗的形成,都与此有关。我国古代产生的许多节日民俗,就体现了传统民俗的农业性特色。例如,我国古代为迎接立春的到来,有一系列的祭祀礼仪活动。

2. 宗法性特色

中国古代的社会制度和组织发生过种种变迁,但由氏族社会遗留下来的,以父家长为中心、以嫡长子继承制为基本原则的宗法制度却沿袭数千年之久,直到近代还保留着明显的痕迹。[②] 中国古代的村社是中国社会的基层单位,而这些村社中又包含家族与邻里乡党两大环节,由家庭而家

[①] 冯天瑜、周积明:《中国古文化的奥秘》,湖北人民出版社1986年版,第73页。
[②] 同上书,第66页。

族,再集合为宗族,进而组成社会,成为国家的基石。这样的社会结构对民俗的形成和发展有重要影响,使我国古代民俗文化具有明显的宗法性特色。

中国的民俗文化,可说是从家庭开始的,因为家庭是中国社会最基本的单位。在古代乃至近代,一个家庭里通常有奉祀祖先和已去世的父母的神龛,每天要烧香致敬。一个宗族有一个祠堂,奉祀一族的共同祖先。[①]

3. 宗教特色

中国传统民俗文化受宗教影响很大,因而具有明显的宗教特色。对我国民俗文化影响最大的是佛教、道教、伊斯兰教。另外,少数民族的原始宗教信仰和其他民间信仰,使少数民族的民俗大多具有宗教特色。佛教、道教的寺庙、道观都在美丽的风景区,吸引着成群的男女信士和普通游客。这对我国的旅游文化也有影响。一般民众或多或少接受了西天佛土、地狱的观念、因果报应、六道轮回的佛教思想。这些思想自然对民俗文化有影响。道教是中国土生土长的宗教,对民俗同样具有重大影响。伊斯兰教主要对我国西北的维吾尔族、回族等民族的民俗影响巨大。基督教、天主教则主要对沿海地区和设有通商口岸的地区、西南某些少数民族地区的民俗文化具有一定的影响。

4. 儒学特色

中国的传统文化以儒学为核心,这使我国的民俗文化具有浓厚的儒学特色。儒学特别重视伦理道德,许多民俗具有伦理道德的内容。儒学特别重视"礼",传统中国社会被称为"礼治社会",可见传统中国社会对礼的重视和中国社会民俗文化的独特性。汉民族的许多风俗习惯,都具有儒学思想的内容。儒家讲求的"三纲""五常""四维""八德"等思想意识,对我国民俗文化有很大的影响。儒家思想影响了传统中国社会的许多重要方面,传统民俗文化(特别是汉民族的传统民俗文化)具有浓厚的儒学特色。

5. 区域性特色

中国疆域辽阔,区域差别大。每一种民俗的形成、发展均受区域的自然地理环境、生产、生活、社会、政治的制约,因而或多或少带有区域性

[①] 参见杨允元《中国传统民俗的特质》,载《中国文化论文集》(四),台湾幼狮文化事业公司1982年版,第559页。

特色。从鸟瞰角度认识区域性，可以看到，各地区形成的民俗，分别构成各种类型的文化圈，千千万万个民俗文化圈彼此交叉联系，便形成了若干民俗区域。像我国东北地区，由于几千年历史文化的影响，形成了一个大的文化圈，使它与华北、西北、西南、华中等地区相比有很大的民俗差异。在大区域中，又存在着许多小区域或更小区域的民俗文化圈的差异，甚至最小的自然村落的差异。① 邓子琴认为："考究风俗者，应以地理为主，前人附风俗于地志，实有深意。"②

6. 民族特色

我国是一个多民族的国家，除汉族外，我国现在已经确认的少数民族有55个。我国各民族由于自然环境、物质生活条件的差异和社会历史发展过程的不同，不同民族的风俗习惯也有所不同，甚至同一个民族的不同支系因所处的环境不同，其风俗习惯也有所不同。尽管不同民族的某些风俗习惯可能相似、相近甚至相同，但通常每个民族都有自己独特的风俗习惯。

各民族在饮食、居住、服饰、婚姻、节日、歌舞、丧葬、礼仪、体育、宗教信仰等方面的民俗，都具有丰富多彩的民族特色。

（二）移风易俗是社会主义精神文明建设的重要内容

优良的民俗是社会主义精神文明的重要组成部分，移风易俗是社会主义精神文明建设的重要内容。党和政府一贯尊重各族人民的风俗习惯，并且主张革除陋俗恶习，提倡移风易俗，我国宪法第四条中规定：各民族"都有保持或者改革自己风俗习惯的自由"。《中央人民政府政务院关于保障一切散居的少数民族成份享有民族平等权利的决定》中规定：各民族"均有自由保持或改革其民族的生活方式、宗教信仰和风俗习惯的权利，别人不得干涉，并须加以尊重和照顾"。随着我国社会主义政治、经济、文化事业的发展，各民族生活条件的变化，我国各族人民根据自己的意愿，对本民族的风俗习惯，按照社会主义精神文明和物质文明建设的需要，分为不同情况，有的予以保持和发扬，有的进行了不同程度的改革或废除。新中国成立六十多年来，我国的民俗改革取得了巨大成就，主要体

---

① 参见乌丙安《中国民俗学》，辽宁大学出版社1985年版，第36页。
② 邓子琴：《中国风俗史》，巴蜀书社1988年版，第363页。

现为以下四个方面：

第一，符合社会主义精神文明和物质文明的需要，对民族的团结和发展进步有积极作用的民俗得到保持、提倡和发扬光大。如许多少数民族在传统节日期间，举行摔跤、射箭、赛马、赛龙船等体育活动，举办丰富多彩的文艺会演，组织规模宏大的物资交流等。这些活动，从形式到内容，都是有益的和健康的，深受各族人民群众的欢迎。

第二，对社会主义事业，对民族的发展繁荣，虽无积极作用，但也无害的民俗，听其自然。其中一些纯属饮食、服饰等方面的生活习惯，党和政府不但予以尊重，而且采取了必要的措施和办法予以照顾。

第三，革除了大量陋俗恶习。旧中国的许多陋俗恶习，如缠足、嫖娼、卖淫、吸食鸦片、纳妾、早婚、溺婴、杀牛祭鬼等，在新中国都属于革除的内容，且收效甚大。

第四，移风易俗，提倡进步、科学、理性的民俗。如新中国成立后在婚俗、丧葬等方面进行的改革，就取得了很大的成就。

新中国成立后的民俗改革，对于社会主义革命和建设，对于中国社会的稳定与发展，都具有重要的意义。民俗改革取得了巨大的成就，但也曾出现急于求成，违背民俗发展规律，行政干预过多的现象。

新中国成立后的民俗改革，是中国民俗文化发展史上的一次规模空前的整合。近年来，伴随着改革开放和市场经济的大潮，中央政府的整合能力有所降低。在民俗文化方面，产生了新的变异，出现了一些新的陋习恶俗，主要体现为如下几个方面：

第一，婚恋嫁娶中的重彩礼、早婚、早育、多育、重男轻女、买卖婚姻等陋习还有一定的市场。陈旧烦琐、耗费巨大的丧葬习俗还未彻底革除。

第二，超前高消费，奢侈之风流行，讲排场、比阔气、铺张浪费、行贿受贿、请客送礼之风愈刮愈烈。

第三，赌博、卖淫、嫖娼、吸毒、贩毒和封建迷信等恶习和犯罪行为重新出现，为害巨大。

第四，轻视教育、文化，新的读书无用论流行，重商主义、拜金主义泛滥于神州大地，其流风所布，使社会主义精神文明建设遭受极大破坏。

"风俗有关治道"，对我国社会存在的陋俗恶习，要逐步地改良或者废除，对良风美俗，则应大力提倡。转移世风，是历代许多有作为的政治家的"目的获求"（goal-attainment）。在当代，政治家们要想转移世风，应着力使民俗趋于理性化，以顺应现代化的潮流，促进国家的或地区的文化的进步，因为具有优良的民俗，是文化或文明进步与否的一个重要衡量标准。

改革民俗是我国社会主义精神文明建设的重要内容。应当把民俗改革纳入社会主义精神文明建设的总体规划。中共十二届六中全会通过的《中共中央关于社会主义精神文明建设指导方针的决议》指出："在广大城乡要积极开展移风易俗活动，提倡文明健康科学的生活方式，克服社会风俗习惯中还存在的愚昧落后的东西，婚嫁丧葬中的陋习要改革，封建迷信要破除。"在过去的几十年里，中国共产党对于民俗改革发挥了高度的整合能力，从大都市到偏僻乡村的民俗文化，都按照社会主义的价值目标进行了不同程度的整合。中共强有力的社会动员（social mobilization），加上中共的民俗改革的价值目标本身的感召力，使民俗改革运动产生了强大的整合效应。针对近几年中国民俗文化的变异，我们认为党和政府应提高对中国社会包括对中国民俗文化的整合能力，既要避免中国民俗出现大的倒退性的回归现象，又要避免中国民俗文化中的优良传统在改革开放和市场经济的大潮中出现断裂。

中国的民俗文化在新的整合过程中，需要有强有力的中央政府权威来进行统摄。对于中国的传统民俗文化，既要有选择地否定，又要有选择地肯定；经过整合的民俗文化，既要与现代化的潮流相协调，又要与中华文化的传承与发展相协调。

二 近代云南少数民族基督教文化

在近代中国历史上，基督教传入云南的时间虽然比沿海地区和内地晚，但基督教在云南，特别是在云南少数民族地区传播之快，发展之广却是突出的。基督教与云南少数民族的本土文化的冲突，远较与汉民族的传统文化的冲突为小；基督教在中国沿海地区和内地曾受到强烈的排斥，而在云南少数民族地区却从未有过激烈的、大规模的反基督教运动；基督教在云南少数民族地区得到了比较成功的传播，并形成独具特色的云南少数民族基督教文化。这些问题，颇耐人寻味。

（一）云南少数民族基督教文化的形成原因

在文化方面，云南远离中国主流文化的中心地区，儒家文化对云南的影响较内地为小，并且儒家文化在云南的传播主要是在云南的汉族聚居地区。某些与汉族交往较多的少数民族，会或多或少地受到儒家文化的影响，而那些与汉族没有交往或交往较少的少数民族，则没有受到或很少受到儒家文化的影响。从基督教在云南的传播历史过程中，我们发现，那些没有受到或者很少受到儒家文化影响的少数民族，比较容易接受基督教，成为基督教信徒，并且，信教比较虔诚。基督教在云南非儒家文化区（没有受到或者很少受到儒家文化影响的云南少数民族地区）的传播，对云南非儒家文化区的少数民族的社会、历史文化产生了深刻影响，且影响延续至今。在近代接受基督教的云南非儒家文化区，近几年来，基督教得到了比较大的发展，这种发展的历史背景就是近代史上基督教在这些地区的传播。

接受基督教的云南少数民族，大多没有比较发达、成熟、稳定的文化系统，故让基督教乘虚而入。基督教传入云南少数民族地区后，虽然也受到少数民族传统文化的抗拒，但抗拒的程度远较内地儒家文化的抗拒为小。

在云南的少数民族中，那些具有比较发达、稳定的文化传统及较牢靠的宗教信仰的少数民族，对基督教的抗拒则比较强烈，包括傣族、藏族、回族、白族、纳西族等。例如，1929年，英国传教士傅培德进入兰坪县传教，他和其他传教士费了很大力气，但收效甚微，十多年中，兰坪县的教徒总共才有三十多人。兰坪县是白族聚居区，普遍信仰佛教和其他多神教，认为万物有灵，崇拜观音菩萨以及道教众多的天神地鬼。这些信仰有力地抵制了基督教在兰坪的传播。在大理的白族聚居区，丽江的纳西族聚居区，也有类似的情况。

在地缘方面，云南的地理位置有利于基督教在云南的传播。云南地处边疆，与缅甸、越南、老挝等国接壤，外国基督教会组织可以直接从境外派遣传教士入滇传教，尤其在越南、缅甸相继成为法国、英国的殖民地后，外国教会便以其作为向云南传教的据点。从1876年的中英《烟台条约》到1897年的中英《续议缅甸条约附款》等一系列不平等条约，使云南被迫向英、法等国开放门户，这为外国传教士进入云南传教提供了极大的方便。在近代，一批又一批传教士，一个又一个教派组织进入云南，传教活动迅速发展，掀起了基督教在云南的传播浪潮。

在传教方式方面，在云南少数民族地区传教的外国传教士和中国传教人员将基督教的基本教义与云南少数民族地区的实际情况相结合，使基督教在云南部分少数民族地区的传播获得了成功。

例如，怒江地区的傈僳族，生产、生活贫困落后，缺乏科学文化知识，医疗卫生条件极其落后，有了疾病没有药物治疗，只是杀牲祭鬼，结果进一步加重了生活的负担，使生活更加贫困。外国传教士利用傈僳族的这种社会状况，向傈僳族群众宣传说："上帝是万能之神，信仰上帝，有病不必杀牲祭鬼，祷告上帝就会好。上帝帮助我们，生活就会好起来。"群众听信他们的宣传，入了教。传教士就把群众家里祭神祭鬼用的东西，通通拆除销毁，称为"撵鬼"。过去群众认为祭祀之地搭的架子和祭鬼时所用的东西，任何人万万不能随意破坏和销毁它，否则得罪了鬼神就要遭到大祸。现在他们看见传教士敢动、敢毁这些东西，也没有遭到大祸，以为他们真是了不起，就更加相信他们的传教宣传了。

针对傈僳族中存在赌钱、吸大烟（鸦片）、偷盗等不良的社会风气，传教士对教徒宣传说："信教的人这些事不许做，如果信徒干了这些不良的事，要受到上帝的惩罚。"有些群众认为信教有好处，就信教了。同时，传教士给吸大烟的人服药戒烟，有的人戒了大烟后，就信奉基督教了。

传教士根据傈僳族男女老少都爱唱民歌民曲的特点，编写了不少歌颂上帝耶稣的歌曲，即"赞美诗"。他们把这类歌曲作为传教的重要工具之一，讲经布道和教唱诗歌同时并举。青年男女特别爱学诗歌，他们就把诗歌的谱分别编为四音调和合音，一音两音调给妇女唱，三音四音调则给男人唱，合音为男女合唱，使青年男女几乎每夜都集中于礼拜堂或住宅宽敞的人家学习，所以教徒中除了极少数年老者外都能唱圣经歌。青年人由于爱唱歌而信基督教的占了相当比例。今天，云南某些少数民族地区的信徒唱圣经歌的水平很高，是有这方面原因的。

傈僳族的婚姻是父母包办的。要结婚成家，必须付出不少的财物。然而传教士规定教徒群众结婚不许按习俗，即不许按包办方式举行，要按教会的结婚办法办理，即男满20岁，女满18岁可自由找结婚对象，不许付妇女身价钱。不兴办酒席，如果小筵席也办不起的人，还可以在礼拜日或节日里结婚。由于婚姻不用彩礼，有的群众见婚事便宜，结婚成家容易，也就信了教。

传教士为了使更多的群众加入基督教，他们不管山路多么崎岖，凡有人家居住的村寨就去传教，一有人信仰基督教，就在那个村寨蹲下来传播基督教教义，教傈僳文字和赞美诗，为生病的教徒祈祷，即"驱鬼"，真是费尽心机。传教士的这种行动是吸引少数民族群众信仰基督教的最有效的方法之一，传教士也很重视向儿童灌输宗教思想。他们将入教一年左右的儿童收进"儿童学习会"。学习会每年办一次，每次一个月或几个星期，教傈僳文字，灌输宗教思想，从小就把他们培养成为忠于教会的虔诚信徒。外国传教士还用纸做的模型（万花筒）给孩子们看所谓的"美丽的天堂"，并讲我们将来就要享受这样美好的"天堂"生活，天真的儿童当然相信他们的这种神话了。①

又如在福贡县，傈僳族信仰基督教的原因，主要是信徒能在烟酒、疾病、婚姻等方面节省开支。此外尚可读书识字（傈僳文）。这方面碧江县大致与福贡县相同。在福贡传教的美国神召会牧师马导民等常施小恩小惠，如散发旧衣服，给儿童玩具，或用一件破旧衣服换老百姓几个鸡蛋，故信教者日增。教会对教徒无甚剥削，教徒只有少量捐助，或钱或米，或多或少，根据各人经济情况，各尽所能地捐助一点。教会有时借给教徒少量钱财，只收轻微利息，只是售卖经诗价钱稍贵，一本赞美诗要半开四元五角。②

在云南传教的外国传教士，注意培养当地少数民族传教员传教，故容易得到群众的信任。在西方基督教的挑战下，云南某些少数民族原有的宗教信仰往往容易出现危机，这就为少数民族从原有的宗教信仰转向信仰基督教打下了思想基础。1958 年陇川县委有个调查显示，邦瓦寨有 136 户景颇族，每年因病献鬼，杀鸡一千多只，牛五十余头，猪几百头。杀牲祭鬼，耗费了多年的财富积累。新中国成立前该寨每年祭鬼支出折合稻谷 16 万斤，浪费惊人！祭鬼前由董萨（又叫"魔头"，原始宗教师）烧竹

---

① 参见杨约拿（傈僳文记），窦桂生（翻译整理）《泸水基督教简况》，《怒江州文史资料选揖》第 2 辑。

② 《怒江区宗教情况·福贡县宗教情况》，《中央访问团第二分团云南民族情况汇集》（上），云南民族出版社 1986 年版，第 23 页。

筒来决定杀牲多少。一般杀牛一两头，杀猪两三头，杀鸡七八只。杀多杀少是董萨决定的，由于每杀一头牛或猪，董萨就得一条前腿，因而董萨为了多吃多占，使得杀牲祭鬼越来越厉害。牛在景颇族社会中，不仅是重要的生产工具，还起着货币的作用，哪家牛多，就意味着哪家生活富裕。祭鬼杀牲造成了牛的大量减少，没有牛犁不成田，严重影响粮食生产。为了种粮食，过富裕的日子，有人舍不得杀牛了，但环境又是杀牲祭鬼的原有宗教氛围。正当人们不知怎么办时，传教士乘机传教，他们抓住景颇族有钱往鬼身上使，而鬼经常不灵验，越祭鬼越穷这一事实，讲信鬼的坏处，宣传信教不杀牲的好处。于是那些祭鬼吃了亏的人很容易加入基督教。入教后牛逐步增多了，还能卖猪肉、鸡和蛋，换取生活必需品。传教士又抓住这一变化，大讲入教的好处，于是连一些山官也信教了。山官入教消除了百姓的顾虑，入教的人多起来了。基督教终于打开了景颇族千百年来传统鬼神信仰的缺口。一些景颇族由信鬼转到了信上帝。云南其他少数民族在接受基督教的过程中，也有类似景颇族这种情况的。入教后，景颇族教徒的生活习惯跟信鬼时相比，有了明显进步，如见面握手问好；读书的人多了起来；讲卫生爱清洁；不酗酒，不抽大烟；恋爱采取写情书的方式，结合自愿，婚礼在教堂举行，也可大大节约开支；人死后不再杀牛祭鬼，不再通宵达旦地跳四五个晚上的"布滚戈"（祭祀性的舞蹈）；信教户的房屋与信鬼户的也不同，比较宽敞，门开在中间，不再有鬼门。总之在经济上最大的一条好处是减少了祭鬼的浪费，信教户在宗教方面的支出比信鬼户在祭鬼方面的支出至少少十倍。①

（二）云南少数民族基督教文化的功能

基督教在云南少数民族地区的传播，在一定程度上促进了云南少数民族地区的社会变迁和转型，促进了那些接受基督教的少数民族地区从古代社会向近现代社会转型，从传统文化向近现代文化转型。

基督教在云南少数民族地区的传播促进了这些地区的经济发展。基督教的教义提倡艰苦奋斗和勤俭节约，把从事劳动所得的成果和财富当作上帝祝福的标志。在一项世俗的职业中殚精竭虑、持之以恒、有条不紊地劳

---

① 刘杨武：《基督教在景颇族地区传播情况》，载《云南民族民俗和宗教调查》，云南民族出版社1985年版。

动，被认为是遵循上帝旨意，追求来世进入天国的最可靠的宗教信念。基督教的教义反对懒惰，反对耽于享乐。把创造财富看作"善"的行为，把对财富的挥霍及追求享受看作"恶"的行为。这在客观上对解放思想、更新观念、促进经济发展起了一定的作用。

基督教在云南少数民族地区的传播，发挥了一定的道德功能和行为控制功能。基督教提倡诚实守信、谦让和善、乐善好施、助人为乐、勤俭节约，要求教徒不做损人利己的事和其他坏事，反对吸大烟、赌博、偷盗等。这些教义在教徒的行为中得到贯彻，教徒们把教义奉为人生哲学、行为规范，自觉规范日常行为。这些有利于移风易俗，有利于社会治安，有利于净化社会风气。笔者曾于1993年3月到澜沧县调查基督教的传播情况，了解到今天那些信仰基督教的少数民族地区的精神文明建设一般都比较好。在那些信教的少数民族村寨，喝酒、吸大烟、吸海洛因、打架斗殴的非常少。有的村寨信教后全部戒了毒，社会治安明显好转。有的村寨连年被评为县里的精神文明建设先进单位。这些现象正是基督教的道德功能与行为控制功能的体现。

基督教的传播，使贫穷的少数民族地区的文化水平有所提高。如传教士对于基督教教义的宣传解释，各种基督教的宗教活动，教会学校的创办，少数民族文字的创制和教学等，都在一定程度上提高了信教少数民族地区的文化水平。

（三）云南少数民族基督教文化的特色

1. 边缘化特色

云南地处边疆，因而在地域和文化方面都具有边缘化特色。云南边疆少数民族基督教文化具有双重边缘化的特色：既是中国主流文化、汉文化的边缘，又是西方基督教文化的边缘。这种双重边缘化使云南少数民族基督教文化具有突出的边缘化特色，它既有别于西方的基督教文化，又有别于中国的主流文化和汉文化，也有别于汉族的基督教文化。

2. 少数民族特色

云南的基督教信徒，除少数汉族以外，大部分是少数民族，主要有傈僳族、苗族、拉祜族、怒族、佤族、彝族、景颇族以及部分哈尼族、独龙族、傣族等。信仰基督教的这些少数民族，由于其自身的民族文化特征，自然使其基督教文化具有少数民族特色，又由于云南各地的少数民族的社会经济和文化的差异性，使其基督教文化又具有各自的民族特色。

3. 亚文化（subculture）特色

亚文化是一种既包含主流文化又具有自己的独特性的文化。① 当在社会的某一群体中形成一种既包括一些主流文化的特征，也包括某些独特的文化要素的生活方式时，他们这种群体文化就叫作"亚文化"。②

云南少数民族基督教文化，既具有西方基督教文化的主流文化特征，又具有云南少数民族自己的文化特征，因此它是一种亚文化，具有亚文化特色。

4. 世俗化（secularization）特色

基督教在云南的传播过程中，有其纯宗教性质的一面，也有其世俗化的一面。由于云南少数民族的特殊性，云南少数民族基督教文化的世俗化特色是比较突出的。近代云南少数民族的社会、经济、文化比较落后，有的少数民族地区还停留在结绳、刻木记事的无文字时代。针对这种状况，传教士采取了一些世俗化的手段来传教，如"文字布道"、"医药布道"、移风易俗等。这些并不完全属于宗教性质的世俗化手段，一方面有利于传教，争取信徒，另一方面在客观上改善了一些地区群众的生活，提高了他们的文化水平，促进了当地社会经济的发展。

以上所论近代云南少数民族基督教文化的形成原因、功能、特色，在当代云南少数民族基督教文化中，或多或少存在类似的情况。认识近代云南少数民族基督教文化，对今天有效地指导、引导基督教在我国少数民族地区的正常活动，具有一定的理论意义和现实意义。

三 大学的学统、道统和核心价值观

党的十八大报告明确提出："倡导富强、民主、文明、和谐，倡导自由、平等、公正、法治，倡导爱国、敬业、诚信、友善，积极培育和践行社会主义核心价值观。"这为构建当代中国大学的学统、道统和核心价值观提供了基本范畴。大学师生要将这些基本范畴融进做人、治学、教学和

---

① [美] 戴维·波普诺：《社会学》（上），辽宁人民出版社1987年版，第140页。
② 同上书，第122页。

服务社会之中，为进一步提炼、概括社会主义核心价值观，为全社会树立和践行社会主义核心价值观作出贡献。今天，构建当代中国大学的学统、道统和核心价值观，应当自觉、认真地借鉴、继承、弘扬传统的优良学统、道统和核心价值观。同时，要把社会主义核心价值体系和社会主义核心价值观融入当代中国大学的学统、道统和核心价值观的构建之中，积极倡导、培育和践行社会主义核心价值观。

大学核心价值观，就是在关于大学的价值观中具有本质的、主导的、统领的作用的价值观。大学核心价值观，要体现大学的学统和道统，要体现国家的、社会的、文化的、个人的根本价值取向。在中国传统的知识和思想体系中，有优良的学统和道统。《大学》主张的"大学之道，在明明德，在亲民，在止于至善"，就是中国传统的优良大学学统和道统的精辟表达，同样也是中国古代大学的理念、精神和核心价值观。中国传统的大学核心价值观强调明明德、亲民、止于至善，强调格物、致知、诚意、正心、修身、齐家、治国、平天下。这些古代的大学理念、精神、核心价值观，是我们今天培育和践行大学核心价值观的文化基础，并且都可以赋予时代的内涵。知识分子追求治国、平天下，必然要倡导、推进富强、民主、文明、和谐，必然要倡导、推进自由、平等、公正、法治；知识分子追求诚意、正心、修身、齐家，必然要倡导、践履爱国、敬业、诚信、友善。中国传统的优良大学核心价值观，是君子的价值观，是真正的士（知识分子）的价值观。孔子主张士要"志于道，据于德，依于仁，游于艺"（《论语·述而》）。《大戴礼记》说："君子既学之，患其不博也；既博之，患其不习也；既习之，患其无知也；既知之，患其不能行也；既能行之，贵其能让也。君子之学，致此五者而已矣。"（《大戴礼记·曾子立事》）韩愈指出："师者，所以传道、授业、解惑也。"（《师说》）王守仁主张"君子之学，惟求其是"；提倡"知行合一""致良知"。传统的学统和道统还指出了求是的重要途径是"博学之，审问之，慎思之，明辨之，笃行之"（《中庸》）。这也说明，传统的大学学统和道统是主张反思、批判和实践的。张载将学者（士、君子）的崇高使命总结为："为天地立心，为生民立命，为往圣继绝学，为万世开太平。"张载的这个总结，也可以看作是大学的学统、道统和核心价值观的重要方面。今天，知识分子追求"为天地立心，为生民立命，为往圣继绝学，为万世开太平"，必然要倡导、推进富强、民主、文明、和谐，必然要倡导、推进自由、平等、公正、法治，必然要倡导、践履爱国、敬业、诚信、友善。

在近代中国（1840—1949 年），蔡元培、罗家伦、梅贻琦等人既继承了中国古代大学的学统、道统和核心价值观，又吸收了西方的优良大学学统、道统和核心价值观，并有所发扬光大，形成了近代中国的大学学统、道统和核心价值观。蔡元培主张"思想自由""兼容并包"的办学方针。他说："思想自由，是世界大学的通例。"对此方针的作用，胡适评价说："注重学术思想的自由，容纳个性的发展。这个态度的功效在于（1）使北大成为国内自由思想的中心；（2）引起学生对于各种社会运动的兴趣。"① 蔡元培 1917 年 1 月在《就任北京大学校长之演说》中向学生提出了"抱定宗旨""砥砺德行""敬爱师友"三项要求。"抱定宗旨，为求学而来。""欲求宗旨之正大与否，必先知大学之性质。"② "大学者，研究高深学问者也。""大学者，'囊括大典，网罗众家'之学府也。"③ 蔡元培主张"砥砺德行"，提倡德育，是对"明明德""亲民""止于至善"的大学学统、道统和核心价值观的继承和发扬光大。蔡元培在就职演说中指出："方今风俗日偷，道德沦丧，北京社会，尤为恶劣，败德毁行之事，触目皆是，非根基深固，鲜不为流俗所染……然国家之兴替，视风俗之厚薄。流俗如此，前途何堪设想。故必有卓绝之士，以身作则，力矫颓俗。诸君为大学学生，地位甚高，肩此重任，责无旁贷，故诸君不惟思所以感己，更必有以励人。苟德之不修，学之不讲，同乎流俗，合乎污世，已且为人轻侮，更何足以感人。"④ 蔡元培认为："德育实为完全人格之本。若无德，则虽体魄智力发达，适足助其为恶，无益也。"⑤ 蔡元培特别强调："大学并不是贩卖毕业的机关，也不是灌输固定知识的机关，而是研究学理的机关。所以，大学的学生并不是熬资格，也不是硬记教员讲

---

① 胡适：《回顾与反省》，载白吉安、刘燕云编《胡适教育论著选》，人民教育出版社 1994 年版，第 173 页。

② 蔡元培：《就任北京大学校长之演说》，载高平叔编《蔡元培全集》第 3 卷，中华书局 1984 年版，第 5 页。

③ 蔡元培：《北京大学月刊发刊词》，载高平叔编《蔡元培全集》第 3 卷，中华书局 1984 年版，第 211 页。

④ 蔡元培：《就任北京大学校长之演说》，载高平叔编《蔡元培全集》第 3 卷，中华书局 1984 年版，第 6 页。

⑤ 蔡元培：《在爱国女学校之演说》，载高平叔编《蔡元培全集》第 3 卷，中华书局 1984 年版，第 8 页。

义，是在教员指导之下自动的研究学问的。为要达上文所说的目的，所以延聘教员，不但是求有学问的，还要求于学问上很有研究的兴趣，并能引起学生的研究兴趣的。"① 曾任清华大学校长（首任）和中央大学校长的罗家伦认为："民族文化之寄托，当然以国立大学为最重要。""创立民族文化的使命，大学若不能负起来，便根本失掉大学存在的意义，更无法可以领导一个民族在文化上的活动。"② "国立大学，须担负造成民族文化之使命，为民族求生存，使国家学术得以永久发展，使民族精神得以充分振发。"③ 罗家伦明确指出："国家办理教育，应该任用懂得教育的人来主持。任用不懂得教育的人来干涉教育，其结果必然失败。""办教育不是一纸命令就可通行，必须懂得教育的功用，明了教育的需要，知道教育的趋势，并能懂得学术的途径。否则以门外汉来主持教育，岂不是盲人瞎马，夜半深池，实在是危险。"④ 罗家伦还强调说："研究是大学的灵魂。专教书而不研究，那所教的必定毫无进步。不但无进步，而且会退步。"⑤ 今天中国的大学，必须承担起培育和践行社会主义核心价值观的历史使命，必须成为培育和践行社会主义核心价值观的重要阵地和典范。

梅贻琦认为："所谓大学者，非谓有大楼之谓也，有大师之谓也。""凡一校精神所在，不仅仅在建筑设备方面之增加，而实在教授之得人。""大学有新民之道，则大学生者负新民工作之实际责任者也。"⑥

陈寅恪认为："吾国大学之职责，在求本国学术之独立，此今日之公论也。"

曾任云南大学校长的熊庆来认为："夫大学之重要，不在其存在，而在其学术之生命与精神。""教育乃百年大计，学术是国家灵魂，不容受损失。"

上引先贤们的言论，可谓中国大学学统、道统和核心价值观方面的真知灼见，并经实践和历史的检验，是行之有效的，是符合大学发展规律

---

① 蔡元培：《北大第二十二年开学式演说词》，载高平叔编《蔡元培全集》第3卷，中华书局1984年版，第344页。
② 罗家伦：《中央大学之使命》，《罗家伦先生文存》第5册，第237页。
③ 罗家伦：《提高学术创立有机体的民族文化》，《罗家伦先生文存》第5册，第232页。
④ 罗家伦：《中央大学之最近四年》，《罗家伦先生文存》第6册，第599页。
⑤ 罗家伦：《学术独立与新清华》，《罗家伦先生文存》第5册，第24页。
⑥ 参见刘述礼、黄延复编《梅贻琦教育论著选》，人民教育出版社1993年版。

的。"天下之治乱，由人心之邪正；人心之邪正，由学术之明晦。"[①] "欲醒人心，惟在明学术。"[②] 传统的优良学统、道统和核心价值观，是我国大学的历史和文化根基，是我国当代大学培育和践行社会主义大学核心价值观的价值根基，这个根基不能放弃，更不能割断。

  时下中国的大学，无论继承和弘扬中国传统的学统和道统，还是继承和弘扬马克思主义的学统和道统，或者借鉴西方的学统和道统，都有所沦落。高等教育的市场化、商业化、产业化、大众化，是优良的学统和道统沦落的重要原因。面对如此的局面，重构当代中国的大学核心价值观，重构当代中国大学的学统和道统，一方面要继承和弘扬中国传统的优良大学学统和道统，另一方面要继承和弘扬马克思主义的学统和道统，此外还要借鉴西方优良的学统和道统。

[①] （清）李颙：《二曲集》，中华书局1996年版，第105页。
[②] 同上书，第104页。

第九章

生态文明建设研究

一 什么是生态文明？

自党的十七大报告中提出"建设生态文明"的战略任务以来，建设生态文明的问题成了政界、理论界、学术界关注和研究的热点，已经发表、出版了许多论著，推动了生态文明的学术理论研究，有利于建设生态文明的社会实践，其中一些问题引起了广泛关注，值得进一步深入探讨。

建设生态文明，首先要回答什么是生态文明的问题。有学者提出："生态文明就是人类在改造自然以造福自身的过程中为实现人与自然之间的和谐所做的全部努力和所取得的全部成果，它表征着人与自然相互关系的进步状态。"① 有政府官员指出："生态文明是人类在利用自然界的同时又主动保护自然界、积极改善和优化人与自然关系而取得的物质成果、精神成果和制度成果的总和。"② 还有学者认为："生态文明是指人类遵循人、自然、社会和谐发展这一客观规律而取得的物质精神和制度成果的总和；是［以］人与人、人与自然、人与社会和谐共生、良性循环、全面发展、持续发展和繁荣为基本宗旨的文化伦理形态。"③ 高校思想政治理论课教材认为："生态文明既包括人类对传统文明形态特别是工业文明进行深刻反思和探索的认识成果，又包括人类在发展物质文明过程中保护和改善生态环境的实践成果，表现为人与自然和谐程度的提高和人们生态观

---

① 俞可平：《〈生态文明系列丛书〉总序》，中央编译出版社 2008 年版。
② 周生贤：《积极建设生态文明》，《求是》2009 年第 22 期。
③ 张慕葏、贺庆棠、严耕主编：《中国生态文明建设的理论与实践》，清华大学出版社 2008 年版，第 11—12 页。

念的增强。"① 我们认为，生态文明是人类在适应自然、认识自然、利用自然、改造自然、保护自然的过程中所取得的人与自然协调发展的全部成果的总和。

从人类的文明发展史来看，生态文明是对造成生态环境危机的现代工业文明的拯救。它是拯救资本主义工业文明的新出路，也是社会主义工业文明发展的必然前途。

从发展观来看，生态文明是对片面、盲目发展生产力、发展经济、发展物质，片面、盲目追求利润、效率的发展观的纠正。改革开放以来，我国经济社会发展取得了巨大的成就，但由于经济增长依靠的是过度依赖资源消耗的传统发展模式，一些地区的发展以牺牲环境为代价，盲目、片面发展经济，盲目、片面追求 GDP 高速增长，一些人拜金主义、享乐主义思想比较严重，造成了非常严重的环境污染和生态破坏。发达国家上百年工业化过程中不同阶段出现的环境问题，在我国已经集中出现。土地、水、气候、能源、矿产、荒漠化与石漠化等问题越来越严重。建设生态文明，是解决中国的生态危机、实现文明发展和科学发展的必然选择，是关系中华民族生死存亡的根本大计。

从社会主义的本质来看，生态文明也是社会主义的本质属性。消灭剥削，消除两极分化是社会主义本质的根本内容。在社会主义初级阶段，消灭剥削是不可能的，但一定要限制剥削。剥削越严重，两极分化必然越严重。限制剥削，限制资本，避免资本统治一切，限制、打击疯狂追逐利润的资本对自然界的大肆掠夺和疯狂破坏、对底层劳动大众的残酷剥削和无情掠夺，是建设生态文明的题中应有之义。

公正与平等是社会主义的基本精神，也是社会主义的本质。没有公正与平等的社会是非常危险的社会，没有公正与平等就没有社会主义。② 建设生态文明，维护公正平等，要实现好、维护好、发展好国家和公民的生态权利，限制资本利益集团对公民个人生态权利和国家公共生态权利的侵犯、掠夺。公民和国家的生态权利是公正平等的，也是正义的，不容许有人对它进行侵犯、掠夺。

---

① 《毛泽东思想和中国特色社会主义理论体系概论》，高等教育出版社 2010 年版，第 216 页。
② 张巨成：《构建和谐社会的传统文化底蕴》，《光明日报》2006 年 12 月 21 日。

我们要建设的生态文明,是社会主义生态文明。政界和学界已经取得共识,建设社会主义生态文明,必须加快转变经济发展方式,早日形成节约能源资源和保护生态环境的产业结构、增长方式和消费模式;要大力发展循环经济、绿色经济;要加大生态环境保护力度,强化资源保护与管理;要加快建设资源节约型、环境友好型社会,提高生态文明水平;要积极应对全球气候变化;要发展低碳经济,发展低碳产业,逐步建立低碳经济结构;要建立健全有利于环境保护的体制机制,等等。

生态文明是人类社会文明的高级形态。建设社会主义生态文明是推动科学发展、促进社会和谐的必然选择,是社会主义本质的内在要求,是马克思主义中国化的新境界。建设社会主义生态文明是一项紧迫、艰巨、复杂、长期的战略任务,必须深谋远虑,科学规划,精心实施。

二 中国共产党和生态文明建设

中国共产党和中国政府正确认识和把握人类社会文明发展规律,在近年提出了建设生态文明的重大战略思想,逐步将生态文明建设的战略思想落实到国家经济、政治、社会、文化建设以及生态文明建设的实践之中,取得了明显的成效,丰富和发展了马克思主义生态理论。

(一) 以毛泽东为核心的党的第一代中央领导集体关于生态文明建设的思想

以毛泽东为核心的党的第一代中央领导集体关于生态文明建设的思想,主要有植树造林、绿化祖国、兴修水利、保持水土、治理江河、保护环境等内容。

早在1919年,毛泽东就提出要研究"造林问题"。土地革命战争时期,毛泽东已有了绿化祖国,建设生态文明的实践。1928年,毛泽东在江西永新倡导人民造林。1932年3月16日,以毛泽东为主席的中华苏维埃共和国临时中央政府人民委员会颁布了《对于植树运动的决议案》。该决议案全文如下:

> 为了保障田地生产,不受水旱灾祸之摧残以减低农村生产影响群众生活起见,最便利而有力的方法,只有广植树木来保障河坝,防止

水灾旱灾之发生,并且这一办法还能保护道路,有益卫生。至于解决日常需用燃料(如木柴、木炭)之困难,增加果物生产,那更是与农民群众有很大的利益,况中央苏区内空山荒山到处都有,若任其荒废则不甚好。因此决定实行普遍的植树运动,这既有利于土地的建设,又可增加群众之利益。现值初春之时,最宜植树,特决定以下办法,各级政府必须切实执行。

一、由各级政府向群众作植树运动广大宣传,说明植树的利益,并发动群众来种各种树木。

二、对于沿河两岸及大路两旁,均遍种各种树木。对于适宜种树之荒山,尽可能地来种树以发展森林,必须使旷场空地都要种起树来。

三、在栽树时,由各乡区政府考察某地某山适合栽种某种树木,通告群众选择种子。

四、为保护森林和树木发育起见,在春夏之时,禁止随意采伐,免伤树木之发育。

五、这一运动最好用竞赛来鼓动群众,以后要注意培养树木种子,在每年春天来进行此种运动。①

这个决议案,说明了毛泽东等共产党人即使在严峻残酷的战争年代,也重视保护生态环境,建设生态文明。从这个决议案中,我们看到了毛泽东的高瞻远瞩、雄才伟略。它的文字是那样简洁质朴、通俗易懂,它的感情是那样贴近群众、贴近实际,它的理念是那样深刻实用、深远崇高。这个决议案,是政府公文的典范。文以载道,修辞立其诚。今天的许多公文,已经没有这种文风了。

早在1934年1月,毛泽东就看到了水利的重要性,他说:"水利是农业的命脉,我们也应予以极大的注意。"②

1938年至1942年,在毛泽东的倡议下,陕甘宁边区政府发动群众植树260万株。1943年至1946年在陕北张家畔荒滩植树500余万株。

---

① 《红色中华》1932年3月23日。这个决议案由毛泽东、项英、张国焘联名签署。
② 毛泽东:《我们的经济政策》,《毛泽东选集》第1卷,人民出版社1991年版,第132页。

新中国成立初期，由于近代史上长期的战乱和自然灾害等因素，生态环境遭到的破坏相当严重。为此，以毛泽东为首的中国共产党人采取了一系列有效措施来建设我国的生态文明，改善生态环境。毛泽东向全党全国提出了消灭荒地荒山、绿化祖国、植树造林的号召。1955年12月，毛泽东明确要求："在十二年内，基本上消灭荒地荒山，在一切宅旁、村旁、路旁、水旁，以及荒地上荒山上，即在一切可能的地方，均要按规格种起树来，实行绿化。"① 1956年3月，毛泽东向全国人民发出了"绿化祖国"的号召。毛泽东还特别强调："真正绿化，要在飞机上看见一片绿……要粮食到手，树木到眼，才能算数。要比措施，比实绩。"② 在"大跃进"运动中，毛泽东也很重视绿化工作。他指出："要使我们祖国的河山全部绿化起来，要达到园林化，到处都很美丽，自然面貌要改变过来。"③ 1958年11月23日，毛泽东在中央政治局扩大会议上批评了"大跃进"中存在的弄虚作假现象，其中对绿化工作中的弄虚作假也作了批评。他说："还有一个绿化，化到什么程度？年年化，那个树就不多。横直是上面规定他要完成任务，结果他没有完成，他就只好作假，说完成了。实际上没有完成。"④ 1966年，毛泽东强调指出："一切能够植树造林的地方都要努力植树造林，逐步绿化我们的国家，美化我国人民劳动、工作、学习和生活的环境。"⑤

毛泽东认为，"林业是个很了不起的事业"，"不要看不起林业"。⑥ 董必武在1964年6月指出："在我国社会主义建设事业中，为保证实现农业为基础的总方针，各个方面都应当从自己的角度，重视植树造林问题。因此，人民公社生产队要办林业；铁路公路应把植树作为业务的一个组成部分；军队、学生参加植树，以至机关团体参加植树等等，就成了自己的

---

① 毛泽东：《征询对农业十七条的意见》，《毛泽东文集》第6卷，人民出版社1999年版，第509页。
② 中共中央文献研究室、国家林业局编：《毛泽东论林业》，中央文献出版社2003年版，第48页。
③ 同上书，第51页。
④ 同上书，第60页。
⑤ 同上书，第77页。
⑥ 同上书，第57页。

任务。"① 周恩来在 1966 年 2 月指出："植树造林是百年大计，总得坚持到二十一世纪。华北大有可为，西北更是大有可为。"②

兴修水利，保持水土是生态文明建设的又一项重要内容。毛泽东说的"水利是农业的命脉"早已深入人心，具有重要的启示意义。毛泽东高度重视水利建设。他指出："兴修水利是保证农业增产的大事，小型水利是各县各区各乡和各个合作社都可以办的，十分需要定出一个在若干年内，分期实行，除了遇到不可抵抗的特大的水旱灾荒以外，保证遇旱有水，遇涝排水的规划。这是完全可以做得到的。"③ 对于开荒工作，毛泽东要求，在开荒的时候，"必须注意水土保持工作，决不可以因为开荒造成下游地区的水灾"④；"必须同保持水土的规划相结合，避免水土流失的危险"⑤。在毛泽东的领导下，我国的水利建设取得了巨大的成就。

在环境保护方面，新中国成立后党和政府采取了一系列有效措施来提高我国的环境质量。在城市，从发展生产，保障人民健康出发，对老城市进行了改造，建设了大量市政公用设施，改善了居住和公共卫生条件。在第一个五年计划期间建设的 156 项大型工程，注意了合理布局、合理选址。同时，在设计、施工时考虑了风向、水源等环境因素，并设置了部分治理污染的设施。在农村，开展了大规模的农田基本建设，开展了治理淮河、海河、长江、黄河等大型水利工程建设，有效地改善了农业生产条件，增强了抵御自然灾害的能力。广大城乡人民开展了群众性的爱国卫生运动，基本上消灭和控制了严重危害人民的鼠疫、斑疹伤寒等传染病，人民的健康水平有了很大提高。⑥ 但是，在工业得到大规模发展的同时，中国的生态环境遭到了新的破坏。从 1971 年开始，卫生、水利、海洋等部门开展了对主要江河湖泊、海域以及城市污染的监测调查。周恩来曾告诫

---

① 董必武：《给中共湖北省委书记张体学的信》，《董必武选集》，人民出版社 1985 年版，第 520 页。
② 周恩来：《植树造林是百年大计》，《周恩来选集》下卷，人民出版社 1984 年版，第 447 页。
③ 《毛泽东文集》第 6 卷，人民出版社 1999 年版，第 451 页。
④ 中共中央文献研究室、国家林业局编：《毛泽东论林业》，中央文献出版社 2003 年版，第 38 页。
⑤ 同上书，第 39 页。
⑥ 参见中华人民共和国城乡建设环境保护部《前进中的我国环境保护事业》，载《光辉的成就》上册，人民出版社 1984 年版，第 211—212 页。

说，我们不能走资本主义发展的老路，我们是社会主义计划经济，是为人民服务的，在搞工业建设的同时，就应该抓紧解决污染的问题，绝对不做贻害子孙后代的事。在周恩来的倡议下，1973年国务院在北京召开了第一次全国环境保护会议，审议并通过了我国第一个环境保护文件《关于保护和改善环境的若干规定》，确定了"全面规划、合理布局、综合利用、发动群众、大家动手、保护环境、造福人民"的方针。1974年国务院正式成立了环境保护领导小组，该小组曾先后于1974年下发了《环境保护规划要点》，1975年下发了《关于环境保护的十年规划意见》，1976年下发了《关于编制环境保护长远规划的通知》。1974年9月《红旗》发表了郭寰的《重视环境保护工作》。该文说："消除工业'三废'污染危害，保护人民群众的健康，促进农、林、牧、副、渔业的发展，也是对党、对国家、对人民应尽的责任，也完全应该做好。""保护环境，特别要注意保护和改善广大社会主义农村的自然环境。""在工业建设中贯彻实行防治污染的设施与主体工程同时设计、同时施工、同时投产，这是保护环境的一个积极的和有效的做法，是'预防为主'的方针在工业建设上的具体应用。""经验证明，环境的污染往往可以较快形成，而消除这种污染，则需要较长的时间；而且如果产生了污染或污染严重了再去治理，不仅要付出更大的代价，有的也难于很快取得良好的效果。"[①] 该文的这些观点，是很正确的。这期间，在全国范围内开展了卓有成效的"三废"治理和综合利用工作。各城市抓了消烟除尘工作。国家还重点组织了一些水域的污染治理，取得了初步效果。

（二）从改革开放到十六大前的生态文明建设

改革开放以来，我国在经济建设方面取得了举世瞩目的成就。但是，自20世纪80年代以来，我国的生态环境污染却日趋严重。由于经济增长过度依赖资源消耗的传统发展模式，一些地区的发展以牺牲环境为代价，盲目、片面发展经济和生产力，盲目、片面追求GDP高速增长，对生态环境造成了非常严重的污染和破坏。发达国家上百年工业化过程中不同阶段出现的环境问题，在我国已经集中出现。土地、水、气候、能源、矿产、荒漠化与石漠化等问题越来越严重。面对生态环境污染严重的问题，

[①] 郭寰：《重视环境保护工作》，《红旗》1974年第9期。

党和政府积极应对，在理论上认真思考探索，在实践上积极行动，取得了明显成绩。

1978年12月31日，中共中央批转了国务院环境保护领导小组的《环境保护工作汇报要点》，明确提出：消除污染，保护环境，是进行经济建设，实现四个现代化的重要组成部分，我们绝不能走先建设、后治理的弯路，要在建设的同时就解决环境污染问题。

1978年12月，中共中央、国务院作出了关于在我国西北、华北、东北风沙危害和水土流失重点地区建设大型防护林——"三北"防护林体系建设工程的战略决策。从1978年到2008年的30年间，"三北"防护林工程取得了举世瞩目的成就，累计完成造林保存面积2446.9万公顷，建设区森林覆盖率由工程建设前的5.05%提高到10.51%，改善了生态环境，提高了人民生活水平，提高了我国在国际生态环境保护领域的地位，成为我国生态文明建设的标志性工程，被誉为世界四大生物工程之一。邓小平1989年为"三北"防护林工程亲笔写了"绿色长城"的题词。

1979年9月，第五届全国人大常委会第十一次会议批准颁布了《中华人民共和国环境保护法（试行）》，标志着我国环境保护走上了法治的轨道。

在邓小平和中共中央的倡议下，第五届全国人大四次会议于1981年12月13日通过了《关于开展全民义务植树运动的决议》。为了贯彻全国人大的决议，1982年2月27日国务院常务委员会议通过并颁布了《国务院关于开展全民义务植树运动的实施办法》，并要求各省、自治区、直辖市人民政府结合实际情况，制定实施细则。

对于林业建设工作，邓小平也是非常重视的，他在北京十三陵水库参加义务植树时说："植树造林，绿化祖国，是建设社会主义、造福子孙后代的伟大事业，要坚持20年，坚持100年，坚持1000年，要一代一代永远干下去。"[①]

1982年6月30日，国务院发布了《水土保持工作条例》。1984年9月20日，第六届全国人大常委会第七次会议通过并颁布了《中华人民共和国森林法》。1985年6月18日，第六届全国人大常委会第十一次会议

---

① 《人民日报》1983年3月13日。

通过并颁布了《中华人民共和国草原法》。1988年11月8日，第七届全国人大常委会第四次会议通过并颁布了《中华人民共和国野生动物保护法》。这些法律、法规，为生态文明建设提供了法律保障。

进入20世纪90年代，随着经济的加速发展，生态环境问题更加严重。党的领导人也更加重视生态环境问题。1995年9月28日，江泽民在中共十四届五中全会上的讲话中指出："在现代化建设中，必须把实现可持续发展作为一个重大战略。要把控制人口、节约资源、保护环境放到重要位置，使人口增长与社会生产力发展相适应，使经济建设与资源、环境相协调，实现良性循环。"①"必须切实保护资源和环境，不仅要安排好当前的发展，还要为子孙后代着想，决不能吃祖宗饭、断子孙路，走浪费资源和先污染、后治理的路子。"② 在中共十五大报告中，江泽民再次提出"必须实施可持续发展战略"，并强调指出："统筹规划国土资源开发和整治，严格执行土地、水、森林、矿产、海洋等资源管理和保护的法律。实施资源有偿使用制度。加强对环境污染的治理，植树种草，搞好水土保持，防治荒漠化，改善生态环境。"③ 2001年7月1日，江泽民又一次强调指出："要促进人和自然的协调与和谐，使人们在优美的生态环境中工作和生活。坚持实施可持续发展战略，正确处理经济发展同人口、资源、环境的关系，改善生态环境和美化生活环境，改善公共设施和社会福利设施。努力开创生产发展、生活富裕和生态良好的文明发展道路。"④ 2002年11月，江泽民在十六大报告中把"可持续发展能力不断增强，生态环境得到改善，资源利用效率显著提高，促进人与自然的和谐，推动整个社会走上生产发展、生活富裕、生态良好的文明发展道路"⑤ 作为全面建设小康社会的奋斗目标之一。

---

① 江泽民：《正确处理社会主义现代化建设中的若干重大关系》，《江泽民文选》第1卷，人民出版社2006年版，第463页。

② 同上书，第464页。

③ 江泽民：《高举邓小平理论伟大旗帜，把建设中国特色社会主义事业全面推向二十一世纪》，《江泽民文选》第2卷，人民出版社2006年版，第26页。

④ 江泽民：《在庆祝中国共产党成立八十周年大会上的讲话》，《江泽民文选》第3卷，人民出版社2006年版，第295页。

⑤ 江泽民：《全面建设小康社会，开创中国特色社会主义事业新局面》，《江泽民文选》第3卷，人民出版社2006年版，第544页。

（三）十六大以来的生态文明建设

党的十六大以来，以胡锦涛为总书记的党中央更加重视生态环境问题，在理论上不断进行总结升华，提出了科学发展观，提出了建设生态文明的战略思想；在实践上实施了一系列政策措施，取得了重要成绩，切实推进了生态文明建设。

科学发展观，是以胡锦涛为总书记的党中央，适应新的发展要求、针对不科学发展的现象提出来的。2003年4月，胡锦涛在广东考察时，提出了"全面的发展观"思想，要求做到集约发展、协调发展、全面发展、系统发展、可持续发展，切实维护广大人民群众利益。同年8月28日至9月1日，胡锦涛在江西考察时，明确使用了"科学发展观"的概念，要求"牢固树立协调发展、全面发展、可持续发展的科学发展观"。之后，党的十六届三中全会通过的《中共中央关于完善社会主义市场经济体制若干问题的决定》指出："坚持以人为本，树立全面、协调、可持续的发展观，促进经济社会和人的全面发展。"2004年5月，胡锦涛在江苏考察工作结束时讲话指出："要解决中国的发展问题，实现又快又好发展，必须牢固树立和认真落实科学发展观。"2004年9月，党的十六届四中全会作出的《中共中央关于加强党的执政能力建设的决定》指出："坚持以人为本、全面协调可持续的科学发展观，更好地推动经济社会发展。"

2005年10月，党的十六届五中全会通过的《中共中央关于制定国民经济和社会发展第十一个五年规划的建议》明确提出，要建设资源节约型、环境友好型社会，大力发展循环经济，加大环境保护力度，切实保护好自然生态。在这个文件中，中共中央首次把建设环境友好型社会确定为国民经济与社会发展中长期规划的一项战略任务，这是按照推动科学发展、促进社会和谐和全面建设小康社会的要求所作出的一项重大决策，是党在领导生态文明建设方面的又一新的理论成果。

2007年10月，胡锦涛在党的十七大报告中对科学发展观作了更明确、更全面的阐述："科学发展观，第一要义是发展，核心是以人为本，基本要求是全面协调可持续，根本方法是统筹兼顾。"对于科学发展观的基本要求，十七大报告阐释说："必须坚持全面协调可持续发展。要按照中国特色社会主义事业总体布局，全面推进经济建设、政治建设、文化建设、社会建设，促进现代化建设各个环节、各个方面相协调，促进生产关系与生产力、上层建筑与经济基础相协调。坚持生产发展、生活富裕、生态良好的文明发展道路，建设资源节约型、环境友好型社会，实现速度和结构质量效益相统一、经济发展与人口资源环境相协调，使人民在良好生态环境中生产生活，实现经济社会永续发展。"十七大报告提出了"建设生态文明"的战略任务，并且把"建设生态文明"作为"实现全面建设小康社会奋斗目标的新要求"之一。十七大报告还指出了"建设生态文明"的目标和要求："建设生态文明，基本形成节约能源资源和保护生态环境的产业结构、增长方式、消费模式。循环经济形成较大规模，可再生能源比重显著上升。主要污染物排放得到有效控制，生态环境质量明显改善。生态文明观念在全社会牢固树立。"这是对我党多年来关于正确处理人与自然关系问题的理论与实践的科学总结，是关于人与自然关系问题认识的一次质的飞跃，是马克思主义生态理论中国化的最新理论成果。

2010年10月，党的十七届五中全会通过的《中共中央关于制定国民经济和社会发展第十二个五年规划的建议》强调指出，要加快建设资源节约型、环境友好型社会，提高生态文明水平；面对日趋强化的资源环境约束，必须增强危机意识，树立绿色、低碳发展理念，以节能减排为重点，健全激励和约束机制，加快构建资源节约、环境友好的生产方式和消费模式，增强可持续发展能力；要积极应对全球气候变化，大力发展循环经济，加强资源节约和管理，加大环境保护力度，加强生态保护和防灾减灾体系建设。

2011年3月4日，胡锦涛在看望出席全国政协十一届四次会议委员并参加讨论共商国是时指出："要大力推进生态文明建设，坚持把建设资源节约型、环境友好型社会作为加快转变经济发展方式的重要着力点，加强生态文明理念宣传、法制建设和科技研发，不断提高生态文明水平。"[①]

2012年11月召开的党的十八大进一步提出了"大力推进生态文明建设"的重大战略决策，第一次提出"努力建设美丽中国"，并把生态文明建设纳入建设中国特色社会主义的"五位一体"总布局。党的十八大报告指出："建设生态文明，是关系人民福祉、关乎民族未来的长远大计。面对资源约束趋紧、环境污染严重、生态系统退化的严峻形势，必须树立尊重自然、顺应自然、保护自然的生态文明理念，把生态文明建设放在突

---

① 《人民日报》2011年3月5日。

出地位，融入经济建设、政治建设、文化建设、社会建设各方面和全过程，努力建设美丽中国，实现中华民族永续发展。坚持节约资源和保护环境的基本国策，坚持节约优先、保护优先、自然恢复为主的方针，着力推进绿色发展、循环发展、低碳发展，形成节约资源和保护环境的空间格局、产业结构、生产方式、生活方式，从源头上扭转生态环境恶化趋势，为人民创造良好生产生活环境，为全球生态安全作出贡献。"[1] 党的十八大对建设生态文明作了具体的要求和部署：（一）优化国土空间开发格局。（二）全面促进资源节约。（三）加大自然生态系统和环境保护力度。（四）加强生态文明制度建设。

党的十八大通过的新修订的《中国共产党章程》第一次写进了"建设社会主义生态文明"的内容："中国共产党领导人民建设社会主义生态文明。树立尊重自然、顺应自然、保护自然的生态文明理念，坚持节约资源和保护环境的基本国策，坚持节约优先、保护优先、自然恢复为主的方针，坚持生产发展、生活富裕、生态良好的文明发展道路。着力建设资源节约型、环境友好型社会，形成节约资源和保护环境的空间格局、产业结构、生产方式、生活方式，为人民创造良好生产生活环境，实现中华民族永续发展。"

2013年3月5日，温家宝在《政府工作报告》中对过去五年工作中的生态文明建设总结说："扎实推进节能减排和生态环境保护。五年累计，共淘汰落后炼铁产能1.17亿吨、炼钢产能7800万吨、水泥产能7.75亿吨；新增城市污水日处理能力4600万吨；单位国内生产总值能耗下降17.2%，化学需氧量、二氧化硫排放总量分别下降15.7%和17.5%。修订环境空气质量标准，增加细颗粒物PM2.5等监测指标。推进天然林保护、退耕还林、防沙治沙等重点生态工程建设，五年累计完成造林2953万公顷，治理沙漠化、石漠化土地1196万公顷，综合治理水土流失面积24.6万平方公里，整治国土面积18万平方公里。"[2]

（四）生态文明建设的原则和经验

总结中国共产党领导生态文明建设的理论和实践，在将来的生态文明

---

[1] 胡锦涛：《坚定不移沿着中国特色社会主义道路前进　为全面建成小康社会而奋斗——在中国共产党第十八次全国代表大会上的报告》，《人民日报》2012年11月18日。

[2] 温家宝：《政府工作报告》，《人民日报》2013年3月19日。

建设中，要注意把握以下几点原则。

建设生态文明要坚持马克思主义基本原理。要运用马克思主义理论来分析当代世界的生态危机和我国存在的生态环境问题。马克思和恩格斯关于"人与自然之间"和"人与人之间"的关系的论述，对资本主义制度及其生产方式的分析批判，都为我们今天认识、批判当代世界的生态危机提供了理论方法和批判武器。我国的生态环境问题，从马克思主义生态理论的视域来看，与今天我国存在多种所有制有关，特别是与我国存在的非公有制经济有重大的、直接的关系。在建设生态文明的过程中，必须对这些问题作出马克思主义的回答。市场经济中的资本扩张，对自然生态环境的掠夺，严重破坏了我国的生态环境。建设生态文明，必须规范、限制资本的野蛮扩张。

生态理论是马克思主义的重要组成部分。要认真学习研究马克思主义生态理论，并以马克思主义生态理论作为建设生态文明的指导思想，为把我国建设成为一个生态文明、政治民主、社会公平、经济富强、文化先进的社会主义国家而奋斗。

建设生态文明要坚持社会主义方向。首先，必须坚持党的领导。建设生态文明会涉及不同的阶层、阶级、集团及个人的利益，会遇到各种矛盾、问题和阻力，必须坚持并加强党的领导，充分发挥党总揽全局、协调各方的领导核心作用；同时，要加强党中央和国务院的权威，做到令行禁止。其次，必须坚持社会主义制度。建设生态文明，要坚持社会主义制度的基本原则。公正与平等是社会主义的基本原则。要注重维护生态公正与平等，包括维护当代人之间、当代人与后代人之间、城乡之间、穷人和富人之间的生态公正与平等。还要重视维护发展中国家与发达国家之间的生态公正与平等。

建设生态文明要坚持科学发展观，坚持走文明发展道路。科学发展观中具有马克思主义和社会主义的生态文明理论内涵。在当代中国，坚持科学发展观就是坚持马克思主义和社会主义的生态文明观。坚持科学发展观，就要坚持走生产发展、生活富裕、生态良好的文明发展道路。坚持走文明发展道路，要坚持以生产发展为基础，以生活富裕为目的，以生态良好为条件，努力实现社会经济系统和自然生态系统的良性循环。坚持科学发展观，要坚持科学发展观的政治路线、思想路线、组织路线。政治路线确定之后，必须有与之配套的组织路线和思想路线来作保证。建设生态文明，推动科学发展，促进社会和谐，走文明发展道路，要坚持建设生态文明为了人民、依靠人民、生态文明成果由人民共享。也只有这样，人民群众才会主动积极参与建设生态文明，发挥创造历史的伟大力量。

把建设生态文明与建设物质文明、政治文明、精神文明统筹起来，统一部署，整体推进，协调发展。物质文明是建设生态文明的经济基础。在物质文明建设中，必须体现生态文明的内容，必须保证生态环境不因发展经济而遭到破坏，必须保证不超越资源环境的承载力，必须保证未来的可持续发展。否则，就是有"物质"而无"文明"，有"增长"而无"发展"，有"发展"而无"进步"，谈何物质文明。政治文明是建设生态文明的政治保证。政治文明建设要为建设生态文明提供法律、制度、体制、机制、政策等政治保证。维护政治的公平正义是政治文明建设的重要内容。同样，维护生态的公平正义也是政治文明建设的重要内容。要把维护生态的公平正义和维护政治的公平正义统一起来。维护政治的、生态的公平正义是党和政府义不容辞的神圣职责。党和政府要正确协调和处理社会各阶级、各阶层、各集团在生态方面的利益和矛盾。精神文明是建设生态文明的文化动力。精神文明建设要与生态文明建设协调统一起来，在精神文明建设中要注重培养、提高人们的生态道德素质，树立生态文明观念，并把生态文明观念融进民族精神和时代精神之中，融进党风政风和民风民气之中，在全社会形成积极推进生态文明建设的文化氛围，为建设生态文明提供文化动力、理论依据、舆论力量、价值观念、道德规范。

把建设生态文明和深入贯彻落实科学发展观统筹起来，在推动科学发展的实践中切实推进生态文明建设。建设生态文明是科学发展观的本质要求。科学发展观的基本要求是全面协调可持续，这要求我们必须走出单纯追求经济发展、单纯追求GDP增长、单纯追求生产力发展的理论与实践误区，正确处理经济建设、人口增长与资源利用、生态环境保护的关系，坚持以资源环境承载力为基础，以自然规律为准则，以可持续发展为目标，树立科学的、生态的政绩观。那些破坏生态环境的干部，他们不仅破坏了生态环境，而且破坏了党风，损害了党和政府的形象，破坏了党执政的政治生态环境和自然生态环境。要把是否切实推进生态文明建设作为考核干部是否深入贯彻落实科学发展观的重要标准。要坚持科学发展观的组织路线，用好干部考核评价这个"指挥棒"，把推进生态文明建设作为干部考核和任用的重要依据，注重提拔任用那些推进生态文明建设有实绩的干部,坚决惩处那些以严重破坏生态环境为代价换取经济增长政绩的干部。①

要进一步建立和完善建设生态文明的制度和体制机制。全球的生态危机的根源是资本主义制度。追求利润和剩余价值是资本主义生产最重要的目的。资本主义生产的扩张和掠夺、资本家个人的自私与贪婪的本性,必然导致对生态环境的严重破坏。当代资本主义的危机不仅表现在经济领域,而且表现在生态领域。生态危机实质上是资本主义的制度危机。今天,资本主义国家凭借其强大的资本、军事力量,不仅向发展中国家输出商品和资本,掠夺、剥削发展中国家的资源、能源和劳动力,同时还向发展中国家输出、转嫁生态危机,破坏发展中国家的生态环境。今天的中国,也是资本主义制度导致的生态危机的受害者。资本主义制度不可能解决生态危机问题,只有社会主义制度才能够最终解决生态危机问题。我国建设社会主义生态文明,要进一步加强和完善社会主义制度,充分体现社会主义的公正、平等原则,消除贫富两极分化,限制剥削,逐步达到共同富裕。同时,要进一步建立和完善建设社会主义生态文明的制度和体制机制。在社会主义政治、经济、文化的制度和体制机制中,要有建设生态文明的内容。要加快立法步伐,进一步建立健全生态环境保护法律体系,加大对违法行为的处罚力度,重点整治违法排污企业;要建立健全严格的环境保护目标责任制,科学、民主的决策机制和依法从严的环境治理机制。

三 邓小平的生态文明建设思想

在党的第二代中央领导集体中,邓小平是具有强烈生态环境保护思想的领导人。邓小平的生态文明建设思想和实践,为建设中国特色社会主义生态文明提供了宝贵经验、理论基础、制度基础、物质基础。

(一) 高度重视生态环境保护

邓小平高度重视我国的生态环境保护。1982 年 11 月 15 日,在谈到黄土高原水土流失问题时,他指出:"特别是在我国西北,有几十万平方

---

① 张巨成:《努力实现人与自然和谐发展》,《人民日报》2011 年 2 月 9 日。

公里的黄土高原，连草都不长，水土流失严重。黄河所以叫'黄'河，就是水土流失造成的。我们计划在那个地方先种草后种树，把黄土高原变成草原和牧区，就会给人们带来好处，人们就会富裕起来，生态环境也会发生很好的变化。"①

1983年1月12日，邓小平在和胡耀邦、万里、姚依林、胡启立、张劲夫、宋平等的谈话中指出："农业翻番不能只靠粮食，主要靠多种经营。要大力加强农业科学研究和人才培养。提高农作物单产，发展多种经营，改革耕作栽培方法，解决农村能源，保护生态环境等等，都要靠科学。"② 这个谈话中说到"保护生态环境"，说明邓小平在那时已注意到在发展农业的同时要保护农村生态环境。

邓小平非常重视废水、废气、废渣处理。1978年9月14日，邓小平视察大庆油田供应指挥部萨尔图仓库、采油二部图强管理站大寨田、大庆化肥厂和三十万吨乙烯会战工程指挥部。在化肥厂，得知该厂已实行专业化管理后，他进一步询问中国与国外同类型企业用人情况，并提出应把多余人员逐步减下去。在三十万吨乙烯会战工程指挥部听取汇报时，针对油、气、化工污染严重的状况，邓小平强调：一定要把三废处理好。我们的化学工业三废问题都没有解决好，上海金山工程处理得不好，很多废物排放到海里，鱼都没有了，污染很大。他在听取农副业生产情况的汇报时指出：大庆要多种树。农业搞机械化，节约下的人力种树，还可以种草，发展畜牧业，要改造草原。③

1978年9月15日，邓小平在黑龙江省考察，听取李力安、王一伦、李剑白、陈雷、陈烈民等汇报。在听取开荒问题的汇报时说："韩丁对我国大面积开荒提出过一些宝贵意见，他列举世界上一些国家由于开荒带来风沙等自然环境恶化的例子，指出搞大面积开荒得不偿失，很危险。我看很有道理，开荒要非常慎重。黑龙江本来降雨量就少。你们要搞调查研

---

① 中共中央文献研究室编：《邓小平年谱（1975—1997）》（下），中央文献出版社2004年版，第868页。
② 同上书，第882页。
③ 中共中央文献研究室编：《邓小平年谱（1975—1997）》（上），中央文献出版社2004年版，第374—375页。

究，科学地处理这个问题。"① 同年 9 月 19 日，邓小平在中共唐山市委第一招待所会议室观看唐山老市区、丰润新区建设规划模型，听取关于唐山城市建设规划问题的汇报。他在讲话中指出："现代化的城市要合理布局，一环扣一环，同时要解决好污染问题。废水、废气污染环境，也反映管理水平。"②

1979 年 4 月 17 日，邓小平出席中共中央政治局召集的中央工作会议各组召集人汇报会议，听取赵紫阳、习仲勋、林乎加等的汇报。他指出："全国污染严重的第一是兰州。桂林一个小化肥厂，就把整个桂林山水弄脏了，桂林山水的倒影都看不见了。北京要种草，种了草污染可以减少。所有民用锅炉，要改造一下，统一供热，一是节约燃料，二是减少污染。这件事要有人抓，抓不抓大不一样。要制定一些法律。北京的工厂污染问题要限期解决。"③

邓小平高度关注核污染问题。1984 年 6 月 17 日，邓小平阅严济慈当月 15 日关于不同意中国为德意志联邦共和国贮存核废料的信，他把信批送赵紫阳、万里、姚依林并批示："此事反映十分强烈，应加慎重考虑。"严济慈的信中说："核废料运来我国，即使把它埋到人烟稀少的西南地区，也将是后患无穷的。此事是关系子孙后代的大事，有关方面切不可图近利而不虑埋下的长期隐患，轻率从事。"④ 同年 9 月 30 日，邓小平将李政道等海外华人对西方国家报刊文章说中国将要与德意志联邦共和国达成协议，接受其核废料一事表示关注和忧虑的来信，批送赵紫阳斟酌处理。⑤

1986 年 11 月 9 日，邓小平阅关于核燃料工厂需要特殊措施以保证安全的材料，批转赵紫阳，请他过问这件事，提出要做到保证不出事故，多花点钱也在所不惜。⑥

---

① 中共中央文献研究室编：《邓小平年谱（1975—1997）》（上），中央文献出版社 2004 年版，第 375 页。
② 同上书，第 386 页。
③ 同上书，第 506 页。
④ 中共中央文献研究室编：《邓小平年谱（1975—1997）》（下），中央文献出版社 2004 年版，第 981 页。
⑤ 同上书，第 995 页。
⑥ 同上书，第 1153 页。

邓小平已注意到可持续发展问题。1989年6月，邓小平指出："要采取有力的步骤，使我们的发展能够持续、有后劲。"①

邓小平还非常重视风景区的自然环境保护。1979年1月6日，邓小平在同余秋里、方毅、谷牧、康世恩谈经济建设方针问题时指出："要保护风景区。"② 1980年7月6日，邓小平游览峨眉山。上午，游览万年寺、双桥清音、古功德林、清音阁等景点。在途中看到一些陡峭的山坡上森林被毁，种了不少玉米，惋惜地说："这么好的风景区为什么用来种玉米，不种树？这会造成水土流失，人摔下来更不得了。不要种粮食，种树吧，种黄连也可以。"还强调："山区农民居住分散，生活很苦，政策要放宽，让山区尽快富起来。"下午，下山时说："峨眉山是一个文化型的风景区，是一座宝库，要好好保护。要搞好规划，合理开发，综合开发。要加强管理。办事情要有登山不止的精神。"③

1983年2月8日，邓小平游览太湖。游览中，询问了太湖的保护和水产情况。对"文化大革命"中无锡在太湖"围湖造田"一事说：浙江对你们有意见，你们围湖造田，湖面缩小，影响了平衡。他还询问了太湖周围的工业对太湖水质的影响情况，指出：太湖水要注意保护好，不要弄坏了。④

1983年2月9日，邓小平游览苏州名胜虎丘、留园，视察市容。游览前要求有关部门，园林要像往常一样开放，不要封园。在游览过程中，对当地同志说："苏州园林是老祖宗留给我们的宝贵遗产，一定要好好加以保护。苏州作为风景旅游城市，一定要重视绿化工作，要制定绿化规划，扩大绿地面积，发动干部群众义务植树，每年每个市民要植树二十株。"在乘车视察市容市貌时指出："要保护好这座古城，不要破坏古城风貌，否则，它的优势也就消失了。要处理好保护和改造的关系，做到既保护古城，又搞好市政建设。"⑤

---

① 《邓小平文选》第3卷，人民出版社1993年版，第312页。
② 中共中央文献研究室编：《邓小平年谱（1975—1997）》（上），中央文献出版社2004年版，第466页。
③ 同上书，第652页。
④ 中共中央文献研究室编：《邓小平年谱（1975—1997）》（下），中央文献出版社2004年版，第887页。
⑤ 同上。

1983年2月14日，邓小平游览杭州龙井和九溪风景区。在景区参观时说："你们这里的水杉树很好看，长得笔直。水杉树好，既经济，又绿化了环境，长粗了，还可以派用处，有推广价值。泡桐树也是一种经济树木，长得很快，板料又好，用来做箱子没缝，日本人可喜欢了。杭州的绿化不错，给美丽的西湖风景添了色。你们一定要保护好西湖名胜，发展旅游业。"①

（二）大力倡导植树造林

在改革开放时期，邓小平更加重视植树造林。1979年1月6日，邓小平在同余秋里、方毅、谷牧、康世恩谈经济建设方针问题时指出："要保护风景区。桂林那样的好山水，被一个工厂在那里严重污染，要把它关掉。北京要搞好环境，种草种树，绿化街道，管好园林，经过若干年，做到不露一块黄土。"②

1979年7月15日，邓小平召开座谈会，在听取中共安徽省委和徽州地委主要负责人的汇报时指出："山区建设，就是看搞什么收效快就搞什么。粮食少，用别的办法解决。要有些办法，禁止破坏山林。要搞经济林，很好地发展竹木手工生产，搞好竹编生产，搞些好的竹编工艺品。"③

1980年4月2日，邓小平在同胡耀邦、万里、姚依林、邓力群谈长期规划问题时说："西北就是要走发展畜牧业的道路，种草造林，不仅要发展现有的牧场，还要建设新牧场。农村要鼓励种树，要发展多种副业，发展渔业、养殖业。"④

1982年11月15日，邓小平会见前来北京参加中美能源资源环境会议的美国前驻中国大使、密执安州立大学教授伦纳德·伍德科克。他指出："中国正在解决能源问题。要搞四个现代化，能源方面搞不好就会耽误。所以这次会议对我们很有益处。中国的资源，第一是水力，第二是煤。但是煤开采起来要花钱。我们准备坚持植树造林，坚持二十年、五十

---

① 中共中央文献研究室编：《邓小平年谱（1975—1997）》（下），中央文献出版社2004年版，第889页。
② 中共中央文献研究室编：《邓小平年谱（1975—1997）》（上），中央文献出版社2004年版，第466页。
③ 同上书，第536页。
④ 同上书，第616页。

年。这个事情耽误了，今年才算是认真开始。"① 同年 12 月 26 日，邓小平在林业部关于开展全民义务植树运动情况报告上批示："这件事，要坚持二十年，一年比一年好，一年比一年扎实。为了保证实效，应有切实可行的检查和奖惩制度。"②

1983 年 3 月 2 日，邓小平同胡耀邦、赵紫阳、万里、姚依林等谈话。在谈到植树造林时，他说："我在兖州，还看了一下种树。那里种泡桐的情况很好，很有规划，叫粮林间作，一亩十三株，根本不影响粮食生产。每年上两斤化肥十年成材，每株得材零点七立方米。十年后每亩收入就是二百元。苏毅然同志告诉我，他们还引进欧洲的一种什么杨树，品种很好，生长很快，木材也很好。因此，种树也要有具体规划。什么地方种什么树，种子种苗从哪里来，都要扎扎实实抓。"③

1983 年 3 月 12 日，邓小平到北京十三陵参加义务植树劳动时对中直机关干部说："植树造林，绿化祖国，是建设社会主义，造福子孙后代的伟大事业，要坚持 20 年，坚持 100 年，坚持 1000 年，要一代一代永远干下去。"④

1984 年 1 月 24 日，邓小平参观深圳市容。看到沿途山头光秃秃的，他对陪同人员说："好多山头不种树。我们经过韶关时，看到那里的山头也都是这样。荒山、水域，这些都是潜力很大的发展生产的广阔天地。"⑤

1979 年 3 月 12 日，在中国第一个植树节，邓小平和华国锋、李先念等到北京市大兴县庞各庄公社薛营大队参加植树造林活动。他说："要让娃娃们从小养成种树、爱树的好习惯。"⑥

1984 年 3 月 12 日，邓小平和胡耀邦、习仲勋、韦国清、方毅、杨尚

---

① 中共中央文献研究室编：《邓小平年谱（1975—1997）》（下），中央文献出版社 2004 年版，第 867—868 页。
② 《邓小平文选》第 3 卷，人民出版社 1993 年版，第 21 页。
③ 中共中央文献研究室编：《邓小平年谱（1975—1997）》（下），中央文献出版社 2004 年版，第 893 页。
④ 《人民日报》1983 年 3 月 13 日。
⑤ 中共中央文献研究室编：《邓小平年谱（1975—1997）》（下），中央文献出版社 2004 年版，第 954—955 页。
⑥ 中共中央文献研究室编：《邓小平年谱（1975—1997）》（上），中央文献出版社 2004 年版，第 492 页。

昆等以及中央直属机关一百二十多名新长征突击手、优秀团干部、共青团员一起，前往十三陵水库中直机关造林基地植树。在植树过程中，邓小平向中共北京市委和昌平县委负责人了解从延庆向十三陵水库引水和去年植树造林成活情况，他指出："全国种树，主要是提高质量，提高成活率。栽的多，活的也要多。"他还指着面前的一片山坡说："这一片都种上树，这个风景区就非常漂亮了。"①

1987年4月5日，邓小平在天坛公园参加北京市全民义务植树日活动。在植树的过程中，他指着孙女、孙子对身旁的同志说："我这个小孙女和我一起种了六年树，今年植树我又多带个小孙子。要让娃娃们养成种树、爱树的好习惯。"② 作为北京市的市民，从1979年到1989年，邓小平连续11年参加了北京市的义务植树劳动。

1978年，邓小平对《关于在我国北方地区建设大型防护林带的建议》作出重要批示，拉开了我国"三北"工程建设的序幕。1978年11月，中共中央、国务院作出了关于在我国西北、华北、东北风沙危害和水土流失重点地区建设大型防护林——"三北"防护林体系建设工程的战略决策。工程建设从1978年开始到2050年结束，建设期限长达73年，分3个阶段、8期进行，工程范围占我国陆地总面积的42.4%，规划造林3508万公顷。力争到2050年，"三北"地区森林覆盖率提高到15%，林木蓄积量增加到42.7亿立方米。专家估算，"三北"工程结束后，工程区森林蓄水量相当于4个三峡水库。截至2012年，工程已累计完成造林保存面积2500多万公顷，工程区森林覆盖率由1977年的5.05%提高到12.4%，森林蓄积量由1977年的7.2亿立方米增加到14.4亿立方米，在祖国北方构筑了一道坚实的绿色生态屏障，风沙危害和水土流失明显减轻。工程区27.8万平方公里沙化土地得到治理，沙化土地面积年均减少1500平方公里，沙化长期扩展的趋势得到扭转；治理水土流失面积38.6万平方公里，黄土高原重点治理区治理程度达到70%以上，水土流失面积和侵蚀强度开始"双下降"，入黄泥沙量年均减少4亿吨左右；营造农防林253万公顷，工程区农田林网化程度达68%以上，2248万公顷农田得到有效庇护，

---

① 中共中央文献研究室编：《邓小平年谱（1975—1997）》（下），中央文献出版社2004年版，第966页。

② 同上书，第1174页。

每年粮食因此增产 100 亿公斤。同时,工程区建成了一批用材林、经济林、薪炭林和饲料林基地,木材等林产品生产能力明显提升,种植业、养殖业、流通业和生态旅游业等蓬勃发展,一些地区农民涉林收入占到总收入的 50% 以上。"三北"工程建设取得的伟大成就,得到国际社会的充分肯定,被誉为"改造大自然的伟大壮举""世界四大生物工程之一"。"三北"工程创造了人类生态建设史上的奇迹,是我国生态文明建设的标志性工程,是世界生态工程建设的典范,有力地推动了我国生态文明建设进程。[①] 邓小平 1989 年为"三北"防护林工程亲笔写了"绿色长城"的题词。

1991 年 3 月 4 日,邓小平为全民义务植树活动 10 周年题词:"绿化祖国,造福万代。"

(三) 高度重视保护生态环境的制度建设

1978 年 12 月 13 日,邓小平在中央工作会议闭幕会上讲话指出:"应该集中力量制定刑法、民法、诉讼法和其他各种必要的法律,例如工厂法、人民公社法、森林法、草原法、环境保护法、劳动法、外国人投资法等等,经过一定的民主程序讨论通过,并且加强检察机关和司法机关,做到有法可依,有法必依,执法必严,违法必究。"[②] 1978 年 12 月 31 日,中共中央批转了国务院环境保护领导小组的《环境保护工作汇报要点》,明确提出:消除污染,保护环境,是进行经济建设,实现四个现代化的重要组成部分,我们绝不能走先建设、后治理的弯路,要在建设的同时就解决环境污染问题。

1982 年的宪法第 26 条规定:"国家保护和改善生活环境和生态环境,防治污染和其他公害。国家鼓励和组织植树造林,保护林木。"这就把生态环境保护上升到了宪法规范的高度。

1979 年 9 月,第五届全国人大常委会第十一次会议批准颁布了《中华人民共和国环境保护法(试行)》,标志着我国生态环境保护走上了法治的轨道。

在邓小平和中共中央的倡议下,第五届全国人大四次会议于 1981 年

[①] 参见赵树丛《三北工程是生态建设的伟大实践》,《人民日报》2012 年 8 月 24 日。
[②] 《邓小平文选》第 2 卷,人民出版社 1994 年版,第 146—147 页。

12 月 13 日通过了《关于开展全民义务植树运动的决议》。为了贯彻全国人大的决议，1982 年 2 月 27 日国务院常务委员会议通过并颁布了《国务院关于开展全民义务植树运动的实施办法》，并要求各省、自治区、直辖市人民政府结合实际情况，制定实施细则。

1984 年 9 月 20 日，第六届全国人大常委会第七次会议通过并颁布了《中华人民共和国森林法》。1985 年 6 月 18 日，第六届全国人大常委会第十一次会议通过并颁布了《中华人民共和国草原法》。1988 年 11 月 8 日第七届全国人大常委会第四次会议通过并颁布了《中华人民共和国野生动物保护法》。1982 年 6 月 30 日，国务院颁布了《水土保持工作条例》。这些法律、法规，为生态文明建设提供了法律保障。

1987 年，国家环境保护局升级为国务院管理的副部级单位；1998 年，国家环境保护局升格为正部级的国家环境保护总局；2008 年，环境保护部成立，为国务院组成部门。这为环境管理制度和规范的制定以及执法提供了重要的组织保障。

第十章

中国边疆治理研究

一 当代中国边疆治理刍议

当前,广大人民的根本利益、公共利益与少数人的私人利益之间的矛盾和问题日益复杂、日益突出,人民内部矛盾不断出现,少数人损害广大人民的根本利益、公共利益的现象不断发生,国家公共权力腐化、社会公共资源私化、贫富两极分化的现象比较严重。边疆地区战略地位十分重要,民族、宗教问题比较复杂,社会治安问题、毒品问题、贫富分化问题、生态环境污染问题等,都比较严重。这些问题,对边疆治理提出了严峻的挑战。当代中国边疆治理,必须注意把握以下问题。

第一,要坚持党的领导。加强和改善边疆民族地区党的建设,提高党的执政能力,建立健全党委领导、政府负责、公众参与的治理体系。

第二,要坚持和完善民族区域自治制度,发展社会主义民主政治,落实依法治国的基本方略,积极、稳妥地进行制度、体制、机制改革和创新。

第三,要积极推进文化的发展。要大力发展教育、文化事业;加强思想道德建设,移风易俗;积极发展公益性文化事业,防止、抵制市场经济对公益性文化事业的冲击;同时还要积极发展文化产业。党的十七届六中全会通过的《中共中央关于深化文化体制改革推动社会主义文化大发展大繁荣若干重大问题的决定》强调"以马克思列宁主义、毛泽东思想、邓小平理论和'三个代表'重要思想为指导,深入贯彻落实科学发展观","以建设社会主义核心价值体系为根本任务",是一项重构意识形态、重构合法性基础、重构改革新动力的"顶层设计"。马克思列宁主义、毛泽东思想能为今天的文化建设、意识形态重构和创新提供丰富的、深厚的思想文化资源，同时也能为改革、为当代中国边疆治理提供新的共识、新的动力。

第四，要促进边疆民族地区经济的科学发展。市场经济只能解决经济关系中的部分不平等问题，实现有限的平等。市场经济还会导致新的经济的和社会的不平等。这些新产生的经济的、社会的甚至还有政治的不平等问题，主要应当由执政党、政府这些公共权力部门来解决。公共权力部门要限制资本扩张对边疆民族地区人民群众的掠夺和剥削。

第五，要整肃吏治，重典反腐，维护和实现社会公平与正义。如一些地方黑、黄、赌、毒泛滥成灾，治安不良，人民群众意见很大，但有关的领导干部就是不管。多年弛禁，积重难返，非严刑峻法而不能治。

第六，要高度重视两极分化的问题，防止出现严重的阶级分化。在改革开放的过程中，一部分人、一部分地区先富了起来，分配不公，收入差距、地区间的差距不断扩大，一部分人在改革开放的过程中成了最少受惠者。维护和促进社会公平正义，要保障那些最少受惠者的基本生活所必需的条件。要坚持社会主义社会的公平正义原则，维护分配正义，缩小贫富差距，限制少数富裕阶层对广大中下层民众的经济剥削和掠夺。

第七，要处理好农民、农村、农业问题。要注重实现好、维护好、发展好边疆地区农民群众的根本利益。要限制、打击资本集团对边疆民族地区少数民族农民、牧民和汉族农民的严重掠夺和剥削。

社会稳定是中国在经济改革与社会变迁中遇到的重大问题。我们对"稳定压倒一切"这类政治口号并不陌生。"为官一任，保一方平安"是中央对地方各级领导干部的一个基本要求。稳定不仅是个社会问题，更是一个政治问题。农村的稳定，是中国稳定的基础。农村一乱，中国必大乱。内地农村的稳定重要，边疆少数民族地区农村的稳定同样重要。

土地是中国农民基本生活的保障，也是基本的权利保障。我国人地关系紧张，土地日益成为农民的最低生活保障手段。在我国的农村社会，土地承担了社会保障功能。在中国二十几年来的城市化过程中，乱占耕地，侵犯农民地权的现象经常发生。侵犯农民的合法土地权利是对农民公民权利的侵犯。保障农民地权不受侵犯是维护农民公民权的一条重要"底线"。在远离城镇的农村地区，乱占耕地，侵犯农民地权利益的现象较少。在地广人稀的边疆地区，人地矛盾相对缓和，但其他生存条件差，土地的作用更显重要。

分散的小农经济与市场经济存在许多的矛盾。小农、小牧（牧民）们在市场经济的冲击下，面对资本集团的掠夺和剥削，两极分化是难于避免的。在农村人民公社被废除后，农（牧）民的自由多了，物质、经济方面有了增长、发展。农村的改革解决了许多矛盾、问题，但也引发了许多新矛盾、新问题。"在市场化下，乡村治理逐渐屈服于货币主义和功利主义。""随着公共服务道德的崩溃，地方干部变得更加功利主义。"

第八，要处理好新形势下的人民内部矛盾问题，进行社会改革，加强社会建设和完善社会管理体系，提高社会管理科学化水平。要处理好党和政府同人民群众的关系，维护民族团结和保持边疆稳定，抓紧建立健全社会预警体系和应急救援、社会动员机制，提高保障公共安全和处置突发事件的能力。

第九，要注重维护和促进社会公平正义。中国共产党是马克思主义政党并且是执政党，维护社会的公平正义（包括公正与平等）是其基本的和重要的职责。"公平正义，就是社会各方面的利益关系得到妥善协调，人民内部矛盾和其他社会矛盾得到正确处理，社会公平和正义得到切实维护和实现。"[1] "公正与平等是社会主义的基本精神，也是社会主义的本质。公正与平等是现代社会的基本理念和基本价值准则。没有公正与平等的社会是非常危险的社会，没有公正与平等就没有社会主义。追求公正与平等是中国历史上早就存在的理念和思想，也是中国共产党意识形态中的重要理念和思想。"[2] 加强和创新社会管理，做好群众工作，必须正确认识和处理当代中国社会存在的不平等、不公正问题，把维护和促进社会公平正义作为党治国理政的重要工作来做。要以共同富裕为目标，扩大中等收入者比重，提高低收入者收入水平，努力使工人、农民、知识分子和其他群众共同享受到改革开放和经济社会发展的成果。当代中国的边疆治理，要把维护和促进社会公平正义作为重要的政策导向。今天，中国的许多社会矛盾和问题，如贫富差距、社会治安等问题，其产生的重要原因之一就是今天存在的社会不平等和不公正。一个社会的不平等、不公正问题如果特别严重，就极有可能引发社会冲突甚至社会动乱。因此，加强和创新社会管理，必须用制度、法律、体制等来保障社会公平正义。

---

[1] 《十六大以来重要文献选编》，中央文献出版社2006年版，第706页。
[2] 张巨成：《构建和谐社会的传统文化底蕴》，《光明日报》2006年12月21日。

贫富差距过大，就是社会不公正、不平等的明显体现，必然会导致社会差别扩大、社会心理失衡，引发社会矛盾，给边疆治理带来严重的压力和冲击。因此，改进和创新边疆治理，就要保障人民群众安居乐业，正确处理人民内部矛盾，正确应对和妥善处理群众的抗争，正确处理公与私的矛盾、贫与富的矛盾、官与民的矛盾。

坚持社会主义公有制的中国共产党更应强化其作为执政党的公共性。要坚持立党为公、执政为民，有效反对和防止公共权力市场化和资本化，有效防止公共权力失控和腐败。维护和促进社会公平正义，要荡涤今天中国社会存在的污泥浊水，严厉打击贪腐、黑恶势力，严厉打击歪风邪气，弘扬社会正气，形成社会良好风尚，保持社会良好秩序。

第十，要坚持马克思主义群众观和党的群众路线。马克思主义群众观是根据辩证唯物主义和历史唯物主义世界观和方法论，正确认识人民群众的历史地位和作用等问题形成的理论观点，是马克思主义政党对待人民群众的基本立场、基本观点和基本方法，是党的群众工作的理论基础。我们党依据马克思主义群众观，把群众观化为领导方法和工作方式，逐步形成党的群众路线。共产党的政治是人民的政治。"一切问题的关键在政治，一切政治的关键在民众，不解决要不要民众的问题，什么都无从谈起。"①当代中国边疆治理，必须坚持一切为了群众，一切依靠群众，从群众中来，到群众中去的群众路线。毛泽东曾深刻地揭示："所谓正确处理人民内部矛盾问题，就是我党从来经常说的走群众路线的问题。共产党员要善于同群众商量办事，任何时候也不要离开群众。党群关系好比鱼水关系。如果党群关系搞不好，社会主义制度就不可能建成；社会主义制度建成了，也不可能巩固。"② 当前，我们面临的国际国内形势错综复杂，我国既处于发展的重要战略机遇期，又处于社会矛盾凸显期。胡锦涛指出，综合分析当前国内外形势，我们面临前所未有的机遇，也面对前所未有的挑战。③ 社会治理领域存在的问题也不少。广大人民的根本利益、公共利益与少数人的私人利益之间的矛盾和问题更复杂、更突出，人民内部矛盾不

---

① 毛泽东：《一切政治的关键在民众》，《毛泽东文集》第3卷，人民出版社1996年版，第202页。

② 毛泽东：《一九五七年夏季的形势》，《建国以来毛泽东文稿》第6册，中央文献出版社1992年版，第547页。

③ 《人民日报》2012年7月24日。

断出现，少数人损害广大人民的根本利益、公共利益的现象不断发生，国家公共权力腐化、社会公共资源私化、贫富两极分化的现象比较严重。这些对当代中国边疆治理是严峻的挑战。当代中国边疆治理，坚持马克思主义群众观和党的群众路线，不能停留在口号上，要有切实有效的行行，要让人民群众明显地觉得党和政府是认真坚持马克思主义群众观和群众路线的。要一切从人民的利益出发，而不是从少数资本集团的利益出发。要一切向人民群众负责，而不是向少数利益集团负责。要相信人民群众能够自己解放自己，群众是自己命运的主人，要尊重群众的首创精神。要相信群众，依靠群众，不要害怕群众。要虚心向群众学习，热心为群众服务，诚心受群众监督。做好边疆治理工作，必须深入群众，直接联系群众，了解情况，向群众学习，教育群众，组织发动群众参与边疆治理。"要坚持思想上尊重群众、感情上贴近群众、工作上依靠群众，把群众满意不满意作为加强和创新社会管理的出发点和落脚点。"[①] 没有人民群众的真正自觉参与，当代中国边疆治理工作是不可能做好的。

密切联系群众是我们党的三大优良作风之一，是我们党的最大政治优势。当前，一些党员干部在发扬这个作风方面做得很不够，或者不去联系群众，而是躲避群众、脱离群众；或者虽然"联系"群众了，却是间接而非直接地联系，根本起不到密切党同人民群众血肉联系的作用。有的地方党群干群关系紧张、群体性事件多发，与此不无关系。联系群众，"直接"才能"密切"。做好新形势下的群众工作，推动科学发展、促进社会和谐，应大力强调直接而不是间接地联系群众。[②]

二 近代云南边疆历史与当代云南边疆治理

近代云南，与古代最大的不同之处就是，云南与我国其他区域一样，受到了外国列强的侵略、冲击、挑战、影响；在国内则深受封建专制的暴政之苦。因此，反对列强侵略、反对封建专制暴政的爱国主义斗争，就是近代云南区域史的一个重要内容和重要特征。

[①] 胡锦涛：《扎扎实实提高社会管理科学化水平　建设中国特色社会主义社会管理体系》，《人民日报》2011年2月20日。

[②] 张巨成：《联系群众："直接"才能"密切"》，《人民日报》2012年3月23日。

爱国主义在边疆区域的反应是最敏感、最强烈的。地处祖国西南边疆的云南，其人民具有强烈的反侵略、反暴政的民主自由意识和爱国主义精神。近代云南发生的一系列历史事件可以说明这一点。在云南近代史上，出现了一些在中国近代史上占有重要地位的事件、学校、人物，如护国起义、云南陆军讲武堂、西南联大、"一二·一"运动、李根源、聂耳、艾思奇、朱培德、杨增新、杨杰、唐继尧、龙云、卢汉等。笔者曾撰文认为，护国运动（护国首义）是云南有史以来唯一的一次改变中国历史命运的重大历史事件。[①]

云南这个区域，早在秦、汉之际就设置了郡县，以后越来越多地受到内地文化的影响。然而，这种影响由于种种因素显得很有限。在古代就有人说，元代以前，"云南未知尊孔子"[②]。这话难免片面，不可尽信，但也说明了儒家文化对云南的影响程度在元代以前是比较小的。到了明朝，大规模的汉族移民运动，带来了更多的内地文化，使得儒家文化在云南占了主导地位。由于云南与内地交通不便，又使得云南与内地的文化交流受到了限制，再加上云南本身的环境等因素，这里逐渐形成了与内地文化有着不同特点的边疆移民文化。这种边疆移民文化的最大特点就是儒家文化的成分较内地少。也就是说，儒家文化的根基比内地浅。我国的边疆区域，大多有这个特点。在中国近代史上，边疆区域（我们把我国的沿海地区也看作我国的陆地边疆区域，沿海陆地外面是海洋边疆）发生革命的次数多，产生的革命者人数多与这个特点不无关系。中国的近代史还表明，儒家文化影响受到限制的边疆区域，比较容易接受新的文化、新的思想，比较容易产生新的（近代的）国家意识、民族意识和民主思想。而在那些儒家文化根基深厚的区域，尽管也受到了民主、自由思想的冲击、挑战，但是"火烧芭蕉心不死"，儒家文化大有"野火烧不尽，春风吹又生"的势头。这些也说明中国的文化、中国的历史，在它的大统之外，还有着区域的差别。因此，对中国历史、中国文化的总体研究，不能忽视这种区域的差别。

近代中国的边疆区域（包括沿海地区）发生了那么多给中国带来生

[①] 张巨成：《护国运动与云南在近代中国历史上的地位》，载《爱国·团结·胜利》，云南大学出版社 1996 年版，第 116 页。

[②] 《元史》卷 167《张立道传》，中华书局 1976 年版。

机、带来新思想、新文化，同时也带来痛苦、灾难、矛盾、困惑的一系列重大历史事件；边疆区域，也是西方工业文明与中国的封建宗法农业文明发生冲突和交汇的前沿区域。中国近代史上的许多重大社会变动就是从边疆开始的。因此，我们必须重视对边疆区域史的研究。这对于我们充分认识、把握近代中国的整体历史是有很大意义的，对于今天边疆区域的治理，也可以提供借鉴。

文廷式认为，云南有"倒挈天下之势"。他说："论者每谓云南裔末，不关形要，不知云南实倒挈天下之势。由滇入川则据长江之上游，由滇趋湘而走荆襄则可动摇北方。按：元人已用此法，非不知也……云南得失，关乎天下。"[①]《新纂云南通志》卷23《地理考》说："中国地势，起西北，汇东南，独滇居西南。凡大江以南之山，多由滇派分。论形势，有登高而呼之概焉。"卢汉在《新纂云南通志》的"序"中说："云南，古荒服地，素称僻远。然俯瞰中州，雄跨上游，有高屋建瓴之势。"章太炎在《云南首义拥护共和始末记》的"序"中说："云南之域，山有点苍耸雪之峻，川有金沙、澜沧之限，封守险阻，地方广远，而去宛平绝远，藏兵九地之下，则巨奸无所觊觎，故能慎固经画，蹶起有功，比绩武昌，号曰中兴焉。"1916年《滇声报》刊载的《云南起义实录》，对云南地势作了这样的描述："云南地势之险要，冠于全国。如昭通之老鸦关，广南府之镇边关，皆有一夫当关，万夫莫敌之势。此外，鸟道崎岖，跋涉艰难，遑论袁氏众叛亲离，谁肯为战？即全北军来此，亦难飞渡。"这些引文都是从宏观上论述云南之地理形势。

以护国运动为例，云南的边疆地理环境有利于护国运动在云南首先发动。

首先，云南地处边疆，远离中国的政治中心，西南与越南、老挝、缅甸接壤，西北与西藏相连，具有地缘政治优势。北洋军阀势力相距较远，在军事上无后顾之忧；境内地势险要，进则易攻，退则易守；东北面之四川，虽然被袁世凯的心腹干将陈宦接管，但四川地方军队杂乱，地广人多，北洋军阀无力统一全川。这些，正如程潜在《护国之役前后》一文中所说的那样："四川可以作为云南的有力屏障；东南面的广西，也是袁

[①] 赵铁寒主编：《文芸阁先生全集·纯常子枝语》卷1，载沈云龙主编《近代中国史料丛刊续辑》第14辑。

氏势力尚未进入的地区，该省地方实力派陆荣廷与袁氏有争夺广西的矛盾可以利用；东面的贵州，长时期与云南同属云贵总督所管辖，两省在政治、经济、文化等方面有比较深厚的历史关系。加之，辛亥革命后，唐继尧曾任贵州都督，因此唐视贵州为禁脔。民国初，云南的政治态度对贵州有较大影响。"

其次，云南是边防重地，清朝末年驻扎有二万多兵员，辛亥革命后仍保留下来，并没有被北洋军阀势力兼并。在护国起义前夕，云南有兵两师一旅，约二万人，就是这些兵员，他们不属于北洋系。这支队伍的素质，大大超过北洋陆军。其中下级军官，大多为留日士官生和讲武堂毕业生，他们接受过良好的军事教育，经过辛亥革命的洗礼和锻炼，具有较浓厚的民主革命思想，是滇军的骨干。云南《滇声报》所载《云南起义实录》中说："至于兵士，全系征兵，云南民俗强干，性质纯良。官长则热心教育，训练颇精，而士兵则坚忍刻苦，极端服从，而其最著者，虽于崇山峻岭，道路崎岖之中，亦能矫捷飞跃，不比北军之必穿革履，始能跋涉，此点即可制胜，况其团结力甚大，原具有大战斗力耶！"当时，有"滇军精锐，冠于全国"之说。

再次，云南军队装备精良，饷械充足。云南是中国西南的门户，清政府素来重视，对云南的财政和军队装备"多所擘画存蓄"。程潜在《护国之役前后》一文中对此有所记述："丁振铎督滇时，始购新式快枪万余支。至锡良及李仲轩任内，又各购五响毛瑟二万五千余支，七生的（按：厘米）五大炮各三十余尊，机关枪四十架。光复时，又由蔡都督购马、步快枪二万余支，机关枪百十余架，大炮四十余尊。总计全省快枪约有八万七千余支，大炮一百尊，机关枪百六十余架，子弹存储极富。至于财政，除富滇银行基本现金三百万，中国银行六十万，以及截留两月之款三十余万外，现蔡、李二公各带来三十余万。又确由华侨捐助现金七十余万，已于一月二十三日到滇。此外，如筹饷而由内地人民捐输者亦多，加以华侨陆续捐助，则军饷一层，亦万无缺乏之虞。"程潜还说："其枪炮火力之强，超过南方各省军队。"

最后，云南有着具有边疆特色的区域文化。自秦、汉以来，云南逐渐接受中原农业文明的影响。至明代，政府向云南大规模移民，汉族人口大量涌入，或居住在城镇，或在山间盆地，从事农业生产。其中，有些移民是消灭元军后进行屯田的士兵。移民带来了先进生产力，也带来了内地文化，对云南的经济、政治、文化发展起了极大的推动作用。但由于地势险阻，交通不便，文化交流是较为有限的，久而久之，形成了其边疆区域文化的特色，与内地的文化相比，儒家文化的根基自然要浅一些。因此，在民主共和思想的冲击下，封建意识易于被冲垮。加之云南与越南、老挝、缅甸交界，这些国家的亡国惨状，激发了云南人民的爱国热情。在辛亥革命的影响下，民主共和思想深入人心，云南人民向往民主共和制度，希望中国能有一个好的社会制度，早日走上国强民富的康庄大道。

　　根据以上分析，可得出这样的结论：其一，在云南发动护国战争，当事人的选择是完全正确的，护国军的胜利，帝制的灭亡，这个选择是关键性的战略决策。其二，护国战争在云南首先爆发，与云南地处边疆的自然地理、人文地理有着密切的关系。其三，护国战争的胜利，是人和、地利、天时共同作用的结果。

　　云南是一个经济落后的边疆省份，然而在袁世凯复辟帝制，掀起了一股历史逆流，使中国又一次处于十字路口的关键时刻，云南敢为天下先，首举义旗，打响了反袁护国战争的第一枪，把护国运动推向了高潮，并最终取得了护国运动的胜利。云南以一省之力，抗袁氏全国之师，在人力、物力、财力上作出了巨大的牺牲。

　　边疆民族地区各民族之所以能够历经数千年而长盛不衰，其重要原因之一就是一代又一代人创造了绵延不断的符合社会发展规律的核心价值体系，并以此为精神支柱创造了边疆民族地区各民族生生不息的精神家园。边疆少数民族文化是中华文化的重要组成部分。例如，中国大陆最大的孔子铜像在云南，中国第二大孔庙在云南，这说明以儒家文化为核心的中国传统文化在云南传统文化中居于主流地位。又如，在今天云南各民族的精神家园里，中国化的马克思主义、儒教、道教、小乘佛教、大乘佛教、喇嘛教、伊斯兰教、基督教、天主教等，共同生存发展，创造了丰富多彩、博大精深的当代云南边疆文化。云南边疆少数民族传统文化具有宝贵的包容性、多样性、创造性，为当代云南边疆治理提供了丰富、深厚的文化精神资源。

　　云南地处祖国边疆，战略地位十分重要，民族、宗教问题比较复杂。与全国一样，今天的云南存在着许多不和谐的问题，其中有些问题还非常严重。如云南的毒品问题、贫富分化问题、生态环境污染问题等，都比较严重。这些问题，对云南边疆治理提出了严峻的挑战。当代云南边疆治理，必须解决这些问题。

三 西部少数民族地区乡村治理

——以新疆维吾尔自治区昌吉回族自治州
奇台县大泉塔塔尔族乡黑沟村为例

（一）前言

1. 社区调查研究的意义

继 2000 年的"云南民族村寨调查"之后，云南大学在 2003 年组织实施了"中国少数民族村寨调查"。笔者参加了此次"中国少数民族村寨调查"，并担任塔塔尔族调查组的组长（同时担任组长的还有新疆大学的杨志刚）。我们塔塔尔族调查组对新疆维吾尔自治区昌吉回族自治州奇台县大泉塔塔尔族乡黑沟村作了调查。

中国地大物博，人口众多，民族众多，区域差别大。因此，社区研究在中国具有更重要的价值。通过对少数民族村寨社区的调查和研究，可以深入了解中国少数民族村寨社区的个案情况。同时，也可了解到中国底层社会的某些情况，甚至可能发现一些被忽视但却很重要的社会问题。社区研究的成果并不一定能够代表整个中国，但能反映中国社会在某个空间、某个时间的某个问题。"单个的社区研究，当然不必去标榜自己的'代表性'，甚至可以反过来凸显其特殊性。"① 微观社区研究的一个重要理论功能，是能证实或证伪已有的宏观性结论。一叶知秋，通过"小社区"可以透视"大社会"。在民族学研究方面，民族村寨社区的研究者深入某个民族村寨社区内部，去观察了解某个民族的生活、生产、风俗习惯、宗教信仰、社会、经济、政治、文化、历史等方面，并将观察了解到的现象与资料记录、整理出来，形成该民族村寨社区的民族志文本，能够为民族学、社会学研究和有关政策的制定提供参考。

2. 奇台县简介

奇台县位于天山北麓，准噶尔盆地东南缘，东经 89°13′—91°22′，北

---

① Madsen, Richard. 1984. Morality and Power in a Chinese Village. Berkeley, CA: University of California Press. 转引自卢晖临《革命前后中国乡村社会分化模式及其变迁：社区研究的发现》，载黄宗智主编《中国乡村研究》第 1 辑，商务印书馆 2003 年版，第 139 页。

纬 43°25′—49°29′。东邻木垒哈萨克自治县，南隔天山与吐鲁番、鄯善县相望，西连吉木萨尔县，北接阿勒泰地区的富蕴县、青河县，东北部与蒙古国接壤，是新疆的边境县之一，边界线长 131.47 公里，境内有对蒙古国开放的国家级口岸——乌拉斯台口岸。县城西距乌鲁木齐 195 公里，距昌吉 234 公里。奇台县地域东西宽 45—150 公里，南北长 250 公里，全县总面积 1.93 万平方公里，其中山地、丘陵占 31.4%，平原占 15.04%，沙漠、戈壁占 53.56%。

奇台县有"两山夹一盆"之说，地势南北高，中间低，呈马鞍型。南部是天山，北部是北塔山，中部为冲积平原，平原的北部是沙漠戈壁区（占全县总面积一半以上）。奇台县属中温带大陆性干旱半干旱气候，夏季炎热，冬季寒冷，四季分明。农区年平均气温为 4.7℃，7 月份极端最高气温 43℃，1 月份极端最低气温为 -42.6℃。年平均降水量为 176 毫米，平均蒸发量 2141 毫米，无霜期平均 156 天，年日照时数为 2840—3230 小时。

3. 大泉塔塔尔族乡简介

大泉塔塔尔族乡成立于 1989 年 7 月，是全国唯一的以塔塔尔民族为主体的牧业乡。大泉乡位于 S303 省道两侧，介于奇台县和吉木萨尔县之间，东与农六师 108 团相连，南隔东湾镇至天山山脉东端，西与吉木萨尔县接壤，北至库尔班通古特沙漠。全乡有塔塔尔、哈萨克、汉、维吾尔等七个民族，总人口 4007 人，农业人口 3699 人，少数民族 3406 人，占总人口的 85%，其中塔塔尔族 1045 人，占总人口的 26%。全乡总面积 1400 平方公里，有草场 162.4 万亩、耕地 2.3 万亩，分为南山山区和大泉湖平原区两个区域，南山山区夏牧场面积 158.5 万亩，牲畜存栏 3.29 万头（只）。2002 年全乡人均纯收入 2517 元。全乡实行两级管理，下辖 7 个村民委员会。离奇台县城公路里程约 19 公里。

自 1989 年成立大泉塔塔尔族乡以来，塔塔尔族的政治地位得到了提高。从建乡至今，大泉乡先后有 11 名塔塔尔族干部群众参加了国家的各类政治活动，如参加全国人民代表大会、团中央代表大会、世界妇女大会、赴日观摩团、国庆阅兵观礼等。建乡后农牧民的生活水平有了提高。农牧民人均纯收入由建乡前的 510 元增加至 2002 年的 2517 元。全乡建有一个乡级卫生院，医疗人员有 13 名。农科、农经、农机、畜牧兽医、林业、计生、文化、广播等职能部门齐全。农牧民基本用上照明电。大泉湖平原区和南山部分牧民基本解决了人畜饮水问题，喝上了清洁方便的自来水，家用电器、摩托车等现代化交通工具已为广大农牧民所使用。

大泉乡现有中心学校一所，其中包括小学和初中，是一所九年全日制学校。现有教师43人，学生348人，其中小学生193人，初中生155人。

4. 黑沟村简介

黑沟村属大泉塔塔尔族乡管辖，它既是一个自然村，也是一个行政村，设有村民委员会。现有151户832人，其中塔塔尔族436人，占总人口的54.6%。

黑沟村沿白杨河东岸零散分布，居民居住分散，长达9公里，属奇台县的低山丘陵地区，年平均降水量在400毫米—500毫米，年平均气温在5.0℃左右；年极端最高气温达42℃，极端最低气温为-42.6℃；风向以西北风为主，一般春夏较多出现3—4级西北风，夏秋夜晚常有微弱南风出现，习惯称作下山风。个别时间也有大风出现。1998年4月18日曾出现过沙尘暴，风速达28米/秒，属罕见之例。最大冻土深度在1.4米左右。

黑沟村位于奇台县城西南60公里处，南依天山，北与东湾乡相连，东与大沟相邻，西与吉木萨尔县接壤。地形呈东南高、西北低趋势，海拔在1728米—1389米。

黑沟村有正式党员20人，另有1个预备党员。黑沟村有党支部一个，党支部书记是合孜尔，哈萨克族。黑沟村民委员会主任是合孜尔汉，男，38岁，哈萨克族，大专文化。副主任是巴合特汉，女，22岁，塔塔尔族。巴合特汉2000年7月毕业于新疆机电学校，2001年9月任村委会副主任，同时兼任村妇女主任，主抓计划生育工作。巴合特汉是正式干部，月工资700元。村党支部书记合孜尔、村委会主任合孜尔汉是集体干部。村委会有5个委员。村委会的办事员是卡热木江，哈萨克族，33岁。他还兼任黑沟村的民兵连长、团支部书记、会计、出纳等职。

黑沟村有小学一所，成立于1951年。现有教师10人，其中男教师6人，女教师4人，塔塔尔族教师4人，哈萨克族教师6人。现有学生85人。

从20世纪80年代开始，新疆维吾尔自治区实行了牧民定居工程。黑沟村从20世纪80年代开始，先后有61户村民从黑沟村搬到大泉湖定居。黑沟村也叫二村，大泉湖定居点的黑沟村村民集中在一片居住，习惯上也叫二村。

黑沟村 2002 年人均纯收入 2460 元，比 1989 年的 367 元增长了 5.7 倍；农村经济总收入 205.73 万元，比 1980 年的 63.77 万元增长了 2.23 倍；2002 年末牲畜总头数达 0.8 万头，比 1990 年的 6830 头增长了 17%；2002 年粮食总产量达 127.5 吨，比 1990 年的 21.61 吨增长了 4.9 倍。

黑沟村有清真寺一个，初建于 1982 年。现在的清真寺是 1999 年在原来的寺旁新盖的。

黑沟村（山上）有一个卫生室，有一个卫生员。大泉湖有一个卫生室，有两个卫生员。

5. 调查时间

2003 年 7 月 17 日至 8 月 21 日。

（二）村庄社区的正式组织

中华人民共和国成立后，党和政府对乡村的控制和治理网络已在中国大陆的村村寨寨建立起来，特别是在人民公社时代，党和政府对乡村的控制和治理是非常有力的。人民公社时代结束后，党和政府对乡村的控制和治理放松了，在大陆的乡村普遍实行包产到户的制度（家庭联产承包责任制）。废除人民公社解决了农村许多问题，但同时也产生了许多新问题。

村级组织可分为正式组织、非正式组织和非法组织。正式组织是指按照党和国家的有关规章制度和法律建立并履行一定的政治、社会功能的组织。在目前的乡村社会，这些正式组织主要有：村党支部、村民委员会、村民兵营（连）、村妇联、村共青团、村民小组及党小组。非正式组织是指法律上没有明确规定，也没有明文禁止，但在实践中有一定数量的民众参加或者拥护的组织。非法组织是指法律明文禁止的民间秘密组织。

1. 村党支部

村党支部是党在农村的基层组织。"党的农村基层组织是农村各种组织和各项工作的领导核心。"[①] 党的基层组织是党的全部工作和战斗力的基础，是党一切工作的落脚点。党的路线、方针、政策要落到实处，必须通过基层组织；国家行政权力要对底层社会进行有效管理，必须依靠党的

[①] 江泽民：《论党的建设》，中央文献出版社 2001 年版，第 403 页。

基层组织；党要密切联系广大人民群众，必须紧紧依靠基层组织；党要开展工作和实现中心任务，必须充分地发挥基层组织的积极性和创造性；党要始终保持强大的凝聚力和战斗力，必须把党的基层组织建设成为坚强的战斗堡垒。因此，我们党十分重视党的基层组织建设，强调要适应新形势新任务的要求，不断加强和改进党的基层组织建设，防止出现"基础不牢，地动山摇"的现象。

根据党的十六大精神，要加强以村党组织为核心的村级组织配套建设，探索让干部经常受教育、使农民长期得实惠的有效途径。江泽民指出："农村基层党组织应坚决贯彻执行党在农村的基本政策，同时重视扶持农村改革中出现的新事物，积极带领农民群众深化农村改革，调整好农业结构，帮助农民增收减负，维护农村社会稳定，加快致富奔小康的步伐。要从当地的实际出发，通过多种形式逐步发展壮大集体经济，这是提高农村基层组织的集体服务功能，增强党在农民群众中的凝聚力的需要。有了一定的集体经济实力，村集体能够为农民群众的生产经营和运用科技等提供更多的服务，这样党支部才会在群众中形成更大的凝聚力、号召力。"[①]

在中国广大农村地区，村党支部是村庄公共权力的核心，对村庄里的政治、经济、社会、思想等进行控制和治理。

中共中央在1994年发布的《关于加强农村基层组织建设的通知》明确指出，党支部要加强对村民委员会的领导，支持村民委员会依法开展工作。村民委员会必须把自己置于党支部的领导之下，积极主动地做好职责范围内的工作。《村民委员会组织法》也规定，中国共产党在农村的基层组织，按照中国共产党章程进行工作，发挥领导核心作用；依照宪法和法律，支持和保障村民开展自治活动、直接行使民主权利。村党支部对村委会的领导作用主要有四个方面：提出全村经济发展与精神文明建设的意见，通过村民委员会的工作，把党的方针政策和党组织的意图变为群众的自觉行动；讨论村民委员会的重要工作，支持和保障村民委员会依照法律规定独立负责地开展自治活动；协调村民委员会同其他组织的关系；对在村民自治组织中工作的党员和干部进行考核和监督。但在现实中，村党支部对村庄的领导在范围上远远超过了这些方面，基本上包括了村庄所有的

---

① 江泽民：《论党的建设》，中央文献出版社2001年版，第403—404页。

公共事务，而且发挥作用的方式多种多样，经常直接处理和决定村庄公共事务甚至处理村民之间的纠纷。①

黑沟村的党支部书记是合孜尔，1956年生，男，哈萨克族，初中毕业，1991年7月加入中国共产党，1993年1月任黑沟村党支部书记至今。黑沟村党支部现在没有副书记，也没有支部委员。

黑沟村现有正式党员20人，另有1个预备党员。最近有五六个人写了入党申请书。党费一个月交0.2元。一个月开一次党员会，半年开一次总结会，一年还要开一次全年总结会。一个月开一次民主生活会，由乡党委统一安排。七一建党节搞一次活动，三八妇女节搞一次活动。

村党支部一年发展一名新党员。上级党组织一年只给黑沟村一个党员指标。合孜尔认为一年一个指标也差不多够了。

黑沟村党支部订有《新疆日报》（哈萨克文版）、《支部生活》（杂志，汉文版）、《新疆党风》（杂志，汉文版）。

黑沟村的党员积极参加组织生活。合孜尔认为，党员的政治热情高，思想好，心好，就是住得比较分散。

黑沟村党支部书记在村里不仅是党务的领导者，而且是村里公共事业的领导者。在以经济建设为中心的时代，村里的经济工作自然成了村支部书记的主要任务。

黑沟村的草原围栏工程从2003年8月9日开始施工。黑沟村的草原围栏设计总长45千米。村支部书记、村委会主任负责这一工程。没有围栏，外村、外乡的牛羊闯进本村的牧场吃草，易起纠纷，问题虽不大，但还是要村干部去处理。每个围栏长200米，费用450元。该工程已于9月25日完工。

2003年，黑沟村另一项公共事业是人畜饮水工程。这项工程由昌吉州政府投资，总共需铺设8千米水管，现在已准备了2千米水管。工程总投资29.8万元，主要采取国家投资、村民投工、投劳的方式进行施工建设。此项工程建成，可解决黑沟村（山上）七十多户人家及1.7万头（只）牲畜的饮水问题，可有效改善农牧民的生活生产条件。现在，黑沟村村民的饮水是到白杨河中去取水，用马、驴、摩托车去运，也有人背、手拎的。

---

① 参见于建嵘《岳村政治》，商务印书馆2001年版，第353页。

2003年7月26日，斯拉吉丁（塔塔尔族）的儿子结婚。村党支部书记合孜尔在25日就从山下（定居点）来斯拉吉丁家帮助准备第二天的婚礼。在7月26日这天，全村的村民几乎每家都有人来参加婚礼。当天还举行了赛马（赛奔马）、摔跤比赛。村民们还即兴玩了姑娘追的游戏。我们在婚礼这天看到的姑娘追是已婚男女娱乐，已没有其他的意义。赛马的结果出来后，由村支部书记合孜尔及其他11位老人为获奖者颁奖。其中，冠军由支部书记颁奖。请村支部书记为赛马冠军获奖者颁奖，也可说明村支部书记在村庄社区中的地位是很高的。

2. 村民委员会

黑沟村村民委员会从1990年开始由选举产生。负责人的称谓由生产队长改为村委会主任。

1989年7月25日，大泉塔塔尔族乡正式成立。这是我国建立的唯一的一个塔塔尔族乡。黑沟村在1990年由自然村变为行政村。1990年以前黑沟村属东湾乡东湾牧场（相当于一个大队），是一个生产队。

现在（2003年）的村委会是2001年12月选举产生的。参加投票的村民（选民）有255人。所有的选民都参加了投票。村委会主任有两个候选人，一个是合孜尔汉，一个是毕肯。合孜尔汉得到了91%的选票，高票当选。黑沟村共设了两个选举点，一个在山上，一个在山下（定居点）。投票一次成功。这次选举的准备工作做了四十多天。县人大派出工作组来指导选举。并由县人大、乡人大、乡党委的人和村支部书记组成选举委员会，负责选举工作。村委会副主任是巴合特汉，女，22岁，塔塔尔族。巴合特汉2000年7月毕业于新疆机电学校，2001年9月任黑沟村副村长（村委会副主任），同时兼任村妇女主任，主抓计划生育和妇女工作。巴合特汉是正式干部，月工资700元。村党支部书记合孜尔、村委会主任合孜尔汉是集体干部。村委会有5个委员。

村委会的办事员是卡热木江，1970年生，党员，哈萨克族，1996年7月毕业于昌吉师范学校。卡热木江师范学校毕业后在黑沟村小学当了两年代课老师，没转正，就不干了。他还兼任黑沟村的民兵连长、团支部书记、会计、出纳等职。根据大泉乡党委、乡政府2002年3月的决定，办事员的工作职责是，在乡纪委、农经站领导下配合村委会主任开展工作，主要负责统筹、提留及集资款的征缴，村委会现金账目的管理，报账，兼任村统计员，协助村主任管理"两工"的使用、任务分配及"四民主、两公开"工作,年终由乡纪委、农经站负责考核。办事员的工资报酬,以本村农牧民户数为依据,每户每年10元,由乡里考核后确定计酬。卡热木江当办事员一年的报酬是1500元。

(三)激励与约束:乡村治理的新手段

激励是一个组织系统中的管理者通过合理运用各种管理资源,激发被管理者的工作积极性,为实现组织的目标而工作,同时也达到自己的目标的管理活动。约束是组织系统中的管理者通过合理运用各种管理资源,迫使被管理者努力工作和控制被管理者的行动方向不偏离组织的目标方向的管理活动。①

我国的农村社区治理,最近几年普遍采取了激励与约束的手段。最明显的例子就是上级与下级、治理者与被治理者签订责任状(书)的办法。签订责任状(书)的办法是一种契约性质的治理办法。这也是一种"数字化"的管理,即通过数字来进行控制,并形成契约。

在大泉塔塔尔族乡,乡党委、乡政府也采取了签订责任状(书)的办法来进行管理。

1. 大泉塔塔尔族乡各村支部党建目标管理责任制

1994年2月20日,大泉乡党委给全乡各村党支部发出了《关于下发〈大泉塔塔尔族乡各村党支部党建目标管理责任制〉的通知》。该通知说:"为了进一步加强我乡党组织建设,充分发挥各支部在两个文明建设中,在振兴塔塔尔乡经济工作中的核心领导作用,根据县委〔1993〕1号文件精神,并结合我乡实际情况,制定了《大泉塔塔尔族乡各村党支部党建目标管理责任制》,现予下发,望各村党支部按照本责任制的要求,精心组织,认真落实,并及时同本党支部签定(订)党建目标管理责任书,使此项工作落到实处。"这份"责任制"解释说:"实行党建目标管理责任制,是为了保证党的中心任务的全面贯彻落实,各支部通过党建责任制的实施,使党建更好地服务于经济建设,把党建与经济建设融为一体,形成相互渗透,相互促进的工作机制。"

---

① 参见侯光明、李存金《现代管理与约束机制》,高等教育出版社2002年版,第52—54页。

2. 大泉塔塔尔族乡2003年党建经济双目标管理

2003年3月，大泉乡党委、政府与全乡7个村党支部、村民委员会签订了《大泉塔塔尔族乡二〇〇三年党建经济双目标管理责任状》。

下达责任方：中共大泉塔塔尔族乡委员会、大泉塔塔尔族乡人民政府。乡党委书记签名：白林本。乡人民政府乡长签名：达列力汗。

承担责任方：村党支部、村民委员会。

责任状的考核对象是各村党支部、村委会。

3. 黑沟村党支部的党建目标管理

乡党委、乡政府与村党支部、村委会签订了责任状，黑沟村（二村）党支部仿照这种做法，与村里的每个党员签订了"党支部党建目标管理责任状"。

从1994年大泉乡党委与村支部书记签订的"责任制"和2003年乡党委、乡政府与村党支部、村委会签订的"责任状"，可以看出大泉乡各个行政村的党支部、村委会的基本的工作职责和具体的工作任务。

黑沟村村委会主任合孜尔汉认为，乡党委、政府下达给村里的任务和具体工作指标是相当繁重的，但给的报酬却是很低的。他说："今年6月交了一个辞职报告，但乡长说辞职了村里就没有法人代表了，要继续干下去。不让我辞职，我也只好继续干下去。我会尽职尽责地干下去。"

2002年，合孜尔汉的全年工资收入是4250元，是大泉乡7个行政村村委会主任中最高的。村支部书记合孜尔去年的全年工资收入也是4250元。而大泉乡工资拿得最少的村长（村委会主任）只有一千多元。这说明黑沟村党支部、村委会去年（2002年）的工作任务完成得最好。

县林业局每年交给黑沟村种50亩树的任务（2003年的责任状上规定的任务是40亩）。树是种了，但成活率低。栽下去的小树苗被羊吃了。50亩面积种树1万棵，5毛钱1棵树苗，总共要5000元树苗费。电钱、水钱、工钱共约6000元。这些钱都由村里出。树种在田边、路边。主要种白杨树、榆树。种树、修路、打井是村里的三大开支。

黑沟村现在共有40多万元的债，而一年的收入只有3.5万元。区（新疆维吾尔自治区）政府给村里6万元盖文化室。钱已到了县财政局，但一直没有到村里。

农网（农村电网，黑沟村大泉湖定居点）改造从开始搞到现在（2003年）已经搞了5年，但至今还没有完成，不知钱到哪里去了。山上

（黑沟村老村）的电线 1991 年从吉木萨尔拉过来，但线路质量差，需要改造。山上至今没有进行电网改造。

在计划生育工作方面，大泉乡党委、政府近几年也采取了与各村委会、成员单位签订责任书的办法。2003 年 4 月，大泉乡的乡长分别与各村委会、成员单位签订了 2003 年的人口与计划生育目标责任书、综合治理责任书、流动人口管理责任书、流动人口综合治理责任书，并实行一把手负总责、亲自抓和一票否决制度。

4. 村庄党员的岗位职责

2002 年上半年，奇台县古城乡党委对农牧民"无职党员"发挥先锋模范作用情况进行了调研，然后在全乡设立了 60 个无职党员义务岗，开展设岗定责活动。下半年，该乡党委进一步完善了党员义务岗工作，给全乡 185 名无职党员定岗，同时，签订了党员义务岗工作责任书，制作了党员义务岗公示栏和党员义务岗工作证，建立了党员义务岗工作档案，使每个承担义务岗的党员工作有职责，活动有记载，监督有保障，党员的时代先进性得到了发挥。在总结古城乡党委党员设岗定责活动的经验的基础上，下半年，包括大泉乡在内的全县其他乡镇在农村党员中广泛开展了设岗定责活动，将党员义务岗划分为 5 大类 18 个岗位，以责任状的形式，由村组党（总）支部与上岗党员签订。奇台县委组织部印制了"奇台县农牧民党员活动卡"，积极引导农牧民党员履行党员先锋岗职责。农牧民党员活动卡，党员人手一册，由党员本人保存，按时如实填写岗位职责情况，由村（组）党支部审查，党支部书记签名。使用期限三年，逾期更换。党员要妥善保管，不得涂改、抵押或转借他人。如有遗失，应及时向党支部申明和补办。每月底交所在村组党支部审查，作为党员民主评议、评先评优的重要依据。

在黑沟村，每个党员都有"奇台县农牧民党员活动卡"和"奇台县农村党员行为纪实监督卡"。据村支部书记介绍，这两个卡起到了很好的作用，使党员明白了自己的具体职责。

（四）农村社会治安综合治理

社会稳定是中国在经济改革与社会变迁中遇到的重大问题。我们对"稳定压倒一切"这类政治口号并不陌生。"为官一任，保一方平安"是中央对地方各级领导干部的一个基本要求。稳定不仅是个社会问题，更是一个政治问题。农村的稳定，是中国稳定的基础。农村一乱，中国必大乱。内地农村的稳定重要，边疆少数民族地区农村的稳定同样重要。农村社会综合治理是一项自上而下的行政任务，最后的落脚点是中国大大小小的村庄。层层落实的治安责任制是基层政府在确保村庄治安时经常采用的一种约束手段。为了确保治安任务在村庄的落实，乡（镇）党委、政府领导采用了与村党支部、村委会签订社会治安综合治理领导责任书的形式，将治安的要求、目标、工作落实、考核、奖惩办法等一一写明，并以村党支部书记和村委会主任作为村治安负责人的方式，在乡与村两方之间形成了一种契约关系。

2003 年 5 月，大泉乡党委与各村党支部、村委会和站所签订了《2003 年大泉塔塔尔族乡社会治安综合治理领导责任书》，以加强社会治安综合治理工作。

在黑沟村大泉湖定居点，根据大泉乡派出所的要求，定居点每天晚上有两个人值班，在定居点进行治安巡查。两个人负责一天，一天一换。这项工作对于维护定居点的社会治安发挥了有效的作用。

塔塔尔族是一个遵纪守法的民族。不论是在民国时期，还是在中华人民共和国时期（2003 年以前），奇台县没有一个塔塔尔族被刑事拘留过，更没有一个被判刑的。今年（2003 年）不久前，黑沟村一个村民（塔塔尔族）因偷猎野鹿被刑事拘留。这是塔塔尔族的耻辱。因为他打破了奇台县的塔塔尔族没有犯罪的记录。①

在黑沟村，社会治安比较好，多年来很少有刑事案件发生。去年黑沟村（山上）有 2 人因偷猎野生动物、偷盗被判刑，一个判了 8 年，一个判了 5 年。这两个人是父子，哈萨克族。他们是父子三人作案，主要是偷盗牲口、偷猎野鹿被判刑。一个儿子因不满 18 岁，被拘留，尚未处理。

在黑沟村，这几年打架的少了。以前打架主要是因为喝酒。现在减少是因为经济发展了，人的素质有所提高，喝酒的也就少了。但最近几年车祸较多，其中摩托车肇事的较多。

在大泉乡，有一个司法助理员。现任司法助理员是努尔孜帕·夏核丁，女，1976 年生，塔塔尔族，1996 年 7 月毕业于新疆司法学校，之后

---

① 据帕依肯·司马义提供的资料（口述）。

分到大泉乡工作，任乡人大秘书。2000年7月任司法助理员，兼任乡人大秘书。

大泉乡自建乡以来一直没有司法所。乡上的法律、司法工作比较薄弱。普法工作与其他乡比较也很薄弱。少数民族居住的地方多是交通不便、经济不发达的地方。在大泉乡，专业法律干部太少，特别是懂少数民族语言的专业法律干部更少。乡司法助理员给乡里的农牧民一年讲三次法律课，给乡中心学校一年讲三次，给干部一个月讲一次。

努尔孜帕认为现在乡里非常有必要成立司法所。2002年6月乡里给县司法局交了关于成立大泉乡司法所的报告，县司法局已批准，但到现在司法所还没成立，主要原因是缺乏经费。成立乡司法所，70%的经费要由乡政府出，30%的经费司法所自筹。

在黑沟村，乡党委政府、村干部宣传较多、贯彻落实较好的法律法规是计划生育方面的。这些有关计划生育的法律法规是：《中华人民共和国人口与计划生育法》《计划生育技术服务管理条例》《流动人口计划生育工作管理办法》《新疆维吾尔自治区人口与计划生育条例》。

近十几年来，农村社会的人民内部矛盾呈增多的趋势。为了适应新时期维护社会稳定的需要，根据当前农村社会矛盾的多样性、复杂性的特点，2001年3月，大泉乡党委、政府领导办公会议研究决定，成立大泉塔塔尔族乡司法调解中心。调解中心的主任是巴依道拉（大泉乡乡长、乡党委副书记），副主任是高淑新（大泉乡派出所所长）、努尔孜帕（乡司法助理员兼人大秘书）。成员有：乡计生办主任、乡土管所所长、乡农经站站长、乡民政干事、乡林业站站长、乡水管站站长。

各行政村的人民调解委员会由3人组成。

乡司法调解中心的工作任务是协调和督察职能部门对乡里各类民间纠纷的处理，日常工作由司法所（司法所至今未成立）负责，并受理和解决其他职能单位不能受理和解决的纠纷，还可联合调查一些重大疑难纠纷，组织召开司法调解中心会议，年初制订工作计划，年终作出工作总结，表彰奖励先进，向上级报送有关材料及统计报表，指导各村调委会的工作，使司法调解中心的各项工作制度化、法制化、规范化、科学化。

（五）农民的土地权利

土地是中国农民基本生活的保障，也是基本的权利保障。在我国的农村社会，土地承担了社会保障功能。在中国二十几年来的城市化过程中，乱占耕地，侵犯农民地权的现象经常发生。侵犯农民的合法土地权利是对农民公民权利的侵犯。保障农民地权不受侵犯是维护农民公民权的一条重要"底线"。在远离城镇的农村地区，乱占耕地，侵犯农民地权利益的现象较少。在地广人稀的边疆地区，人地矛盾相对缓和，但其他生存条件差，土地的作用更显重要。

新疆农村的改革从1979年开始，至1984年，新疆农村生产责任制经过了由不联产到联产、由联产包到组发展为联产包到户、由包产到户发展为包干到户的过程，逐步建立了以家庭承包责任制为主、统分结合的双层经营体制。1984年，新疆实行家庭联产承包责任制的生产队已达98.9%。

农村改革初期耕地的承包期定为5年。1984年，中央一号文件规定，土地承包期一般应在15年以上。1993年，中央又进一步提出，"在原定的耕地承包期到期之后，再延长30年不变"。同年，全国八届人大一次会议把以家庭联产承包为主的责任制写入我国宪法，确立了以家庭承包为主的责任制的法律地位。到1998年年底，新疆80%以上承包期到期的农户与乡村集体组织签订了延长土地承包期的合同。

针对实行家庭联产承包制以后，许多地方的农业承包合同不规范，内容不完善，责、权、利不明确等问题，1992年1月27日自治区人民政府颁布了《农村合作经济组织土地承包合同管理办法》，健全了土地承包合同管理机制，加强了农业承包合同的规范化建设，在合同的签订、鉴证、变更、兑现、纠纷调解和仲裁方面形成了较为完善的管理制度。

到1997年年底，新疆全区共建立县级合同仲裁机构43个，乡级合同仲裁机构545个，有合同管理人员21217人。合同规范化率达96%，合同兑现率达95%，合同纠纷调解率达98%。

1999年，黑沟村的村民与村农业经济合作社签订了《土地承包合同》，承包时间是30年，从1999年至2029年。

2002年8月29日，《中华人民共和国农村土地承包法》颁布，并于2003年3月1日起正式施行。《农村土地承包法》第一次以国家法律的形式，赋予了农民长期而稳定的土地承包经营权。《农村土地承包法》的最大特点就是确立了农民在土地承包经营权流转中的主体地位。《农村土地承包法》将土地承包分为家庭承包和其他形式的承包。

家庭承包是按照国家有关规定进行的、人人有份的承包，主要对象是耕地、林地和草地；其他形式的承包，即通过招标、拍卖和协商等进行的承包，主要对象是"四荒"等其他土地。该法对家庭承包的土地实行物权保护，规定土地承包经营权至少30年不变，承包期内除依法律规定外不得调整承包地。

《农村土地承包法》实施后，给农民带来近期和长远的许多积极影响。首先是对以家庭承包经营为基础、统分结合的双层经营体制从法律上给予保护。任何单位或个人侵害农民的土地承包经营权，都属于违法行为，都将承担民事责任。其次，赋予了农民长期的土地权利，对农民承包土地的使用权、流转权及流转后的利益进行了法律上的维护，农民可以拿起法律武器维护自己的权益。

在黑沟村大泉湖定居点，有好几户塔塔尔族村民将自己的部分土地租给其他人耕种。这主要是因为耕种土地的比较利益低，如种地投入多，而产品难卖，不如牧业收入高。也有一些塔塔尔族村民认为种地太苦，收入又低，并且种地不如放牧自由。也有村民认为，放牧比较苦，刮风下雨都要去，种地比较轻松。有的村民将家里的地全部租（承包）给他人耕种，租金是每亩地100公斤麦子。一亩地产麦400公斤左右，一公斤麦子可卖1元左右。

（六）党员发展工作

在党员发展工作方面，从大泉乡党委2002年和2003年《关于做好发展党员工作的通知》中可以看出以下问题：

第一，每年发展党员的名额很少。全乡2002年6个名额，2003年7个名额，比2002年增加了1个名额。全乡有7个行政村，加上事业单位，每个行政村平均不到1个名额。2003年有好几个村没有分到发展党员的名额。

第二，年龄结构。2002年乡党委的"指导性计划"是35岁以下5名，2003年是35岁以下7名。这种规定是不合理的，因为2002年已基本上将35岁以上的人排斥在外，2003年则将35岁以上的人完全排斥在外。

第三，学历结构。2002年的计划规定大专及以上学历1名，中专、高中学历5名。2003年有了变化，大专以上1名，高中、中专2名，事业单位职工一般要求大专以上文化程度。这种规定也是不合理的，因为它将那些其他方面符合党员标准而学历不够的人排斥在外。这种状况在

2003 年有所改变。2003 年有 4 个党员发展名额的学历可以在高中、中专以下。

第四，性别结构。2002 年的 6 个名额中规定有 3 个是女性，2003 年的 7 个名额中规定有 1 个是女性。这种规定，也是不合理的。

第五，民族结构。2002 年和 2003 年规定的少数民族党员名额都是 4 名。这说明大泉乡党委在发展党员的工作中，比较重视发展少数民族同志。

第六，职业结构。2002 年规定农牧民 5 名，约占 83%，教学工作者 1 名，约占 17%。2003 年规定农牧民 6 名，约占 86%，事业单位 1 名，约占 14%。

第七，2002 年的通知指出："各支部要杜绝用'能人'、'好人'标准代替党员标准；要认真履行入党手续。信仰宗教的人坚决不能入党。"这些要求是坚持原则的，值得肯定。

据调查，黑沟村（二村）在 2002 年发展了 1 名党员，完成了乡党委下达的计划指标。

入党积极分子在入党前必须到乡党校接受 5 天以上的培训。有的村党支部一年报了 2—3 名新发展的党员，但乡党委一个也没批准，原因是乡党委认为这些人不合格。有的村党支部报了 2—3 名新发展的党员，乡党委讨论认为符合有关条件，就全部批准了。从州到县、乡，都有发展党员的"指导性计划"（名额）。乡党委书记认为，控制名额有利于保证质量。

从数量上看，一个有 4090 人的乡[①]，每年只有六七个发展党员的指标，这个指标太少，应有较大的增加。

新疆地处反分裂、反恐怖斗争的前沿。进一步做好新形势下发展党员的工作，做好在新疆的农、牧民中发展党员的工作，对于反对民族分裂、反对恐怖主义、维护祖国统一，具有重要的作用。

（七）村务公开

新疆维吾尔自治区昌吉回族自治州自 1998 年 6 月 5 日开始在全州农牧区实行村务公开。

1998 年 6 月 4 日，昌吉州第十一届人民政府第七次常务会议审议通

---

① 截至 2003 年 3 月 31 日的统计数字。

过了《昌吉回族自治州农牧区村务公开暂行办法》。同年 6 月 5 日，州政府发布《昌吉回族自治州人民政府令》（第 1 号），发布《昌吉回族自治州农牧区村务公开暂行办法》。

昌吉州实行的村务公开，包含两方面的内容，即村民委员会的政务公开和村集体经济组织的财务公开。村民委员会是依据《村民委员会组织法》进行自我教育、自我管理、自我服务的群众性自治组织。村集体经济组织是按村或村民小组设置的社会主义劳动群众集体所有制的社区性合作经济组织——农（牧）业经济合作社。

昌吉州的农牧区各村（行政村）都实行了村务公开制度。村务公开以便于群众理解和接受的形式，将村里的政务活动和财务活动情况及村民关注的有关事项，定期如实地向全体村民公布，接受群众监督。以村委会为范围建立民主监督小组，以村集体经济组织为范围建立民主理财小组。这二者也可以合并，统称民主理财监督小组，由村委会或村民代表大会选举懂财务、公道正派、坚持原则、关心集体、有参与能力、群众信赖的村民代表 5—7 人组成，对村务公开活动进行监督。民主理财监督小组成员的任期为 3 年，可连选连任；在任期间群众不信任、意见大的可由村民大会或村民代表大会罢免或重新选举补充。

1. 村务公开的内容

（1）村民委员会政务"八公开"

①村政各项规章制度的公开。②村级各类组织机构公开。③村干部岗位责任目标公开。④计划生育情况公开。⑤征用土地和宅基地审批公开。⑥公益建设决策及工程承包公开。⑦涉及本村的重大治安案件有关情况和民事纠纷调解情况的公开。⑧其他需要公开的政务项目的公开。

（2）村集体经济组织财务"八公开"

①财务计划公开。②各项收入公开。③各项支出公开。④各项财产公开。⑤债权债务公开。⑥收益分配公开。⑦农户承担的集资款、水费、电费、劳动积累工及以资代劳等情况的公开。⑧机动地招标发包情况的公开。

2. 村务公开的时间、程序

（1）村务公开实行定期公开制度

①政务公开：政务事项一事一公开。对有时限的政务事项，每完成一个阶段公开一次进展情况；对重大的政务活动结束后要即刻公布；对村民

或民主监督小组要求公开的专项事务活动要专项及时公布。

②财务公开：年初（1月15日—2月15日）公布财务计划及村提留乡统筹预算方案；每季末（3月30日、6月30日、9月30日、12月30日）公布一次各项收入和支出情况；年末（12月30日）公布各项财产、债权债务、收益分配、农户承担的集资款、水费、电费、两工及以资代劳等情况；重要的财务活动，要及时逐项逐笔公布；平时对村民或民主理财小组要求公开的专项财务活动，要及时单独进行公布。

（2）村务公开必须严格遵循程序

①村务公开之前对所公布的村务项目要进行认真细致的准备，摸清底数，提供真实可靠的情况。

②拟公开情况须经过严格的审核程序。政务公开前，凡属重大的政务问题先由村民会议或村民代表会议讨论通过，并经民主监督小组审核后再予公布。财务公开前，应有民主理财小组参加，对全部财产、债权、债务和有关账目进行一次全面审核；财务公开的内容要经乡（镇）农经管理站审核认可，同时要有村集体经济组织负责人、民主理财小组负责人和主管会计签字后再予公布。

③以规范的形式公开村务。公开内容具体到户。

④接受质询，解答疑难问题。村务公开后，村（组）应确定其主要负责人，在固定场所安排专门时间（质询日、民主议政日、上访接待日或民主理财日）接待群众来访。解答群众提出的问题，听取群众的意见和建议。

⑤解决查处问题，改进各项工作。对村务公开中发现以及群众反映的问题必须认真查处、纠正，及时予以解决，不得推诿拖延；一时难以解决的必须作出认真负责的解释，严禁压制或打击报复提出意见的群众。

⑥建立村务公开资料保管归档制度。各乡（镇）、村要备有村务公开档案管理设施，有档案室，有档案柜，对每次公开的内容、地点、时间、承办人、审议情况、群众提出的问题及答复处理情况等，每年都要整理、归类、装订、编号、存档，做到完整无缺，存取有序，查找方便，专人保管。

⑦由乡（镇）政府组织民政、农经管理等部门对村务公开定期（每年两次）进行检查验收。

（3）村务公开的方式

①村务公开以定期召开村民大会或村民代表会议为主要方式，辅之以专用公布栏、张榜上墙、广播播放等方式，使村务情况真正家喻户晓，让群众及时、如实掌握应该知道的事情。

②各村必须在群众聚居地带、主要交通路口等方便群众阅览的固定场所分别设置政务公开栏和财务公开栏，分别张贴两方面的公开内容。公开栏版面的规格不得小于 2.4 米 ×1.2 米。

（4）村务公开的民主监督

对村务公开村民享有下列监督权：

①有权对所公布的政务事项和财务账目提出质疑。

②有权委托民主理财监督小组查阅审核有关政务事项和财务账目。

③有权要求当事人对有关村务问题进行解释或解答。

④有权逐级反映村务公开中存在的问题，提出意见和建议。

民主理财监督小组行使下列监督权：

①有权对村务公开情况进行检查和监督。

②有权代表群众查阅有关政务资料和财务账目，反映有关村务问题。

③有权对村务公开中发现的问题提出处理建议。

④有权向上级主管部门反映有关政务和财务管理中的问题。

乡（镇）政府承担下列指导和监督职责：

①指导和监督村委会、村集体经济组织依照本暂行办法，实行村务公开。

②指导和监督村委会、村集体经济组织建立健全村务公开制度。

③组织民政、农经管理等部门对村务公开定期（每年两次）进行检查验收。

④会同上级有关主管部门对村务公开中发现的问题进行查处。

（5）村务公开的组织管理

①农牧区村务公开在村党支部统一领导下，由村委会和村集体经济组织具体实施，民主理财监督小组参与审议监督，政务公开由民政部门作具体业务指导和管理；财务公开由农经管理部门作具体业务指导和管理，并负责对村干部、村财会人员和审计人员的业务培训。

②县市以上农经管理部门是农村集体经济组织资产管理工作的主管部门；乡镇农经管理站根据本级人民政府和上级主管部门的授权，对本行政

区域内农村集体经济组织资产的管理，进行指导、监督并提供服务。农村集体经济组织的财会、审计人员要保持相对稳定，其业务和人事管理（含业务的培训和考评、工资的评定和发放、聘任和离任等）均由乡镇农经管理站统一管理，日常考勤由村集体经济组织负责。

③严格集体资金的使用和管理制度。村提留、乡统筹属于集体经济组织全体农牧民所有，任何单位和个人不得改变其集体资金的性质和用途，不得平调使用，不得挪作乡（镇）财政开支。对村提留和乡统筹，要建立严格的财务管理制度，实行"一个漏斗向下"的管理办法，由乡（镇）农经管理站统算统收统一管理。村提留的各项开支，按财务计划实行审批制度，严格控制非生产性开支。年度预算以外开支额在2000元以下的，由村集体经济组织决定；2000元以上的，由乡（镇）农经管理站审核；5000元以上的报县（市）农经管理站审核。乡统筹的使用改"拨付制"为"报账制"，改变乡镇单位对统筹费自收自支和多头伸手的做法，开支使用要经乡（镇）农经管理站审核，经主管乡（镇）长批准。

④依托农经管理站建立健全州、县（市）、乡（镇）三级农村审计机构（站），强化其负责农村集体经济的审计监督职权，对所辖区域内的集体经济组织的财务收支按季进行审计监督，并对农牧民负担、机动地招标承包、村组干部离任、大型购建及开发项目等重大事项依法进行专项审计。农村审计实行一级复议制。审计人员要经过农经管理部门的专业培训和考核，凭证上岗。

⑤对违反本暂行办法的村委会和村集体经济组织，由乡（镇）人民政府责令其限期纠正。到期仍不纠正的，由乡（镇）政府依照有关组织纪律规定给予有关责任人相应的处分。

⑥县（市）、乡（镇）两级政府要将村务公开作为自己的一项政治责任和重要任务，列入重要议事日程，纳入政府工作的目标管理，作为评议考核乡村干部政绩的重要内容和奖惩的依据，定期检查和监督。

黑沟村的村务公开从1999年开始实行。村务公开的内容、时间、程序和形式基本上都是按照《昌吉回族自治州农牧区村务公开暂行办法》来执行的。村务公开后，村民对村里有关财务的账目清清楚楚，心里自然高兴。

黑沟村成立了民主理财监督小组，由5人组成。其中山上（黑沟村老村）3人，山下（大泉湖定居点）2人。

黑沟村公开财务时，一般按规定的时间公布有关财务的内容。具体做法是召开全村群众大会，先将有关内容在群众大会上宣布，然后再张贴出来。山上山下都有村务公开的专用公布栏。群众大会每次都有80—90人参加。村民没有其他事都会来参加。

2001年12月至2002年1月，奇台县在全县农村开展了一次以清理村级财务、规范村务公开、解决存在问题、完善财务管理制度为主要内容的农村财务清理工作。据黑沟村支部书记说，黑沟村的账是清楚的，在这次财务清理中没有什么问题。

在奇台县，有的村财务管理混乱，几任村干部一人一包账；有的村财务台账不规范，出现呆账、死账、断头账；有的村村务公开内容笼统，不详细，不具体，避重就轻，未公开实质内容，甚至不公开或搞假公开；有的村对公开内容未经严格的审核程序，公开的形式单一，或专业性太强，群众看不懂。这些问题的存在，损害了农牧民群众的民主权利和经济利益，挫伤了群众的积极性。

（八）结语

2000年1月至2月，笔者对云南富源县的水族农村社区进行了调查，后来写了一篇分析农村社区经济形态及管理的文章，提出了以下观点："农业生产责任制的实行，使家庭重新成为生产的组织单位，每个农民家庭又成了新的小农经济单位，人民公社时代的有组织的集体经济变成了分散的小农经济。在这样的背景下，农村的社会组织、权力结构、社会关系、社区管理手段发生了新的变化。""改革开放以前，党和国家对农村社区的管理手段主要是靠意识形态和政治强制，改革开放以后，变为主要靠经济强制手段。""现在，中国广大的农村社区权力机构的经济基础已不是人民公社时代的集体经济，而是小农经济。农村社区权力机构要对社区的分散的小农经济进行有效管理和控制，往往采取行政干预的强制措施和经济强制（如罚款等）手段。"[①]

通过2003年在新疆农村社区（包括以牧业为主的社区）进行的调查，笔者觉得上述观点还是正确的。新疆的农村社区（不包括生产建

---

① 张巨成：《经济强制：农村社区管理的新手段》，载《学术探索》（2000年学术理论文章专辑）。

设兵团）的经济形态，同样是分散的小农经济。今天的乡村治理和乡村建设，一定要注意乡村的经济形态。

在中国由计划经济转向市场经济的过程中，国家的各类干部由原来的"单位人""政治人"变成了"社会人""经济人"。今天的党政干部，在具有政治性（"政治人"的身份角色）的同时，也具有很强的经济性（"经济人"的身份角色）。对于"经济人"来说，经济强制是一种有效的治理手段。

在市场经济背景下，经济强制是激励与约束机制中不可缺少的、有效的治理与控制手段。分散的小农经济与市场经济之间存在严重的矛盾。小农、小牧（牧民）们在市场经济的冲击下，两极分化是难以避免的。

在农村人民公社被废除后，农民的自由多了，物质、经济方面有了增长、发展。农村的改革解决了许多矛盾、问题，但也引发了许多新的矛盾、问题。"在市场化下，乡村治理逐渐屈服于货币主义和功利主义。""随着公共服务道德的崩溃，地方干部变得更加功利主义。"[1] 中国农民对共产党和社会主义的认同，更多的是认同共产党和社会主义的公正、平等主张。"公正与平等是社会主义的基本精神，也是社会主义的本质。公正与平等是现代社会的基本理念和基本价值准则。没有公正与平等的社会是非常危险的社会，没有公正与平等就没有社会主义。追求公正与平等是中国历史上早就存在的理念和思想，也是中国共产党意识形态中的重要理念和思想。"[2]

今天中国的乡村治理，包括西部少数民族地区的乡村治理，必须坚持公正、平等原则，要逐步减少乡村社会的不公正、不平等现象，清除部分乡村社会存在的黑化、腐化、脏化（包括生态环境的污染）现象，切实推进社会主义新农村建设。

---

[1] 黄宗智：《集权的简约治理：中国以准官员和纠纷解决为主的半正式基层行政》，载黄宗智主编《中国乡村研究》第5辑，福建教育出版社2007年版，第18页。
[2] 张巨成：《构建和谐社会的传统文化底蕴》，《光明日报》2006年12月21日。

附录一

在《人民日报》上发表的文章

干"得罪人"的事一定丢选票吗？

"干得罪人的事丢选票。要保住位子，进而有所发展，得罪人的事就应少干或不干。"这是目前少数领导干部秉持的一种所谓"理念"。为什么会出现这种现象？我们不妨作一些分析。

如果从一般意义上考察，把"得罪人"理解为违背或侵犯广大人民群众的根本利益，搞"一言堂"或以权谋私，那么，这种"得罪人"的事就绝不能干。而且，这样干事的领导干部不会得民心，丢选票也是必然的。但是，在现实语境中，"得罪人"常常有着特定的含义，指的是敢抓敢管、勇于开拓，敢于与少数人、小团体存在的不正之风和违纪违法行为作斗争；"不得罪人"则往往是指不敢抓、不敢管，对不正之风或违纪违法行为轻描淡写甚至放任自流，以求得一团和气，明哲保身。从这个角度说，"干得罪人的事丢选票"的观念就成问题了。

客观地说，敢抓敢管、勇于开拓，与不正之风和违纪违法行为作斗争，肯定是会得罪一些人的。在现实生活中，也确有领导干部因此而丢了一些选票。这是少数领导干部不愿意干"得罪人"的事的一个重要原因。但如果出以公心，从党和人民的利益出发、从领导干部的责任和义务来考虑问题，这种"得罪人"的事就必须干。领导干部的言行具有重要的导向作用。如果领导干部都为了保选票而不"得罪人"，又如何能够保证一个单位或部门风清气正，保证党和人民的利益不受损失呢？事实上，在大多数情况下，那些干"得罪人"的事的领导干部，最终却赢得了广大群众的支持和拥护，赢得了更多的选票。相反，那些拿党性和原则做交易的人，虽然得到了一些选票，但常常导致本单位或本部门管理松懈，正气不足、邪气上升，最终会失去大多数群众的信任与支持。因此，干"得罪人"的事，未必对领导干部个人的发展不利；不干"得罪人"的事，最终也不一定能够得到选票。

当然，如果敢抓敢管的领导干部受排挤、不能正常进步的现象不得到改变，那么，"干得罪人的事丢选票"的观念就仍然会有一定的市场。因此，在这个问题上，除了要求领导干部排除私心杂念，讲大局、讲党性、讲原则，还应当从健全和完善体制机制方面入手，尽量减少或避免出现因"得罪"少数人而影响发展进步的现象，进而形成讲大局、讲党性、讲原则的良好环境和氛围。比如，票决制本来是民主推荐、民主选拔、民主考核领导干部的一项重要制度，但一些地方在具体实施过程中却存在简单化现象。这可能是一些领导干部不敢抓、不敢管的一个直接原因。这启示我们：在重视选票作用的同时，还应进行深入细致的走访和调查工作，全面了解领导干部的任职情况以及群众的评价和意见，使干部考核评价工作更加科学全面。这样，才能解除领导干部的后顾之忧，使他们真正愿干事、敢干事、干成事。

（原载《人民日报》2009 年 6 月 15 日）

在经受考验中推进民族复兴伟业

团结带领全国各族人民实现中华民族伟大复兴，是我们党肩负的庄严历史使命。履行这一使命的历程并不轻松和平坦，而是充满风险和考验。88 年来，我们党始终高度重视和不断加强自身建设，战胜了各种艰难险阻，经受住了各种风险考验，取得革命、建设、改革的一个又一个胜利，迎来中华民族伟大复兴的光明前景。今天，我们党所处的历史方位和所担负的中心任务已经发生深刻变化。那么，党在新形势下又面临哪些新的考验呢？党的十七届四中全会明确指出，世情、国情、党情的深刻变化对党的建设提出了新的要求，党面临的执政考验、改革开放考验、市场经济考验、外部环境考验是长期的、复杂的、严峻的。这"四个考验"，需要我们深入思考、着力研究和积极应对。

能否为人民执好政、掌好权，是对执政党最根本的考验。新中国成立前夕，毛泽东同志把党中央从西柏坡迁往北平比喻为"进京赶考"。这里所说的"考"，就是从革命党转变为执政党的考验。如果说新中国成立之初我们党面临的执政考验还相对简单，主要是解决经验不足、能力不够的问题的话，那么，60年后的今天，我们党所面临的执政环境就更加复杂、执政使命就更加艰巨了。在长期执政的情况下，党内的倦怠情绪、故步自封心理以及消极腐败现象也更加容易滋生和蔓延。能否经受住新的执政考验，不但关系党的生死存亡，而且关系国家的长治久安。

改革开放是我们党在新的时代条件下带领人民进行的新的伟大革命。改革涉及思维方式的根本转变和利益关系的重大调整，要求我们始终保持奋发进取、开拓创新的精神面貌，勇于克服习惯势力和思维惯性的束缚，勇于克服既得利益的羁绊；开放是一把"双刃剑"，一方面有利于我们引进国外的资金和先进的技术与管理经验，吸收借鉴人类文明发展的优秀成果，另一方面国外的一些消极、腐朽、反动的东西也容易渗透进来，对人们的思想和行为方式产生负面影响。如何在改革开放的进程中始终坚持正确方向，既不走封闭僵化的老路，也不走改旗易帜的邪路，是对我们党执政水平、领导水平、创新能力的重大考验。

发展社会主义市场经济是我们党的一大创举。历史经验证明，市场经济能够有效促进社会生产力发展。我们要建设社会主义现代化国家，也必须发展市场经济。但是，我们要发展的是社会主义市场经济，既发挥市场在资源配置中的基础性作用，又发挥社会主义的优越性。这是一个全新的课题，没有任何现成的经验可以借鉴，只能靠我们自己在实践中探索。还应看到，在发展社会主义市场经济过程中，经济领域的商品交换原则容易渗透到党内生活中来，诱发权钱交易、拜金主义、享乐主义等消极腐败现象，对保持党的先进性、纯洁性提出了挑战。

我们党领导的改革开放和社会主义现代化建设事业是在开放的国际环境下进行的。当今时代，世界多极化、经济全球化深入发展，科技进步日新月异，全球思想文化交流交融交锋不断增强，不稳定、不确定因素日益增多，综合国力竞争和各种力量较量更趋激烈。随着对外开放扩大，我国与世界的联系更加紧密，国外发生的事情很容易对国内产生影响。在这种条件下，能否统筹国内国际两个大局，牢牢把握发展主动权，就成为我们党执政兴国面临的重大考验。这不仅直接影响我国经济社会发展的成效，而且直接关系我们党的执政基础能否进一步夯实、执政地位能否进一步巩固。

提出上述"四个考验"，体现了我们党对新时期执政环境、执政使命的清醒认识和科学判断，为加强和改进新形势下党的建设指明了方向。经受住这些考验，团结带领全国各族人民不断推进中华民族伟大复兴的壮丽事业，要求我们常怀忧党之心，恪尽兴党之责，继续推进党的建设新的伟大工程，确保党在世界形势深刻变化的历史进程中始终走在时代前列，在应对国内外各种风险和考验的历史进程中始终成为全国人民的主心骨，在发展中国特色社会主义的历史进程中始终成为坚强的领导核心。

（原载《人民日报》2009 年 11 月 10 日）

继续推进马克思主义中国化的基本着力点

党的十七届四中全会提出了推进马克思主义中国化、时代化、大众化的重大战略任务。推进马克思主义中国化、时代化、大众化，核心是推进马克思主义中国化。党的十六大以来，我们党科学分析时代特征，深刻总结实践经验，着力推动科学发展、促进社会和谐，进一步丰富和发展了马克思主义，推动了马克思主义中国化进程。实践证明，推动科学发展、促进社会和谐是今后相当长时期内推进马克思主义中国化的基本着力点。

科学发展、社会和谐是马克思主义的基本价值取向

实现人的全面发展、促进社会和谐与全面进步，是马克思主义的基本价值取向。马克思主义的一系列基本理论和观点，都是围绕这一价值取向展开的。我们党提出的科学发展观和社会主义和谐社会理论，继承和发展了这些基本理论和观点。

事物普遍联系、永恒发展的观点。唯物辩证法认为，联系是指事物与事物之间、事物内部各个要素之间的相互影响、相互制约和相互作用。联系是客观的、普遍的。恩格斯曾经说过："当我们深思熟虑地考察自然界或人类历史或我们自己的精神活动的时候，首先呈现在我们眼前的，是一幅由种种联系和相互作用无穷无尽地交织起来的画面。"发展是指事物前进性、上升性的运动和变化，是事物由简单到复杂、由低级到高级的运动。发展同样是客观的、普遍的。科学发展观把全面协调可持续作为基本要求，体现了唯物辩证法的这一基本观点。

生产力是社会发展的根本推动力的观点。唯物史观认为，物质生产实践是人类社会生存和发展的必要条件和基础。人的全面发展应建立在社会

生产力发展的基础上。在社会生产力低下、物质财富匮乏的条件下，不可能实现人的全面发展。只有大力发展社会生产力，促进经济繁荣发展，以经济的持续快速健康发展带动社会各方面的进步，才能最终实现人的全面发展。科学发展观强调第一要义是发展，就是对历史唯物主义这一基本观点的继承和发展。

人民群众是历史创造者的观点。人民史观是唯物史观的重要组成部分。马克思主义认为，人民群众是历史的主体，是社会物质财富和精神财富的创造者。人民群众是顺应生产力发展要求的社会力量，并在推动生产力发展的过程中不断变革生产关系，他们的总体意愿和行动代表了历史发展的方向。正是在正确把握这些观点的基础上，科学发展观提出要始终坚持以人为本，充分尊重人民群众的主体地位，做到发展为了人民、发展依靠人民、发展成果由人民共享。

人与人、人与社会、人与自然和谐相处、协调发展的思想。马克思主义认为，人是社会的主体，同时是自然界的一部分，人类社会的生存与发展和自然息息相关，人、自然、社会三者之间是相互联系、相互作用、相互影响、相互制约的关系。马克思指出："社会化的人，联合起来的生产者，将合理地调节他们和自然之间的物质交换，把它置于他们的共同控制之下，而不让它作为盲目的力量来统治自己；靠消耗最小的力量，在最无愧于和最适合于他们的人类本性的条件下来进行这种物质交换。"我们党提出社会主义和谐社会理论，充分体现了马克思主义经典作家的这些思想。

科学发展、社会和谐是发展中国特色社会主义的时代主题

马克思主义中国化，就是把马克思主义基本原理同中国具体实际相结合，运用马克思主义的立场、观点、方法研究和解决中国革命、建设、改革的实际问题，总结中国的独特经验，揭示中国革命、建设、改革的规律，以中国的文化形式和表达方式来阐述马克思主义理论，使之成为具有中国风格、中国气派的马克思主义。新世纪新阶段，我们党坚持以经济建设为中心，积极推进改革开放和社会主义现代化建设，大力推动科学发展、促进社会和谐，不断赋予当代中国马克思主义鲜明的实践特色、民族特色、时代特色，充分体现了马克思主义中国化的要求。党的十七大报告明确指出："科学发展、社会和谐是发展中国特色社会主义的基本要求。"

在新的时代条件下继续推进马克思主义中国化，必须围绕推动科学发展和促进社会和谐这两个基本点来进行。

推动科学发展，是继续推进马克思主义中国化面临的根本问题。对于我们这样一个人口众多、基础薄弱的发展中大国来说，如何发展是需要首先研究和解决的问题。新中国成立后特别是改革开放以来，我国取得了举世瞩目的发展成就，但也积累了一系列深层次的矛盾和问题，主要是粗放型增长方式尚未根本改变，影响发展的体制机制仍然存在，收入分配差距拉大趋势还未根本扭转，农业基础薄弱、农村发展还比较滞后，城乡、区域发展还不够协调，等等。我们党立足社会主义初级阶段基本国情，深入分析新世纪新阶段我国经济社会发展呈现的这些新的阶段性特征，认真总结我国发展实践、借鉴国外发展经验、适应新的发展要求提出了科学发展观，开辟了马克思主义中国化新境界。进一步深化改革开放、促进经济社会又好又快发展，继续推进马克思主义中国化，必须深入贯彻落实科学发展观，研究解决经济社会发展中的突出矛盾和问题，大力推动理论创新和实践创新。

促进社会和谐，是推动科学发展的内在要求。科学发展和社会和谐是内在统一的。没有科学发展就没有社会和谐，没有社会和谐也难以实现科学发展，二者相互联系、相互影响、相互促进。党的十七大报告指出：社会和谐是中国特色社会主义的本质属性。构建社会主义和谐社会，促进人与人、人与社会、人与自然和谐相处、协调发展，是社会主义制度的本质要求，是发展中国特色社会主义的重大战略任务。特别是在当前改革发展的关键阶段，社会主义和谐社会理论为党和国家一系列制度安排和制度设计提供了重要依据，为协调社会各个阶层、各个群体的利益确立了基本准则，对于增强社会的凝聚力、向心力、感召力，增强人们同心同德发展中国特色社会主义的积极性、主动性、创造性，具有重大意义。从这个角度来看，促进社会和谐是发展中国特色社会主义、继续推进马克思主义中国化的又一个重大理论和实际问题。

推动科学发展、促进社会和谐需要把握的几个问题

坚持从基本国情出发，尽力而为、量力而行。我国正处于并将长期处于社会主义初级阶段。这是我们党制定路线方针政策的根本依据，也是推动科学发展、促进社会和谐需要明确的基本前提。应始终牢记社会主义初级阶段的基本国情没有变，人民群众日益增长的物质文化需要同落后的社会生产之间的矛盾这一社会主要矛盾没有变，做到想问题、作决策、办事情都从这个最大的实际出发，既充满时不我待的紧迫感，坚持尽力而为；又防止和克服各种急于求成、急功近利的心态和做法，做到量力而行，把推动科学发展、促进社会和谐落到实处。

坚持理论联系实际，认真研究解决改革发展中的突出问题。应以我们正在做的事情为中心，着眼于马克思主义理论的应用，着眼于对实际问题的理论思考，着眼于新的实践和新的发展，认真研究实践中提出的、干部群众普遍关心的重大理论和现实问题，将推动科学发展、促进社会和谐同推动重大现实问题的解决结合起来，同解决关系国计民生的现实矛盾结合起来，同指导实际工作结合起来。

坚持解放思想、实事求是、与时俱进，不断丰富和发展中国特色社会主义理论体系。党的十七大报告指出，中国特色社会主义理论体系是不断发展的开放的理论体系。作为中国特色社会主义理论体系的最新成果，科学发展观也要在实践中接受检验和不断发展。实践永无止境，创新永无止境。在推动科学发展、促进社会和谐的伟大实践中，我们要善于从多彩的实践中、从火热的社会生活中、从人民群众的丰富创造中汲取营养，不断丰富和发展中国特色社会主义理论体系，不断开拓马克思主义中国化新境界。

（原载《人民日报》2009 年 12 月 11 日）

马克思主义大众化的典范

探讨马克思主义大众化问题，自然就会谈到"人民的哲学家"——艾思奇。艾思奇原名李生萱，云南腾冲人。他是我国杰出的马克思主义哲学家、理论家、教育家，为推进马克思主义大众化树立了典范。

艾思奇开启了马克思主义大众化的先河，为普及马克思主义理论作出了突出贡献

1934 年 11 月至 1935 年 10 月，艾思奇在《读书生活》杂志上连续发表了 24 篇介绍和宣传马克思主义哲学的文章。这些文章后来结集成《哲学讲话》一书出版。1936 年，艾思奇对该书稍加修改后，更名为《大众哲学》再版。《大众哲学》在国民党统治区和抗日根据地产生了巨大影响，许多青年正是在它的影响下对马克思主义产生了浓厚兴趣，走上了革命道路。《大众哲学》之所以能引起如此广泛的关注，就在于它深入浅出、通俗易懂的语言来阐述马克思主义理论。著名学者李公朴在为《哲学讲话》写的编者序中称赞说："这本书是用最通俗的笔法，日常讲话的体裁，融化专门的理论，使大众的读者不必费很大气力就能够接受。这种写法，在目前出版界中还是仅有的贡献。"这个评价，在今天看来依然是非常恰当的。

新中国成立后，艾思奇为推动马克思主义进一步走出书斋、走向社会、指导实践发挥了重要作用。1950年，他应邀为高校教师作广播讲座，系统讲授马克思主义理论。同年4月，他又应中央人民广播电台邀请，在社会科学讲座节目中主讲《历史唯物论——社会发展史》。据统计，收听这一讲座的各地干部群众有50多万人。他的讲稿后来编成了《历史唯物论——社会发展史》一书，共发行30多万册。1957年1月，他在中央党校讲授辩证唯物主义的讲稿，也以《辩证唯物主义讲课提纲》为题出版。该书共印6版，累计印数达80多万册。

1961年，中宣部和高教部统一组织编写高校文科教材，艾思奇任哲学专业教材编写组组长。在他的主持下，《辩证唯物主义历史唯物主义》一书于1961年11月由人民出版社正式出版，产生了极大的影响。该书作为马克思主义哲学教科书，为全国高等院校、党校师生和广大干部群众提供了系统学习马克思主义哲学原理的权威读物。可以说，这本书用中国化的马克思主义培养了整整一代人。

学习艾思奇推进马克思主义大众化的有益经验，让科学理论更好地走进人民群众

推进马克思主义大众化，应坚持马克思主义的群众观点和群众路线。马克思主义要实现大众化，必须走进人民群众，与人民群众同呼吸、共命运。新中国成立后，艾思奇曾经在中央党校担任副校长，但大家还是亲切地称呼他"艾教员"。除了坚持在校内授课，他还满腔热情地在多个单位讲授马克思主义哲学，身体力行马克思主义要走向人民群众的理念。今天，推进马克思主义大众化，就应学习艾思奇的这种精神，坚持立足实践，回应大众关切，解答大众困惑，把深邃的理论用平实质朴的语言讲清楚，把深刻的道理用人民群众乐于接受的方式说明白，让科学理论更好地走进人民群众。

推进马克思主义大众化，应坚持理论联系实际，把马克思主义基本原理同当代中国具体实际结合起来。艾思奇写《大众哲学》时，不仅重视基本原理的明白晓畅和语言文字的生动活泼，而且注重把马克思主义哲学同国家兴亡、民族前途、人民疾苦紧密联系起来。他曾明确提出，"现在需要来一个哲学研究的中国化、现实化的运动"；在这个运动中最重要的是实践，今日的中国"一切以抗战的实践为依归"。今天，推进马克思主义大众化，也应始终把马克思主义基本原理同我国改革发展的具体实践结合起来，直面社会问题。只有这样，马克思主义才能为广大人民群众所理解、所接受、所认同。

推进马克思主义大众化，应力求通俗易懂、生动形象、深入浅出。艾思奇曾说："我常常把同一个例子，反复地用在几个问题里。对于初读者，每一个问题用一个新的例子，实在不如同一个例子用在几个问题里好；这样可以不分散他们的注意，给他们一个连贯的认识。"在研究受众心理、注重传播技巧方面，艾思奇为我们作出了很好的榜样。他的思想和行动启示我们：推进马克思主义大众化，不仅要酿出"好酒"，而且要善于"吆喝"，即学会用通俗的文字、形象的事例、巧妙的比喻、明快的文笔表达马克思主义理论，在科学理论和人民群众之间搭建一座沟通便捷的桥梁。

（原载《人民日报》2010年3月2日）

谈谈年轻干部的"资本"

"资本"原来是一个经济学名词，后来其含义有所拓展，也用来表示人们办事情、干工作具备的条件或基础。在现实生活中，每一个人或多或少都有一些"资本"，年轻干部也不例外。常听人讲，年轻干部的"资本"就是年轻，甚至说"最大的资本"就是年轻。这话听起来有些道理，但仔细一想，觉得年轻干部的"资本"不仅仅是年轻，年轻也不是年轻干部"最大的资本"。年轻干部要用好"年轻"这个"资本"，需要其他一些"资本"来保障。这些"资本"主要包括德、才、知、行等。

德是立身的根本。古人说："德者，才之帅也"；"德不优者，不能怀远"。年轻干部手中掌握一定的权力,其道德品质如何必然影响权力的行使方式和效果。从这个意义上说,年轻干部的道德品质应该比较高。在现实生活中,一些年轻干部出问题主要不是出在才上,而是出在德上。这说明,德是年轻干部"资本"的纲,纲举才能目张。把德的"资本"培育好、维护好、发展好,其他"资本"才能正确发挥作用。我们党的用人标准是德才兼备、以德为先。年轻干部应把道德修养作为首要"资本",不断加强自律、砥砺品质、强化立身的根本,以实现健康发展,更好地为人民服务。

才是成事的基础。如果德强才弱或有德无才,结果就是虽然可以信赖,但难以托付重任。因此,年轻干部应把才作为干事创业的重要"资本",努力地提升能力、增长才干。年轻干部所需的才干是全面的、综合的,既包括思维能力,如战略思维、创新思维、辩证思维能力等,也包括业务能力,如推动经济建设、政治建设、文化建设、社会建设以及生态文明建设、党的建设的能力和应对复杂形势、复杂局面、复杂矛盾的能力等。这两类才干是相辅相成、密不可分的,不能偏废:只重视培育思维能力,不重视提高业务能力,容易导致眼高手低;只重视提高业务能力,不重视培育思维能力,容易陷入事务主义或经验主义,缺乏战略眼光和驾驭全局的本领。

知是增德广才的必要条件。这里说的"知",是一个动词,它有两层含义:一是致良知,二是求真知。致良知的目的在于增德。良知就是良心,就是是非之心;致良知,就是明辨是非、明荣知耻、为善去恶。年轻干部致良知,需要大力培育社会公德、职业道德、家庭美德和个人品德,特别要把增强党性修养作为核心内容,筑牢思想道德防线,树立清正廉洁意识,始终保持头脑清醒、方向正确。求真知的目的在于广才。知识是能力的基础。年轻干部要具备与岗位要求相适应的思维能力、业务能力,一个重要的方面就是加强学习,通过学习不断改善自己的知识结构,充实自己的智慧"库存"。

行是砥德炼才的现实途径。知而不行,只是未知。知识和良知,只有在行动和实践中才能得到检验。现在,有不少年轻干部是从家门到校门再到机关大门的"三门干部"、缺乏基层工作经验的"机关干部"、缺乏多岗位锻炼的"单一干部"、缺乏在艰苦环境中历练的"幸福干部",他们最缺乏的"资本"之一就是"行"。增强这一"资本",应坚持知行合一，理论联系实际，密切联系群众，积极主动地到基层、到一线、到艰苦地区和复杂环境中进行锻炼、经受考验。

（原载《人民日报》2010 年 3 月 31 日）

多出思路　少找门路

　　思路，就是解决问题的思维方式和路径；门路，则是做事的诀窍，现在多用来指能达到个人或小集团目的的途径。显然，把心思和精力用在出思路上还是放到找门路上，体现了两种不同的人生态度和工作方式。对于党员领导干部而言，要真正干成事、多干事，真心实意谋发展、促和谐，还是应该多出思路、少找门路。

　　人们常说，思想是行动的先导，思路决定出路。这说明，好的思路对于开展工作、推进事业具有至关重要的作用。古人认为，做任何事都要事先有思路、有谋划，否则就没有胜算，就会导致失败。《孙子兵法》中说："多算胜，少算不胜，而况于无算乎。"《礼记·中庸》中说："凡事预则立，不预则废。"毛泽东同志也曾明确指出："领导者的责任，归结起来，主要地是出主意、用干部两件事。"这里所说的"出主意"，就是出思路、想办法。无数的事例表明，思路正确，干工作就会得心应手、事半功倍；思路不清，做事情就会劳而无功、一无所获。

　　出思路十分重要，却又比较难。就推进经济社会发展来说，在改革刚刚起步、社会利益关系相对简单的时期，寻找新的经济增长点、拿出发展的有效思路还是相对容易的。但是，我国改革发展已进入攻坚阶段，以往相对"省心"、靠要素投入就能奏效的粗放型发展方式已难以为继。同时，经济社会转型又导致思想观念日益多样、利益关系空前复杂。在这种形势下，要拿出能够凝聚普遍共识、协调利益关系的发展思路，不经过深入调查研究、反复思考论证，是很难如愿的。而有的领导干部不愿意下这种苦功夫，于是就在找门路上动起了脑筋：或是信奉"会哭的孩子有奶吃"，频频"跑部"，向上级领导机关求援；或是利用手中的权力和资源，向企业或其他社会组织"化缘"；甚至违反纪律规定，搞"潜规则"、权钱交易。从某种意义上说，借用外力、整合资源也属于一种思路，本无可厚非。但一旦超出正常范围，变成了找门路，其含义就异化了，还可能承担违纪违法的风险，是得不偿失的。

出思路还是找门路，实际上是一个求"渔"还是求"鱼"的问题。找门路往往见效快，能在较短时间内得到政策、资金等实实在在的"大鱼"。对于不愿意殚精竭虑找"渔具"的领导干部来说，这无疑是一条省心省力的"终南捷径"。出思路就不同了，不但费心费力，而且从贯彻思路到取得成效还需要一个过程，是一种"慢工夫"、"笨办法"。然而，通过找门路得来的，往往只治标、不治本，管得了一时，管不了一世。相反，找到了发展症结、理清了发展思路，一步一个脚印地扎实前进，效果就能够逐步显现并持续下去，从而实现长远发展、可持续发展。这就是"临渊羡鱼，不如退而结网"的道理所在。此外，出思路与找门路还存在一个此消彼长的关系：尝到了找门路的甜头，一遇到问题首先就会想到如法炮制，久而久之，出思路的动力和能力就会大大削弱；懂得了出思路的重要性，在遇到问题时就会在出思路上下功夫，而不是在找门路上动脑筋，其素质能力就会不断得到提高。

（原载《人民日报》2010年6月17日）

说"配套"

"思想纵横"栏目7月6日刊发的《说"结构"》一文，给人启发，引人深思。由此想到，与"结构"一样，"配套"也是我们在工作中需要重视的一个关键词。从某种意义上说，经济社会发展各个组成部分之间是否配套，将直接决定发展的成效，影响科学发展、社会和谐的大局。

所谓"配套"，就是相关事物和要素之间彼此协调、相互配合，构成一个有机整体。讲求配套，是系统论的一个基本特征。系统论认为，系统整体的特性和功能不等于其组成要素的特性和功能的总和，构成系统整体的各组成要素的特性和功能也不同于它们在孤立状态下的特性和功能；只有各组成要素之间相互配套、形成合力，系统才能合理运转，实现整体效用最大化。在现代社会，社会分工日益精细，各行业、各领域之间联系更加紧密，社会组织结构、利益关系等空前复杂，社会发展所面对的风险、挑战等较之传统社会也大大增加。在这种形势下，配套的重要性更为凸显，社会的各个系统之间、各系统的组成要素之间是否配套直接影响着社会的运行和发展。

注重配套是我们党治国理政的一个基本理念，体现在经济社会发展的方方面面、各个环节。比如，生产力与生产关系、经济基础与上层建筑要互相配套，党和国家的路线、方针、政策要互相配套，物质文明建设、政治文明建设、精神文明建设、社会文明建设以及生态文明建设要互相配套，经济体制改革、政治体制改革、文化体制改革、社会体制改革及其他各方面改革要互相配套，各项制度、举措之间及其内部构成要素之间要相互配套，等等。党的十七大报告概括了改革开放以来我们党建设和发展中国特色社会主义"十个结合"的宝贵经验，就是注重配套的基本理念在国家大政方针问题上的生动体现。

然而，在现实生活中我们也经常会看到"单打一"、"头痛医头，脚痛医脚"等一些不重视配套的认识和做法：有的地方用"以文件落实文件、以讲话落实讲话"的方式贯彻中央精神，而没有根据本地实际制订配套的措施和方案，结果导致教条主义、形式主义泛滥；有的部门和单位制订了不少规章制度，但它们彼此孤立甚至相互冲突，其效用因此大打折扣；有的改革方案"单兵突进"，缺乏与相关制度、机制的协调和配合，结果遭遇重重阻力甚至流产；有的工程仓促上马，但配套资金和配套设施跟不上，结果成为"烂尾工程"、"豆腐渣工程"、"短命工程"……凡此种种，对经济社会发展造成了极大的负面影响。推动科学发展、促进社会和谐，就应尽量防止和避免类似事情的发生。

对于党员尤其是领导干部来说，在工作中强化和贯彻配套意识，需要系统掌握唯物辩证法关于事物普遍联系和矛盾对立统一的原理，学习了解系统论的基本知识，尤其是深入学习贯彻科学发展观，深刻领会全面协调可持续的基本要求，科学运用统筹兼顾的根本方法。同时，还应深入基层、深入实际、深入群众开展调查研究，系统掌握决策和工作所包含的各个环节、所涉及的各个领域和各种利益关系、可能遇到的各种困难和问题。这样，我们的决策和工作才能更具有科学性、合理性，各项事业才能发展得又好又快。

（原载《人民日报》2010年7月26日）

想象力比知识更重要

"想象力比知识更重要"，是大科学家爱因斯坦的一句名言。在建设学习型党组织、学习型社会和创新型国家的时代背景下重温这句名言，可以得到许多深刻启示，有助于我们进一步明确学习目的、提高学习成效，进而更好地推进工作和事业。

学习的目的是什么？这似乎是一个再简单不过的问题，可谓不言而喻——传统观点认为，学习的目的就是获取知识。在这种观点主导下，各种学习和教育活动大都围绕知识的获取与传授来进行，人们也往往以获取知识的多少作为衡量学习成效的重要标准。这无疑有一定的道理。然而，随着时代的发展和社会的进步，人们进一步认识到：获取知识固然是学习的目的，但不是全部；提高综合素质、提升精神境界，培育创新思维、增强创新能力，同样是学习的目的。在当今时代，后一个方面显得更加重要。这也是中央提出建设学习型党组织、学习型社会和创新型国家的一个重要出发点。

创新是一项复杂艰巨的思维活动和实践活动，而想象力是其中不可或缺的一个重要因素。所谓想象力，就是人脑在已有表象的基础上创造新形象的能力。研究表明，人不仅能回忆过去感知过的事物的形象（即表象），而且能想象出过去从未感知过的事物的形象。正是由于具有想象力，人们才能不断发现新事物、新规律，提出新概念、新理论，创造新知识、新产品，推动实践发展和社会进步。马克思曾把想象力称为"十分强烈地促进人类发展的伟大天赋"。爱因斯坦认为，想象力之所以比知识更重要，是因为知识是有限的、相对固定的，而想象力则概括着世界上的一切，从而成为人类知识进化的源泉和科学研究中的实在因素。英国科学家贝弗里奇也指出："想象力之所以重要，不仅在于引导我们发现新的事实，而且激发我们作出新的努力，因为它使我们看到有可能产生的后果。事实和设想本身是死的东西，是想象力赋予它们生命。"

人类历史发展充分证明了想象力的重要性。古今中外，许多伟大的科学家、发明家、思想家、艺术家都具有丰富的想象力，许多伟大的科学理论和发明创造都萌芽于想象。例如，我国古代哲学典籍《庄子》一书中，许多深刻的哲理是通过想象力丰富的寓言来表达的；波兰天文学家哥白尼在提出"太阳中心说"前，曾想象"太阳坐在宝座上率领着它周围的行星家族"；德国化学家凯库勒在分子结构理论研究中，把六个碳原子设想为一条头尾相连的蛇，由此提出苯分子的环状结构理论；英国物理学家和化学家法拉第想象磁一定能产生电，之后通过9年实验，提出了电磁感应原理，并形成了世界上第一台感应发电机的雏形。而元素周期表、万有引力、场、基因、多维空间等科学理论和科学成果，也都是丰富想象力的结晶。因此，我们在学习时，应当创新学习理念、改进学习方法，既注重获取知识，又注重培养想象力。

爱因斯坦强调"想象力比知识更重要"，并不是否定知识的重要性，而是为了提醒人们要更加重视培养想象力。况且，想象力通常是建立在对人类已有知识成果全面把握和深刻领悟的基础上的。离开了必要的知识积累，想象力往往只能成为"不结果实的花朵"。所以，我们在学习的过程中不能走向另一个极端，一味强调培养想象力，看轻或忽视获取知识，而应努力实现二者的有机统一。

（原载《人民日报》2010年10月19日）

努力实现人与自然和谐发展

——关于生态文明建设的研究综述

党的十七大报告提出了建设生态文明的重大战略思想和重大战略任务。建设生态文明，是深入贯彻落实科学发展观、推动经济社会又好又快发展的必然要求和重要内容。建设生态文明的基本内涵是什么？建设生态文明应坚持哪些重要原则、把握哪些着力点？围绕这些问题，学术理论界近年来从不同角度进行了研究和探索，取得了不少富有建设性的成果。目前，生态文明的概念已被越来越多的人认识和了解，建设生态文明正在成为社会各界的共识和行动。

建设生态文明的基本内涵

建设生态文明，首先需要明确什么是生态文明。有专家认为，生态文明就是人类在改造自然的过程中，为实现人与自然之间的和谐所作的努力及其所取得的成果，它标志着人与自然关系的一种进步状态。也有专家认为，生态文明是人类在利用自然界的同时主动保护自然界、积极改善和优化人与自然关系而取得的物质成果、精神成果、制度成果的总和。还有学者认为，生态文明是指人类遵循人、自然、社会和谐发展这一规律而取得的成果的总和，是以人与人、人与自然、人与社会和谐共生、良性循环、全面发展为基本宗旨的文化伦理形态；生态文明既包括人类对传统文明形态特别是工业文明进行深刻反思和探索的认识成果，又包括人类在建设物质文明过程中保护和改善生态环境的实践成果，表现为人与自然和谐程度的提高和人们生态观念的增强。

综合而言，学者们认为，生态文明是人类在适应自然、认识自然、利用自然、改造自然、保护自然的过程中所取得的全部成果的总和。从工业文明的发展进程来看，生态文明是对造成生态环境危机的工业文明的超越，是人类文明形态和文明发展理念、道路、模式的重大进步。从发展观的角度来看，生态文明是对传统的盲目发展生产力、片面追求经济增长速度的发展观的纠正。以我国的发展为例，改革开放以来，我国经济社会发展取得了巨大成就，综合国力和人民生活水平大幅提升。但长期以来的粗放的经济增长方式并没有根本改变，一些地区不惜以牺牲生态环境和长远利益为代价，片面追求GDP的高速增长，造成了严重的环境污染和生态破坏，发达国家在几百年工业化过程中逐步出现的生态环境问题在我国已经集中出现。建设生态文明，就是要从根本上改变这种高消耗、高污染的粗放型经济增长方式，建设资源节约型、环境友好型社会，实现好、维护好、发展好广大人民群众的生态权益。从这个意义上说，建设生态文明是解决当前我国日益严重的生态环境问题的迫切需要，是实现科学发展、和谐发展的必然选择，也是关系中华民族前途命运的根本大计。

建设生态文明应坚持的重要原则

坚持马克思主义关于生态文明的基本理论和观点。有学者指出，马克思主义经典作家虽然没有对生态文明作出过直接论述，但在他们的著作中有大量关于人与自然、人与人关系的论述，比如对资本主义制度及其生产方式的分析和批判、对劳动异化与自然异化及其相互关系的研究和分析、对如何建立人与自然的可持续性关系的思考和阐述，等等。这些重要论述，为我们正确认识和处理人与自然之间的关系、科学分析和应对当代生态环境问题提供了理论依据和思想武器。当前，我们应进一步加强对马克思主义关于生态文明的基本理论和观点的研究，并用以剖析当今世界和当代中国所面临的生态环境问题，进而探索建设生态文明的有效思路。

坚持党的领导。党的十七大以来，中央对推进生态文明建设作出了全面部署，提出了许多要求，采取了许多举措，如走中国特色新型工业化道路、中国特色自主创新道路、中国特色农业现代化道路、中国特色城镇化道路，走生产发展、生活富裕、生态良好的文明发展道路，推进节约发展、清洁发展、安全发展，建设资源节约型、环境友好型社会，等等。学者们认为，所有这些都充分体现了我们党对生态文明建设的高度重视和长远谋划。建设生态文明是一项长期的战略任务、复杂的系统工程，涉及人、自然、社会等方方面面，关系不同阶层、群体、个人的切身利益，需要解决的矛盾和问题很多，面对的困难和挑战很多。这就要求我们始终坚持党的领导，充分发挥党在推动生态文明建设中总揽全局、协调各方的领导核心作用。

坚持以人为本。科学发展观的核心是以人为本，强调发展的根本目的是不断满足人民群众日益增长的物质文化需求，不断提高人们的生活质量和水平。学者们认为，不论建设物质文明、政治文明、精神文明，还是建设生态文明，归根结底都是为了人，为了促进人的全面发展。在建设生态文明的过程中，必须始终坚持以人为本，不仅注重满足人们的物质需求，而且注重满足人们的文化需求、精神需求、生态需求；切实维护城乡之间和区域之间、当代人之间、当代人与后代人之间的生态公正与公平，绝不能为了一部分人的利益而牺牲大多数人的利益，为了当代人的利益而牺牲后代人的利益；尊重人民群众的主体地位，调动社会各方面参与生态文明建设的积极性、主动性、创造性。

建设生态文明应把握的着力点

建设生态文明具有长期性、复杂性、艰巨性，必须科学规划、精心实施。学者们普遍认为，建设生态文明，必须加快转变经济发展方式，努力形成节约能源资源和保护生态环境的产业结构、增长方式、消费模式；大力发展循环经济、绿色经济；加大生态环境保护力度，强化资源保护与管理；积极应对全球气候变化，发展低碳经济和低碳产业；建立健全有利于生态环境保护的体制机制，等等。其中，特别要把握以下几个着力点。

把建设生态文明与建设物质文明、政治文明、精神文明统一起来。有学者指出，建设生态文明不是孤立的，而应与建设物质文明、政治文明、精神文明等统一起来，做到整体推进、协调发展。建设物质文明是建设生态文明的物质基础。在物质文明建设中，应着力体现生态文明的内容，保证生态环境不因发展经济而遭到破坏，保证发展经济不超越生态环境的承载能力，推动经济持续健康发展。建设政治文明是建设生态文明的重要保证。政治文明建设要为生态文明建设提供法律、制度、体制、机制、政策等各方面的保障。维护生态公正与公平是政治文明建设的重要内容，应把维护人的生态权利与维护公平正义统一起来，协调和处理好社会各阶层、不同利益群体、代际群体在生态方面的权益和矛盾。建设精神文明是建设生态文明的强大动力。应注重在精神文明建设中培养和提高人们的生态道德素质，引导人们树立生态文明观念，把生态文明观念融进民族精神和时代精神中，融进党风政风和民风民俗中，努力在全社会形成积极建设生态文明的良好氛围，为建设生态文明提供理论支撑、精神动力、文化条件和智力支持。

引导广大干部特别是领导干部树立符合生态文明理念的政绩观。广大干部特别是领导干部是党和国家方针政策的具体执行者，他们的思想观念和实际行动对于建设生态文明有着直接影响。学者们认为，应教育引导广大干部特别是领导干部充分认识建设生态文明的重要性和紧迫性，坚决摒弃那种片面追求 GDP 增长的错误观念，正确处理经济建设与人口增长、资源利用、环境保护等的关系；用好干部考核评价这个"指挥棒"，把推进生态文明建设作为干部考核和任用的重要依据，注重提拔任用那些推进生态文明建设有实绩的干部，坚决惩处那些以严重破坏生态环境为代价换取经济增长政绩的干部。

进一步建立和完善有利于生态文明建设的体制机制。许多学者强调，应加快立法步伐，建立健全生态环境保护的法律体系，加大对违法行为的处罚力度，重点整治违法排污企业；不断完善和认真落实环评制度，严格环境准入，严格执法监督，持续开展环评专项行动；建立健全和认真落实严格的环境保护目标责任制以及科学、民主的环境决策机制和依法从严的环境治理机制；积极开发和推广节约、替代、循环利用资源和治理污染的先进适用技术，大力发展清洁能源和可再生能源，切实保护土地和水资源；建立健全科学合理的能源资源利用体系，不断提高能源资源利用效率；加快建立生态补偿机制，积极推进资源性产品价格改革和环保收费改革，改革和完善资源税，健全和完善绿色税收、绿色证券、绿色采购、绿色贸易等方面的制度和政策，等等。

（原载《人民日报》2011 年 2 月 9 日）

开放不仅仅是"打开大门"

进一步提高对外开放水平,是"十二五"时期我国经济社会发展的一项重大战略任务。如何落实好这一任务?多年来,人们一直把对外开放比作"打开大门",这是比较形象生动的。不过,从严格意义上说,对外开放并不仅仅是"打开大门",同时还包括"修好大门"、"用好大门"、"守好大门"等。要进一步提高对外开放水平,就应当在这些环节上下工夫。

"修好大门",就是加强"硬件"和"软件"建设,为招商引资、发展对外贸易、进行文化交流等营造良好的环境和氛围。俗话说:"栽下梧桐树,引得凤凰来。"天下没有免费的午餐。要想吸引外资,引进外国的先进技术、设备和管理经验,促进对外文化交流和人员往来,仅靠一腔热情是远远不够的,还必须有相应的政策支持、良好的投资创业环境等。没有一定的实力和"本钱",不具备良好的"硬件"和"软件",是很难引来国外"凤凰"的。时下,各地对"栽树"的工作一般都比较重视,对引进国外的资金、技术、设备、人才和管理经验舍得下"血本"。但需要引起重视的倒是另外一种倾向,即为引资而引资、为开放而开放,提供的条件和政策过于优惠,让"凤凰"得到的利益过大,而自己的收获却比较低。这种"开放"除了表面上的热闹,实质性意义并不大。因此,在对外开放的问题上,"大门"修得不好、缺乏吸引力固然不妥,但"过度装修"、损害自身利益同样是要不得的。

"用好大门",就是进一步明确"打开大门"的目的和功能,使对外开放更好地成为推进我国经济社会科学发展的重要手段。"打开大门",目的是为资金、产品、技术、设备、人员、文化等的"进口"和"出口"提供一个通畅渠道,从而为我国经济社会发展创造良好条件。从这个意义上说,"进口"和"出口"同等重要、"引进来"和"走出去"同等重要,需要统筹兼顾,不宜畸轻畸重。在这个问题上,有的倾向也需要引起重视:一方面,在资金、企业、技术、人才等环节片面强调"引进来",相对忽视了"走出去";另一方面,在产品等环节则片面强调出口导向,相对忽视了进出口的平衡和内需的拉动。这样做的结果,是我国企业的国际竞争力偏弱,经济的外贸依存度过高,内需不振。因此,在"十二五"

期间进一步"用好大门",需要加快转变外贸增长方式,优化对外贸易结构,增加先进技术、设备和紧缺物资的进口;在注重"引进来"的同时加快"走出去"的步伐,使对外开放由出口和吸收外资为主转向进口和出口、吸收外资和对外投资并重。

"守好大门",就是在推进全方位对外开放的同时防范和抵制国外各种腐朽落后东西的侵入,坚决维护国家主权、安全、利益。"大门"打开之后,进来的可能不仅有阳光雨露、鸟语花香,而且有污泥浊水、蚊子苍蝇。随着我国对外开放的不断扩大和参与经济全球化程度的不断加深,国外各种腐朽落后的东西会渗透进来,敌对势力会借此对我实施西化和分化的图谋;同时,在经济、贸易、外交等领域的争端和摩擦也会增多。这对我国的经济、文化、生态、国防等安全带来了挑战和风险。在这种形势下,我们必须增强忧患意识,立足防患于未然,通过完善法规和加强监管等手段,保持对关键行业、关键领域的控制力,提高应对挑战和化解风险的能力,努力把阳光雨露和鸟语花香引进来,把污泥浊水和蚊子苍蝇挡出去。

(原载《人民日报》2011年5月4日)

联系群众:"直接"才能"密切"

密切联系群众是我们党的三大优良作风之一,是我们党的最大政治优势。当前,一些党员干部在发扬这个作风方面做得很不够,或者不去联系群众,而是躲避群众、脱离群众;或者虽然"联系"群众了,却是间接而非直接地联系,根本起不到密切党同人民群众血肉联系的作用。有的地方党群干群关系紧张、群体性事件多发,与此不无关系。联系群众,"直接"才能"密切"。做好新形势下的群众工作,推动科学发展、促进社会和谐,应大力强调直接而不是间接地联系群众。

间接地联系群众,在现实生活中的表现形式是多样的。比如,有的领导干部进行调查研究,常常是前呼后拥,相关的路线、时间、对象等都提前作了安排,甚至连"群众"怎样回答问题也早已作了"交代"。如此联系群众,虽然做到了面对面,但这种面对面是表面化的,难以全面了解基层的真实情况和群众的真实想法。更有甚者,在有的地方,除了通过报纸、电视等媒体,群众很难见到本地的领导干部。对于这些问题,广大人民群众很有意见。因此，强调直接联系群众很有必要。

直接联系群众，一个重要的思想前提就是淡化"官念"。我们党始终强调，党员干部手中的权力是人民赋予的，必须用来为人民服务；党的干部无论职务高低都是人民的公务员，与群众只有分工不同而没有高低贵贱之分。有了这种认识，直接联系群众就具备了思想基础。但遗憾的是，有的领导干部公仆意识日渐淡薄，官老爷意识却日益滋长：在群众面前板着面孔、端着架子，居高临下、盛气凌人；与群众谈话不是平等交流、协商互动，而是疾言厉色、发号施令。这样的态度和做法会自觉不自觉地在自己与群众之间筑起一道思想和感情的藩篱，使群众因心生畏惧而不敢说实话、道实情，因心怀抵触而疏远之、厌恶之。以这样的态度和做法联系群众，自然事与愿违，不可能得到群众的认同。事实上，这也违背了联系群众的原意。所以，领导干部只有淡化"官念"，以平等的态度、平和的心态与群众接触和交流，联系群众才能直接、有效。

直接联系群众，一个有效的办法就是搞些"微服私访"。"微服私访"固然是古代帝王、官员了解下层情况和民间疾苦的一种做法，但我们也可以借鉴。把这种做法用到调查研究和联系群众上，就是不搞事前"安排"和"交代"，悄悄地进行，独立地完成，真正做到与群众"零距离"。这样做的好处在于不仅可以省去一些不必要的中间环节、减少人力财力物力的浪费，而且可以避免这样那样的干扰，从而能够真正深入基层、深入群众，直接面对自己想接触的对象，了解和掌握原汁原味的第一手资料。不可否认，由于各种复杂因素的影响，一些群众不愿在领导干部面前说真话、道实情。而"微服私访"要求领导干部暂时隐去身份，以更加灵活的方式与群众进行沟通和交流，显然属于直接联系群众的一种方式。事实也证明，这种方式有利于提高联系群众的直接性和实效性。

必须看到，密切联系群众是我们党的一个永恒课题，是党员干部的一项长期任务，什么时候都不能忽视和放松。在新形势下强调直接联系群众，就是要更好地发扬这个优良作风，从而使我们党、我们的事业获得最广泛最深厚的群众基础。要做到这一点，关键在于牢固树立群众观点，认真贯彻党的群众路线，始终不忘联系群众，自觉主动深入群众，尽心竭力造福群众。

（原载《人民日报》2012年3月23日）

深化改革需要三种精神

当前,我国正处于发展黄金期,同时是改革攻坚期。在全世界为"中国奇迹"喝彩的同时,我国如何继续深化改革也越发引人关注。在利益主体多元、思想观念多样和经济社会发展形势多变的情况下,深化改革不仅需要智慧和理性,更需要勇气和担当。面对利益固化的趋势,如何突破"不愿改"的樊篱?面对可能出现的各种风险和挑战,如何解除"不敢改"的顾虑?面对前进道路上的险滩和暗礁,如何走出"改不动"的困境?解决这些问题,需要发扬三种精神。

壮士断腕的精神。壮士断腕,强调的是痛下决心、当断则断,不能瞻前顾后、犹豫不决,不能浅尝辄止、小富即安。壮士断腕,非不爱腕,只因腕上积弊甚深,非断腕无以保证整个身体的健康和生命的安全。深化改革同样如此:经济社会发展中积累的一系列深层次矛盾和问题,如果不痛下决心深化改革,以毅然决然的态度加以解决,就会积重难返,危及整个改革发展稳定大局。例如,靠大量消耗能源资源的粗放型经济增长方式虽然在一定时期内为我国经济社会快速发展作出了贡献,但也带来严重的生态环境问题;同时,随着能源资源消耗与环境承载力迫近极限,这种经济增长方式越来越难以为继。因此,促进经济社会科学发展,必须坚决走出"GDP崇拜"的认识误区,敢于牺牲一定的经济增长速度,加快转变经济发展方式,大力发展绿色经济、循环经济。又如,政府管得过细、职能过多且交叉重复,是多年来积累的一个突出问题。这不但降低了经济社会发展效率,而且容易导致权钱交易,滋生腐败。因此在深化改革的过程中,各级政府必须勇于在自己身上"动刀子",切实转变职能,继续深化行政审批制度改革,努力建设服务型政府。

锲而不舍的精神。"骐骥一跃,不能十步;驽马十驾,功在不舍。"锲而不舍是成就事业、获得成功的重要因素。我们党九十多年的奋斗历程充分说明,不因一时挫折而却步,不为一时胜利而自满,不管前进道路是一片坦途还是充满荆棘,始终胸怀理想、坚定信念,一代接着一代、一步一个脚印锲而不舍地干下去,就一定能成功。改革事业前无古人,既面临转变经济发展方式等老问题,也面临发展起来后收入分配不公等新问题,更有思想观念日益多元、利益关系呈固化趋势等种种挑战。面对诸多躲不过、绕不开的"硬骨头",唯有发扬钉钉子的精神,按照党的十八大制定的战略部署,坚持社会主义改革方向,把锲而不舍的精神贯穿到改革的各个环节、各个领域,不动摇、不懈怠、不折腾,不断推进理论创新、制度创新、科技创新、文化创新以及其他各方面创新,才能继续推动改革。

顾全大局的精神。深化改革必然涉及利益关系的深度调整,在大多数人和整个社会的利益得到优先考虑和逐步满足的同时,也必然有一小部分人、个别群体的利益会受到损失。同时,深化改革的目的是促进经济社会可持续发展、实现国家和社会长治久安,必然要保持适度的前瞻性,勇于舍弃一些近期仍然适用但缺乏长远发展前景的"硬件"与"软件",必然要干很多打基础、利长远的工作。因此,作为深化改革的主体,我们每一个人、每一个群体都应发扬顾全大局的精神,正确处理个人利益与集体利益、局部利益与整体利益、当前利益与长远利益的关系,做深化改革的促进者,积极维护改革发展稳定大局。

(原载《人民日报》2013年6月18日,《求是》2013年第13期摘要转载)

着力解决"四风"问题

——坚持党的群众路线系列谈之三

习近平同志指出,党内脱离群众的现象大量存在,集中表现在形式主义、官僚主义、享乐主义和奢靡之风这"四风"上。我们要对作风之弊、行为之垢来一次大排查、大检修、大扫除。这一重要论述,现实针对性与指导性很强,为我们深入开展党的群众路线教育实践活动明确了着力点和主要抓手。

形式主义是指片面注重表面形式而不顾实质内容的工作作风,或只看事物的现象而不分析其本质的思想方法。其主要表现有:理论与实际相脱离,贪图虚名,空话连篇,装模作样,演戏作秀,重数量轻质量,重口号轻行动,等等。形式主义把党的理论和路线方针政策变成了没有实际内容的口号、形式和过场,对党、对人民极不负责,引起人民群众的强烈不满。

官僚主义是指脱离实际、脱离群众,只知发号施令、当官做老爷的工作作风和领导作风。其主要表现有：不了解实际情况，不关心群众疾苦；独断专行，压制民主；机构臃肿，人浮于事；互相扯皮，效率低下，等等。官僚主义漠视群众利益与民生疾苦，在党和人民群众之间形成一堵无形的墙，严重破坏了党执政的群众基础。官僚主义的影响和危害不容小视。邓小平同志曾指出："官僚主义现象是我们党和国家政治生活中广泛存在的一个大问题。"

享乐主义是一种过度追求个人物质享受的人生观，其实质是极端个人主义和纵欲主义。在长期执政的条件下，一些党员干部丢掉了我们党艰苦奋斗的优良作风，贪图享受，不思进取，铺张浪费，讲排场、比阔气，甚至沉湎于灯红酒绿、吃喝玩乐，在住房、乘车、出国等问题上搞特权，严重损害了党在人民群众中的形象，严重损害了党群、干群关系。

享乐主义盛行必然形成奢靡之风。在享乐主义思想的支配下，一些党员、干部骄奢淫逸，铺张浪费，争奢斗富，生活腐化；一些地方、部门和单位大肆挥霍，大把花钱，滥建奢侈豪华的办公大楼和馆所、住宅，"三公"经费居高不下。这股奢靡之风如果得不到有效遏制，必然腐蚀党的肌体和党员、干部，必然浪费大量的人力、财力、物力，甚至会使党丧失民心，失去群众的拥护和支持。

形式主义、官僚主义、享乐主义和奢靡之风这"四风"，从根本上背离了党全心全意为人民服务的根本宗旨，背离了党"一切为了群众，一切依靠群众，从群众中来，到群众中去"的群众路线，是群众深恶痛绝、反映最强烈的问题。中央把解决"四风"问题作为深入开展党的群众路线教育实践活动的主要任务，可谓一针见血、切中要害。我们应从关系党和国家事业生死存亡的战略高度来看待"四风"的危害性，从夯实党的群众基础、巩固党的执政地位、推进党和国家事业的全局视野来看待解决"四风"问题的重要性、紧迫性，按照"照镜子、正衣冠、洗洗澡、治治病"的总要求，区别情况、对号入座，对症下药、积极整改，切实排查、检修和扫除作风之弊、行为之垢，恢复和弘扬我们党理论联系实际、密切联系群众、艰苦奋斗的优良作风，以实际行动密切党群、干群关系，进一步取信于民。

（原载《人民日报》2013年7月30日）

附录二

在《光明日报》上发表的文章

构建和谐社会的传统文化底蕴

党的十六届六中全会作出了《中共中央关于构建社会主义和谐社会若干重大问题的决定》。这个重大的战略决策具有深厚的中国传统文化底蕴。

追求、崇尚和谐，是中国文化的基本精神之一，也是中国古代重要的社会、政治理念。《易传》提出了"太和"观点。北宋思想家张载指出："太和所谓道，中涵浮沉、升降、动静相感之性，是生絪缊相荡胜负屈伸之始。"（《正蒙·太和篇》）道是中国传统哲学的最高范畴。在张载那里，"太和"便是道，是最高的理想追求，即最佳的整体和谐状态。但这种和谐不是排除矛盾、消弭差异的和谐，而是存在着浮沉、升降、动静、相感、絪缊、相荡、胜负、屈伸等的和谐。因此，这种和谐是整体的、动态的和谐。正是这种整体的、动态的和谐，推动着事物的变化发展，推动着社会历史的进步与发展。

西周末年，周幽王的太史伯阳父（史伯）在议论周朝兴亡这一重大政治问题时，提出了"和实生物"的著名论断。他说："和实生物，同则不继。以他平他谓之和，故能丰长而万物归之。若以同裨同，尽乃弃矣。"（《国语·郑语》）史伯是第一个对和谐理论进行探讨的思想家，他区分了"和"与"同"的内涵及其作用。不同事物之间彼此为"他"，"以他平他"是指各种事物的配合与协调。"和"的基本含义是指各个不同的对立面相互配合、统一而达到的平衡状态。"和"才能产生新事物。"同"的基本含义是指只有某一面的自我同一，即把相同的事物放在一起，就只有量的增加而不会产生质的变化，就不可能产生新事物。孔子进一步丰富了"和"的内涵,他说:"君子和而不同,小人同而不和。"(《论语·子路》)和谐是宇宙和万物生存的基础和发展的规律,也是做人的原则和人生应当追求的目标。

孔子的学生有若提出了"和为贵"的思想。孔子及其学生所说的"和",既是一个哲学范畴,又是一个伦理道德的标准和社会治理的标准。孔子认为真正的和谐必须有严格的原则规范,并提出了"中庸"观,主张"和"与"中"。儒家主张,施政使民,贵乎"执中";天地万物,贵乎"中和";君子言行,贵乎"中庸"。贾谊说,"刚柔得道谓之和"(《贾子·道术》)。董仲舒认为,"夫德莫大于和,而道莫正于中";"能以中和理天下者,其德大盛"(《春秋繁露·循天之道》)。中国哲学从远古到宋明理学以下,讲阴阳之道,讲天人之道,都贯穿着一种中正、均衡、和谐、和合、和平的精神。周敦颐说:"唯中也者,和也,中节也,天下之达道也,圣人之事也。"(《通书·师第七》,《周子全书》卷8)程颐说:"若至中和,则是达天理。"(《河南程氏遗书》卷15,《二程集》,第160页)司马光说:"苟不能以中和养其志,气能浩然乎!"(《温国公文集》卷4)。戴震说:"中和,道义由之出。"(《原善下》)先哲们关于和谐的这些精辟言论,锤炼了中国文化的基本精神,构造了中国哲学的基本范畴,并对中国的政治思想产生了重大影响。只有以和谐、均衡、中和、公正作为治国安邦的基本原则,才能使国家强盛、人民富裕、社会和谐。

社会主义和谐社会,应当是公正、平等的社会。社会公平正义是社会和谐的基本条件。马克思主义执政党必须承担的一个重要职责就是维护社会的公正、平等和正义。今天的中国更需要公正与平等。公正与平等是社会主义的基本精神,也是社会主义的本质。公正与平等是现代社会的基本理念和基本价值准则。没有公正与平等的社会是非常危险的社会,没有公正与平等就没有社会主义。追求公正与平等是中国历史上早就存在的理念和思想,也是中国共产党意识形态中的重要理念和思想。

今天,以胡锦涛为总书记的党中央提出构建社会主义和谐社会的宏伟目标,这是从中国的优秀传统文化中吸收了思想文化资源并进行了创新的战略思想。中国历史与传统文化中的和谐思想,为我们今天构建社会主义和谐社会,提供了丰富的思想文化资源,提供了深厚的历史文化背景。

(原载《光明日报》2006年12月21日)

高校是建设社会主义核心价值体系的重要阵地

"社会主义核心价值体系"是党的十六届六中全会首次明确提出的一个科学命题。"建设社会主义核心价值体系"是党的十六届六中全会首次明确提出的一项重大战略任务。高等院校是传播知识、传承文化、研究学问、追求真理、创造思想、培养人才的重要场所，也是建设社会主义核心价值体系的重要阵地。高校要加强对社会主义核心价值体系的研究和建设，要把社会主义核心价值体系融入高等教育的全过程，坚持用马克思主义中国化的最新理论成果武装教师、教育学生。

高校建设社会主义核心价值体系，要围绕社会主义核心价值体系的基本内容来展开。首先，要坚持以马克思主义作指导思想。马克思主义指导思想，是我们立党立国的根本指针，是社会主义意识形态的旗帜和灵魂。马克思主义既是一个完整的科学体系，又是崇高的价值目标。坚持以马克思主义作指导，首要和根本的，就是要深刻理解和坚持马克思主义的世界观和辩证方法。马克思主义不是教条，而是行动的指南。党的十六大以来，以胡锦涛同志为总书记的党中央，先后提出了科学发展观、构建社会主义和谐社会、建设社会主义核心价值体系等一系列马克思主义中国化的最新理论成果。高校的改革和发展，高校参与中国特色社会主义建设，参与和谐社会、和谐文化建设，都必须坚持以马克思主义作指导。

坚持以马克思主义作指导，构建社会主义和谐社会、建设社会主义和谐文化、建设社会主义核心价值体系，必须发扬马克思主义的批判精神和革命精神，与各种各样的不和谐的、不文明的、敌对的行为和思想进行坚决的斗争。和谐是要通过与不和谐进行斗争才能实现的。当前，高校总体上是和谐的。但是，社会上的不和谐现象或多或少对高校有一定程度的影响，在高校里确实存在不和谐的现象，存在这样那样的矛盾和问题。我们一定要充分认识建设社会主义核心价值体系，坚守马克思主义阵地，建设和谐校园的必要性、重要性和紧迫性。

其次，要在高校中牢固树立中国特色社会主义共同理想。中国特色社会主义是全国各族人民的共同理想和目标追求，是中华民族复兴的成功之路。要用建设中国特色社会主义的目标凝聚人心，用建设中国特色社会主义的成果鼓舞人心，使广大师生坚定社会主义共同理想的信念，以天下为己任，自觉地把个人追求与全体人民的共同追求统一起来，把个人奋斗与实现中华民族伟大复兴的伟大事业统一起来。

再次，要弘扬和培育以爱国主义为核心的民族精神和以改革创新为核心的时代精神。在中华民族五千多年的历史中，形成了以爱国主义为核心的团结统一、爱好和平、勤劳勇敢、自强不息的伟大民族精神。伟大的民族精神，支撑着伟大的民族。有没有伟大的民族精神，是衡量一个国家的综合实力和前途的一个重要尺度。一个民族，没有伟大的民族精神，没有高尚的民族品格，没有坚定的民族意志，不可能自立于世界先进民族之林。面对世界范围内各种思想文化的相互激荡，面对某些强国的文化、经济和军事霸权的挑战，我们必须不断弘扬和培育伟大的民族精神。以改革创新为核心的与时俱进、开拓进取、求真务实、奋勇争先的时代精神，是推动时代发展进步的强大精神动力，是当代中国人民创造光辉灿烂的历史篇章的力量源泉。中华民族自古以来就有改革创新的光荣传统。今天，我国正在进行的改革，是中华民族复兴，中国国家振兴的关键。我们要弘扬中华民族的改革创新精神，借鉴历史上改革创新的经验教训，以国家利益、人民利益为重，识大体，顾大局，理解改革，支持改革，投身改革，促使改革取得伟大成功。

最后，要牢固树立和认真实践以"八荣八耻"为主要内容的社会主义荣辱观。荣辱观是人们对荣誉和耻辱的认识、评价和态度。胡锦涛总书记提出的以"八荣八耻"为核心的社会主义荣辱观，是对中华民族悠久的传统美德、高尚的革命道德和时代精神的提炼和升华，反映了社会主义道德的基本要求，具有很强的时代性和针对性。今天，只有牢固树立和认真实践社会主义荣辱观，分清是非荣辱，明辨善恶美丑，才能形成维系社会和谐的精神纽带和道德风尚。

社会上存在的一些不良现象，对我国的社会道德体系，对社会主义核心价值体系造成了巨大的冲击，对社会大众特别是对青年学生产生了负面影响。高校如果没有良好的学风和校风，没有良好的道德水准，就难以培养出合格的社会主义建设者和可靠的接班人以及良好的公民，就难以成为社会良知和公平正义的代表者和维护者，更难以成为世界一流的优秀大学。因此，高校的广大师生牢固树立和认真实践社会主义荣辱观的必要性、重要性、紧迫性更加强烈。

高校广大师生要牢牢树立和认真实践社会主义荣辱观，用社会主义荣辱观引领学风和校风，推动建立与社会主义市场经济相适应、与社会主义法律法规相协调、与中华民族传统美德相承接的社会主义思想道德体系，在高校形成知荣辱、讲正气、求真理的学风和校风，为建设和谐社会、和谐文化、和谐校园提供坚实的思想道德基础，为代表和维护社会良知与公平正义坚守一方重要阵地。

(原载《光明日报》2007年5月23日)

高校思想政治工作要注重人文关怀

2003年12月，胡锦涛总书记在全国宣传思想工作会议上指出："思想政治工作说到底是做人的工作，必须坚持以人为本。"党的十七大报告进一步提出了"加强和改进思想政治工作，注重人文关怀和心理疏导"的重要任务。这是党中央对做好思想政治工作的新要求。加强和改进思想政治工作，就要既注重思想政治教育，又注重人文关怀和心理疏导。

思想政治工作注重人文关怀，"既要坚持教育人、引导人、鼓舞人、鞭策人，又要做到尊重人、理解人、关心人、帮助人"。教育人、引导人、鼓舞人、鞭策人，是思想政治工作注重人文关怀的任务与目标。尊重人、理解人、关心人、帮助人，是思想政治工作注重人文关怀的基本要求和原则。尊重人，就是要尊重人的基本权利和尊严，人的个性和爱好，人的劳动、知识、文化和创造。理解人，就是要理解人的本质和社会属性。关心人和帮助人直接体现了解决思想问题和解决实际问题的统一。关心人，要关心人的利益，要关注民生，关心群众疾苦，切实解决人民群众在学习、工作、生活、教育、医疗等方面遇到的各种实际困难和问题。关心人、帮助人，要特别注意关心、帮助底层民众及贫困人口。在高校要注意关心帮助贫困学生，切实解决他们的困难，为他们提供基本的生活、学习条件；还要关注并促进高校毕业生的就业工作。尊重人和理解人是做好思想政治工作的基础，关心人和帮助人是做好思想政治工作的关键。

注重人文关怀，首先要坚持人文精神。在市场经济冲击下的高校，有没有人文精神？能不能坚持人文精神？这是各个高校面临的一个突出问题。人文关怀是对人的生命的关注，是对人的权利的尊重和捍卫。人文关怀是人文精神的实践方式，是人文精神的体现。人文精神是人文关怀的思想理论基础。人文精神注重对人的观察、研究、思考，尤其是注重对人的生命价值和生存、发展、前途的观察、研究、思考。坚持人文精神，要将人文精神的思想、理论、理念与人文关怀的实践行为结合起来，将人文精神之"知"与人文关怀之"行"结合起来，统一起来，在人文关怀中弘扬人文精神，体现人文精神，在人文关怀的"善行"中"致良知"。

其次，注重人文关怀要坚持人文精神与科学精神的统一。在中国数千年的悠久传统文化中具有丰富的人文精神，以人为本是中国优秀传统文化的基本精神之一。人为万物之灵，天地之间人为贵。我国古代的思想家，特别是儒家学派，一贯反对以神为本，而坚持以人为本的人文主义立场。我国古代早就有"敬天保民"，"以人为本，本治则国固，本乱则国危"，"民惟邦本，本固邦宁"，"天地之间，莫贵于人"等思想，强调要亲民、利民、裕民、养民、惠民。在注重人文关怀，弘扬人文精神的同时，要坚持科学精神，要将人文精神与科学精神统一起来，协调起来。高校是科学的渊薮，人文的殿堂，更要注重在科学精神中吸纳人文精神，在人文精神中融会科学精神。知识分子不仅要承担学术责任，而且要承担社会责任；不仅要具有科学精神，而且要具有人文精神。高校的思想政治工作注重人文关怀，就是要在知识分子中提倡人文精神，特别是要在从事自然科学和经济学的学习、教学与研究的学生和教师中提倡人文精神，提倡人文关怀。

最后，注重人文关怀要将思想政治理论课的教学与人文教育结合起来。近几年来我国高校存在的功利主义、实用主义、专业主义、唯科学主义、唯技术主义、唯市场取向的庸俗化现象，冲击了思想政治工作，冲击了思想政治理论课教学，也冲击了高校的人文精神和人文教育。目前高校的思想政治理论课教学，从教材到课堂讲授，存在着既缺乏科学精神，又缺乏人文精神，更缺乏人文关怀的现象。以教材为例，思想政治理论课的教材一般都具有这样的特点和优点：政治正确，线索清楚，层次分明，重点突出，方便记忆，方便考试；缺点是：学术水平不高，科学精神缺乏，人文精神不足，人文关怀不够。我们希望这种状况能在短期内有所改进。教马列主义理论课（思想政治理论课）的教师自己要信马列、懂马列、研究马列。一个思想政治理论课教师，如果自己不对所教的课程有所研究，如果自己不信仰马列主义，如果自己身上有很多拜金主义的铜臭味，如果自己没有崇高的理想，没有人文精神和人文关怀，是教不好思想政治理论课的，肯定也不是一个合格的思想政治理论课教师。

从一定的意义上讲，高校思想政治理论课，也具有人文教育课的内容和属性。这为高校思想政治理论课与人文教育课的结合提供了基础。多年来，我们强调高校思想政治理论课的重要目的是培养大学生正确的世界观、人生观、价值观。高校思想政治理论课的教材、教学和研究，要坚持政治正确，坚持人文精神和科学精神，体现人文关怀，要坚持把马克思主义中国化的最新成果即中国特色社会主义理论体系特别是科学发展观，作为中心内容。

（原载《光明日报》2008年1月19日）

接地气　强底气　养文气

经世致用是中国知识分子的优良传统。中国古代知识分子素有"内圣""外王""经世""入世""治国平天下""以天下为己任"的思想主张和使命抱负。他们以民为本，以国家社稷为重，关心人民疾苦，积极体察民情，其中也不乏密切联系群众者。他们读书治学注重经世致用，注重理论和实践相结合，其中不少人是大学问家和大政治家。

我们党的领导人一贯主张知识分子要实事求是、理论联系实际、密切联系群众，走与工农群众相结合的道路。毛泽东同志曾明确指出："知识分子如果不和工农民众相结合，则将一事无成。""知识分子不跟工人、农民结合，就不会有巨大的力量，是干不成大事业的；同样，在革命队伍里要是没有知识分子，那也是干不成大事业的。只有知识分子跟工人、农民正确地结合，才会有无攻不克、无坚不摧的力量。"毛泽东同志如此强调知识分子要与工农群众相结合，是非常具有战略眼光的。几十年来，众多知识分子、专家学者认真走与工农群众相结合的道路，坚持以马克思列宁主义、毛泽东思想、中国特色社会主义理论为指导，理论联系实际、密切联系群众，关注重大理论和现实问题，既注重文献研究，也注重实地调查，取得了许多有重要价值的理论和学术成果，为党和国家的决策提供了参考和依据，为社会主义建设作出了重要贡献。

知识分子、专家学者密切联系群众，有助于克服教条主义、形式主义，有助于培养、确立、运用马克思主义的立场、观点和方法。知识分子、专家学者深入到群众中，深入到基层，深入到底层社会中，才能了解国情、民情，了解中国底层社会的实际情况。

知识分子、专家学者密切联系群众，要了解、调查、研究群众最关心、最切身、最现实的问题。如目前群众反映强烈的官员腐败、教育、医疗、环境污染、社会治安、安全生产、食品药品安全、企业改制、资本剥削、征地拆迁、收入分配、涉农利益、涉法涉诉等焦点、热点、难点问题，就需要知识分子、专家学者深入到群众中去了解，去调查研究，去反映群众的呼声，去做群众的代言人，去为人民群众服务。又如今天中国全面深化改革所涉及的经济、政治、文化、社会、生态、军事、国防、外交、边疆、民族、人口等重大问题，也需要知识分子、专家学者通过密切联系群众，深入实际，深入底层去了解和调查研究，并给予科学的解释、回答。

知识分子、专家学者密切联系群众，到民间去，到群众中去，参加群众的实践活动，参加劳动，服务群众，有利于接地气、强底气、养文气，有利于转作风、正学风、改文风。古人讲"文以气为主""文者气之所形""为文必在养气"。在人民群众中，有丰富的实践、经验、知识、智慧。知识分子到群众中去，了解、学习、吸取群众的经验、知识、智慧，进行总结、综合、升华，形成更好的知识、学问、理论，写成文章，服务群众，有利于发动群众、组织群众，有利于群众掌握理论，有利于群众的觉悟、解放、自由和幸福。

（原载《光明日报》2014年1月9日）

领导干部须强化红线意识

红线是不能踩踏、不能跨越、不能侵犯的禁区。红线既是禁区，也是警告。红线意识是纪律意识、政治意识、法治意识，还是忧患意识。习近平总书记指出："对违反制度规定踩'红线''闯雷区'的要零容忍，发现一起就坚决查处一起。"人们对近几十年来的红线并不陌生，如十八亿亩耕地红线、生态保护红线、生产安全红线、纪律红线、政治红线等。

划定红线，使人们知道哪里是危险区，哪里是安全区，哪些事能做，哪些事不能做。但近些年来，生态保护红线经常被踩，环境灾难不断出现；安全红线经常被闯，安全事故时有发生；纪律红线经常被踩，腐败现象仍然存在。这些现象说明，虽然设了红线，但在不少领导干部的头脑中，红线意识并不强，更没有生根。领导干部要不踩红线、守住红线、维护红线，必须强化红线意识，让红线成为思想防线，用制度守住红线，用红线维护制度。

强化红线意识，让红线成为思想防线。强化红线意识，才能守住红线的思想防线。守住了红线的思想防线，才能守住红线的其他防线。一些领导干部之所以敢踩踏红线、逾越红线，是因为在这些干部的头脑中，红线意识并不强，有的甚至根本就没有红线意识。生态红线、安全红线、耕地红线、纪律红线、政治红线、道德红线是领导干部必须坚守的红线。踩踏逾越政治红线的领导干部，置纪律、法律、道德于不顾，只知弄权于官场，贪钱于市场。头脑中没有红线，就没有敬畏，就必然骄横放肆、道德败坏、贪污腐败。领导干部的头脑中，必须要有红线意识，并且要牢固、要生根。

强化红线意识，用制度来守住红线。现在的红线，有的已是制度或者法规。对于已是制度、已是法规的红线，为什么有的领导干部就是守不住呢？原因在于制度的保障作用没有发挥好。许多制度并没有得到认真遵循和实行，对违制者不严惩，打击了好人、老实人。不严惩恶人、坏人，是对人民、对好人、对老实人的犯罪。守住红线，必须严惩踩踏红线的恶人、坏人，让想踩踏红线的人不敢踩、不能踩。既然设了红线，就要通上高压电，让触电者彻底灭亡。"法令既行，纪律自正"，用制度守住红线，就必须严格遵守制度，严明纪律，提高制度和纪律执行力度，杜绝有令不行、有禁不止，确保中央政令畅通，维护红线的严肃性和权威性，使红线在实践中镇得住、守得住、管得住。同时，要加强制度建设，切实依法治国，严明政治纪律，对踩踏红线的违纪违法行为必须依法从严惩处。在全面深化改革的进程中，面对的形势越复杂、矛盾越尖锐、挑战越严峻、任务越艰巨，越要强化红线意识，让红线在头脑中生根，绷紧红线这根弦，自己不踩红线，不越红线，同时也要对踩红线、越红线者进行监督、抵制、斗争。

强化红线意识，用红线来维护制度。好的制度和纪律如果得不到认真严格执行就成了摆设和纸老虎。干部特别是领导干部要把制度和纪律中的根本性和关键性的部分变成头脑中的红线，常常省察、警诫自己。制度和纪律的执行越严格，就越能体现制度和纪律的权威性，也才能达到制定制度和纪律的目的。用红线维护制度，有必要处理好赏与罚的关系。赏与罚要公正、分明。红线的设立，要公正、分明。"国家大事，惟赏与罚。"

只要严法度，正纪纲，令行禁止，赏罚分明，现在存在的踩踏红线问题和"四风"问题是容易解决的。腐败是党和国家躯体上的毒瘤。反腐败斗争关系党和国家的生死存亡。对那些丧失信仰、踩踏红线的腐败分子，必须及时依法从严查处，否则，就会玷污党的纯洁性，损害党的形象，贻误党的事业。习近平总书记曾强调指出："对于党员和党的干部中那些屡经教育仍不悔悟和改正的人，要按照党章和其他党内法规的规定予以严肃处理，对那些无可救药的蜕化变质分子、腐败分子要坚决从党的队伍中清除出去。"严明政治纪律，必须有壮士断腕的决心和勇气，坚决清除害群之马。只有严明党的纪律，纯洁党的组织，清除党内的腐败分子，对触犯刑律者绳之以法，才能得民心。

今天的红线，如生态保护红线、廉政红线、安全红线、四项基本原则红线、耕地保护红线等，都是党和国家的根本。这些红线如果被踩踏破坏，必然动摇我们的立国之本和执政之基。有守才能有为。实现全面深化改革的总目标，振兴中华民族，使国家长治久安，使社会和谐稳定，必须强化红线意识，必须守住红线、维护红线。

（原载《光明日报》2014 年 10 月 18 日）

参考文献

《马克思恩格斯选集》第1卷，人民出版社2012年版。
《马克思恩格斯选集》第2卷，人民出版社1995年版。
《马克思恩格斯选集》第4卷，人民出版社2012年版。
《马克思恩格斯文集》第1卷，人民出版社2009年版。
《马克思恩格斯文集》第2卷，人民出版社2009年版。
《马克思恩格斯文集》第3卷，人民出版社2009年版。
《马克思恩格斯文集》第5卷，人民出版社2009年版。
《马克思恩格斯文集》第9卷，人民出版社2009年版。
《列宁专题文集·论马克思主义》，人民出版社2009年版。
《列宁专题文集·论社会主义》，人民出版社2009年版。
《列宁专题文集·论辩证唯物主义和历史唯物主义》，人民出版社2009年版。
《列宁专题文集·论无产阶级政党》，人民出版社2009年版。
《斯大林选集》上卷，人民出版社1979年版。
《毛泽东选集》第1卷，人民出版社1991年版。
《毛泽东选集》第2卷，人民出版社1991年版。
《毛泽东选集》第3卷，人民出版社1991年版。
《毛泽东选集》第4卷，人民出版社1991年版。
《毛泽东选集》第5卷，人民出版社1977年版。
《毛泽东文集》第1卷，人民出版社1993年版。
《毛泽东文集》第2卷，人民出版社1993年版。
《毛泽东文集》第3卷，人民出版社1996年版。
《毛泽东文集》第4卷，人民出版社1996年版。

《毛泽东文集》第 5 卷，人民出版社 1996 年版。
《毛泽东文集》第 6 卷，人民出版社 1999 年版。
《毛泽东文集》第 7 卷，人民出版社 1999 年版。
《毛泽东文集》第 8 卷，人民出版社 1999 年版。
《毛泽东著作选读》下册，人民出版社 1986 年版。
《建国以来毛泽东文稿》第 6 册，中央文献出版社 1992 年版。
《建国以来毛泽东文稿》第 7 册，中央文献出版社 1992 年版。
《毛泽东书信选集》，人民出版社 1983 年版。
《毛泽东新闻工作文选》，新华出版社 1983 年版。
中共中央文献研究室、国家林业局编：《毛泽东论林业》，中央文献出版社 2003 年版。
《周恩来选集》下卷，人民出版社 1984 年版。
《刘少奇选集》下卷，人民出版社 1985 年版。
《邓小平文选》第 2 卷，人民出版社 1994 年版。
《邓小平文选》第 3 卷，人民出版社 1993 年版。
《董必武选集》，人民出版社 1985 年版。
中共中央文献研究室编：《邓小平年谱（1975—1997）》（上），中央文献出版社 2004 年版。
中共中央文献研究室编：《邓小平年谱（1975—1997）》（下），中央文献出版社 2004 年版。
《江泽民文选》第 1 卷，人民出版社 2006 年版。
《江泽民文选》第 2 卷，人民出版社 2006 年版。
《江泽民文选》第 3 卷，人民出版社 2006 年版。
胡锦涛：《坚定不移沿着中国特色社会主义道路前进　为全面建成小康社会而奋斗——在中国共产党第十八次全国代表大会上的报告》，《人民日报》2012 年 11 月 18 日。
胡锦涛：《在首都各界纪念全国人民代表大会成立 50 周年大会上的讲话》，《人民日报》2004 年 9 月 16 日。
《中共中央关于全面深化改革若干重大问题的决定》，《人民日报》2013 年 11 月 16 日。
习近平：《在纪念毛泽东同志诞辰 120 周年座谈会上的讲话》，《人民日报》2013 年 12 月 27 日。

中央文献研究室编：《习近平关于全面深化改革论述摘编》，中央文献出版社 2014 年版。

《习近平谈治国理政》，外文出版社 2014 年版。

《孙中山全集》第 1 卷，中华书局 1981 年版。

《孙中山全集》第 2 卷，中华书局 1981 年版。

《孙中山全集》第 5 卷，中华书局 1985 年版。

《孙中山全集》第 6 卷，中华书局 1985 年版。

《孙中山全集》第 7 卷，中华书局 1985 年版。

《孙中山全集》第 8 卷，中华书局 1986 年版。

《孙中山全集》第 9 卷，中华书局 1986 年版。

《孙中山选集》，人民出版社 l981 年版。

《云南文史资料选辑》第 15 辑，1981 年 8 月出版。

《会泽笔记》，载沈云龙主编《近代中国史料丛刊》第 78 辑，文海出版社 1982 年版。

民盟中央文史委员会编：《中国民主同盟简史》，群言出版社 1991 年版。

［美］易劳逸：《蒋介石与蒋经国》，中译本，中国青年出版社 1989 年版。

谢本书：《蔡锷传》，天津人民出版社 1983 年版。

谢本书主编：《护国运动史》，贵州人民出版社 1984 年版。

谢本书：《龙云传》，四川民族出版社 1988 年版。

《云南文史资料选辑》第 6 辑，1964 年。

《云南文史资料选辑》第 30 辑，云南人民出版社 1987 年版。

《艾思奇文集》第 1 卷，人民出版社 1981 年版。

《艾思奇文集》第 2 卷，人民出版社 1983 年版。

《人民的哲学家——艾思奇纪念文集》，云南人民出版社 1997 年版。

《一个哲学家的道路》，云南人民出版社 1985 年版。

艾思奇：《大众哲学》，人民出版社 2006 年版。

艾思奇：《历史唯物论——社会发展史》，三联书店 1951 年版。

《〈中共中央关于加强党的执政能力建设的决定〉辅导读本》，人民出版社 2004 年版。

王沪宁主编：《政治的逻辑——马克思主义政治学原理》，上海人民出版社 2004 年版。

赵曜、王伟光、鲁从明、蔡长水主编：《马克思列宁主义基本问题》，中共中央党校出版社 2001 年版。

中国革命博物馆编：《中国共产党党章汇编》，人民出版社 1979 年版。

中央档案馆编：《中共中央文件选集》第 4 册，中共中央党校出版社 1983 年版。

中央档案馆编：《中共中央文件选集》第 7 册，中共中央党校出版社 1983 年版。

《中国共产党第八次全国代表大会文献》，人民出版社 1957 年版。

中共中央党校党史教研室选编：《中共党史参考资料》（七），人民出版社 1980 年版。

《中华人民共和国宪法》，法律出版社 2004 年版。

吴冷西：《十年论战》（上），中央文献出版社 1999 年版。

吴冷西：《十年论战》（下），中央文献出版社 1999 年版。

中共中央党史研究室：《中国共产党历史》第 2 卷（1949—1978）下册，中共党史出版社 2011 年版。

逄先知、金冲及主编：《毛泽东传（1949—1976）》（下），中央文献出版社 2003 年版。

许全兴：《为毛泽东辩护》，当代中国出版社 1996 年版。

《〈关于建国以来党的若干历史问题的决议〉注释本》，人民出版社 1983 年版。

张贻久：《毛泽东读史》，中国友谊出版公司 1991 年版。

薄一波：《若干重大决策与事件的回顾》上卷，中共中央党校出版社 1991 年版。

李昌凡等编著：《一代廉洁楷模》，能源出版社 1990 年版。

冯天瑜、周积明：《中国古文化的奥秘》，湖北人民出版社 1986 年版。

乌丙安：《中国民俗学》，辽宁大学出版社 1985 年版。

邓子琴：《中国风俗史》，巴蜀书社 1988 年版。

《中央访问团第二分团云南民族情况汇集》（上），云南民族出版社 1986 年版。

《云南民族民俗和宗教调查》，云南民族出版社 1985 年版。

［美］戴维·波普诺：《社会学》（上），中译本，辽宁人民出版社 1987

年版。

高平叔编:《蔡元培全集》第3卷,中华书局1984年版。

刘俊田、林松、禹克坤译注:《四书全译》,贵州人民出版社1988年版。

(清)李颙:《二曲集》,中华书局1996年版。

张慕葎、贺庆棠、严耕主编:《中国生态文明建设的理论与实践》,清华大学出版社2008年版。

《光辉的成就》上册,人民出版社1984年版。

于建嵘:《岳村政治》,商务印书馆2001年版。

[德]亨利希·库诺:《马克思的历史、社会和国家学说》,袁志英译,上海译文出版社2006年版。

《国际共产主义运动史》编写组:《国际共产主义运动史——从马克思主义诞生到十月社会主义革命胜利》,人民出版社1978年版。

中国人民大学科学社会主义系国际共产主义运动史教研室:《国际共产主义运动史——从十月社会主义革命胜利到社会主义阵营形成》,中国人民大学出版社1983年版。

蒋先进主编:《论邓小平人民民主专政思想》,群众出版社1994年版。

刘海藩、万福义主编:《毛泽东思想综论》,中央文献出版社2006年版。

沙健孙:《毛泽东思想通论》,人民出版社2014年版。

陈占安主编:《毛泽东思想专题讲座》,北京大学出版社2000年版。

李申文主编:《毛泽东思想概论》,云南教育出版社2003年版。

[美]张效敏:《马克思的国家理论》,田毅松译,上海三联书店2013年版。

廖国良、李士顺、徐焰:《毛泽东军事思想发展史》,解放军出版社1991年版。

郑文翰主编:《毛泽东思想研究大系·军事卷》,上海人民出版社1993年版。

张文儒主编:《毛泽东与中国现代化》,当代中国出版社1993年版。

陈继安主编:《毛泽东军事思想新论》,军事科学出版社1995年版。

《十六大报告辅导读本》,人民出版社2002年版。

《十七大报告辅导读本》,人民出版社2007年版。

《十八大报告辅导读本》,人民出版社2012年版。

张巨成等编著:《毛泽东思想与中共党史研究》,云南大学出版社2003年版。

张巨成:《历史文化与思考》,云南大学出版社2007年版。

后　　记

　　马克思主义中国化是近现代中国历史的重要组成部分。中国近现代历史是马克思主义中国化的重要历史背景、社会条件和实践基础。对中国近现代历史的了解，有助于深刻认识马克思主义中国化和中国化马克思主义；对马克思主义中国化和中国化马克思主义的了解，有助于深化对中国近现代历史的认识。把马克思主义中国化和中国近现代历史结合起来进行认识和分析，同时也关注当前的重大理论和现实问题，是笔者近年治学的思路和特点，或许也是笔者的优点和缺点。

　　2010年8月，我申报的2010年度云南省高校教学质量改革工程项目"通过加强学术研究提高'中国近现代史纲要'课教学质量"获得批准立项。2011年11月，我为云南大学马克思主义学院硕士研究生讲授的"中国近现代史和中共党史专题研究"被批准作为云南大学研究生精品课程建设项目。本书部分内容也是这次"教学质量改革工程项目"和"研究生精品课程建设"的重要成果。这一成果的取得和出版，得到了云南大学校长林文勋教授、研究生院院长赵琦华教授、人事处副处长段红云研究员，云南省教育厅，云南大学教务处、马克思主义学院等单位和个人的鼓励与支持，在此谨致衷心感谢。

　　本书还收录了笔者近年来发表在《人民日报》《光明日报》上的论文或政论。《人民日报》《光明日报》的编辑同志对拙作做了精心的、高水平的编辑工作，在这里，谨对《人民日报》《光明日报》的编辑同志致以衷心的感谢。

　　本书的缺点在所难免，敬请专家学者和读者批评指正。

张巨成

2015年2月28日